经济管理学术文库·管理类

商标标识形状对消费者购买意向影响的心理机制研究
——加工流畅性视角

Study on the Psychological Mechanism of Brand Logo Shape to Consumers' Purchase Intention
—Based on the Processing Fluency

张亚佩／著

图书在版编目（CIP）数据

商标标识形状对消费者购买意向影响的心理机制研究——加工流畅性视角/张亚佩著. —北京：经济管理出版社，2019.8

ISBN 978-7-5096-6789-7

Ⅰ.①商… Ⅱ.①张… Ⅲ.①商标—形状—影响—消费者—购买行为—研究 Ⅳ.①F760.5 ②F713.55

中国版本图书馆 CIP 数据核字（2019）第 163814 号

组稿编辑：曹　靖
责任编辑：曹　靖　王　洋
责任印制：黄章平
责任校对：陈晓霞

出版发行：经济管理出版社
　　　　　（北京市海淀区北蜂窝 8 号中雅大厦 A 座 11 层　100038）
网　　址：www.E-mp.com.cn
电　　话：（010）51915602
印　　刷：北京玺诚印务有限公司
经　　销：新华书店
开　　本：720mm×1000mm/16
印　　张：13.75
字　　数：201 千字
版　　次：2019 年 11 月第 1 版　2019 年 11 月第 1 次印刷
书　　号：ISBN 978-7-5096-6789-7
定　　价：78.00 元

·版权所有　翻印必究·
凡购本社图书，如有印装错误，由本社读者服务部负责调换。
联系地址：北京阜外月坛北小街 2 号
电话：（010）68022974　邮编：100836

前　言

感官刺激信息以及所代表的象征意义，可有效改变消费个体的态度和行为。视觉刺激能显著提高消费个体的积极情感反应。对象形语义书写体系国家的消费者个体而言，视觉刺激的影响大于语音语言体系的国家的消费者个体。因此，在我国开展视觉营销研究，探析商标标识形状对消费者行为的影响，意义十分重大。当前关于商标标识形状象征意义的研究视角单一，程度较浅，对边界条件缺乏关注和准确本书界定，且对商标标识形状影响消费决策的心理机制，研究不够深入，本书综合运用感官营销、心理意象、调节匹配、加工流畅性等基本理论方法，对商标标识形状和消费行为之间的关系进行了系统研究，构建了多变量的理论框架体系，并进行了实验验证，结论如下：

（1）提出了加强商标视觉营销研究的新思路。在总结国内外研究现状的基础上，从认知心理的角度，深入分析研究商标视觉营销的原理和机制。提出了研究新思路：基于心理意象理论和感官营销理论，探讨分析了商标标识形状的象征意义；针对个体特质，分析不同特质的个体对商标标识不同形状的心理反应和行为态度；基于调节匹配理论，分析不同类型的广告信息对不同特质的个体和不同形状的商标标识之间关系的再调节作用；基于加工流畅性理论，探讨上述因素之间相互的中介作用，确定影响个体知觉加工流畅性的调节因素。

（2）构建了商标标识形状与消费者的行为反应之间的多变量理论框架。综合考虑商品广告的信息框架、信息调节聚焦和品牌类型，个体的调节聚焦、自我建构、解释水平、结构化需求以及知觉的流畅性，从自变量、因变量、调节变量、调节的调节变量、中介变量、中介的调节变量等多角度出发，全面分析商标标识形状与消费者的行为反应之间的关系，构建了较为完整的多变量理论框架。

（3）实验验证了多变量理论框架的有效性和实用性。采用实验法，设计调查问卷,统计分析数据,验证了理论框架的有效性。结论如下:①个体的身份角色影响商标标识的形状效应,社会身份角色偏爱圆形商标,自我身份角色偏爱方形商标。②个体的调节聚焦影响商标标识形状的效应,促进型聚焦的个体倾向于购买方形商标标识形状的产品,预防型聚焦的个体倾向于圆形商标标识形状的产品。③知觉流畅性可显著中介个体的调节聚焦对商标标识形状效应的调节作用。④个体的调节聚焦对商标标识形状效应的调节作用,可被其广告信息框架再调节。收益型框架下,个体促进聚焦的调节作用显著,损失型框架下,个体预防聚焦的调节作用显著。知觉流畅性中介信息调节聚焦的再调节作用。⑤个体的自我建构影响商标标识形状的效应,独立型自我的个体对方形标识形状的产品评价态度较高,依存型自我的个体则对圆形标识形状的产品评价态度较高。⑥知觉流畅性中介个体自我建构对商标标识形状的效应的调节作用。⑦广告信息聚焦对自我建构对商标标识形状的效应的调节作用再调节,促进聚焦信息时,独立型自我建构调节作用显著,预防聚焦信息时,依存型自我建构调节作用显著。这种再调节作用可以被知觉流畅性中介。⑧品牌类型可调节商标标识形状的效应,对于力量型品牌,消费者倾向于购买方形商标标识形状的产品。对于温柔型品牌,消费者则倾向于圆形商标标识形状的产品。⑨品牌类型的调节效应可被知觉流畅性中介。⑩调节知觉流畅性中介的研究结果表明:知觉流畅性对商标标识形状与消费者的行为反应的中介作用,受个体解释水平高低和个体结构化需求的调节。解释水平低时,知觉流畅性中介效应不显著;解释水平高时,知觉流畅性可有效中介;个体结构化需求高时,知觉流畅性的中介效应显著;个体结构化需求低时,知觉流畅性的中介效应不显著。

本书通过分析商标标识形状对消费行为的具体影响,确定知觉流畅性的中介作用和相关调节变量之间的关系,弥补了以往缺乏商标标识形状研究整体框架、缺少心理机制探讨的不足,为全面、有效提升商标标识视觉营销的沟通效果提供了理论依据。

目 录

第一章 引言 ··· 1

 第一节 研究背景和问题提出 ·· 1
  一、研究的现实背景 ··· 1
  二、研究问题的提出 ··· 3
 第二节 研究创新点及研究意义 ·· 6
  一、研究创新点 ··· 6
  二、研究意义 ·· 7
 第三节 研究方法、研究路线和研究框架 ······························ 8
  一、研究方法 ·· 8
  二、研究路线 ·· 8
  三、研究架构 ·· 9

第二章 商标标识研究基础 ·· 12

 第一节 视觉营销及效应 ··· 12
  一、视觉营销的定义 ··· 12
  二、视觉营销的效应 ··· 13
  三、视觉效应的归因 ··· 15
 第二节 品牌与视觉营销 ··· 16
  一、品牌的视觉营销效应 ··· 16
  二、品牌商标的视觉营销效应 ······································· 17
  三、品牌商标效应的归因 ··· 18

第三节 商标标识及效应 ·················· 19
　　一、商标标识的定义 ·················· 19
　　二、商标标识的视觉效应 ·············· 20
　　三、商标标识形状的视觉效应 ·········· 21

第三章 商标标识心理认知理论 ············ 23

第一节 感官营销理论 ···················· 23
第二节 心理意象理论 ···················· 29
第三节 调节匹配理论 ···················· 35
第四节 加工流畅性理论 ·················· 39

第四章 研究假设 ························ 47

第一节 知觉流畅性的中介作用 ············ 47
第二节 知觉流畅性被中介的调节作用 ······ 52
　　一、个体身份角色的调节作用 ·········· 52
　　二、个体调节聚焦的调节作用 ·········· 56
　　三、信息框架的再调节作用 ············ 62
　　四、自我建构的调节作用 ·············· 67
　　五、信息调节聚焦的再调节作用 ········ 73
　　六、品牌类型的调节作用 ·············· 76
第三节 知觉流畅性被调节的中介作用 ······ 78
　　一、个体的解释水平的调节作用 ········ 78
　　二、个体的结构化需求的调节作用 ······ 82
第四节 研究框架 ························ 87

第五章 研究设计与研究结果 ·············· 89

第一节 研究一：个体身份角色的调节作用 ·· 89
　　一、研究目的 ························ 89
　　二、实验设计与程序 ·················· 89

　　　　三、研究结果 ·· 92
　　　　四、讨论 ·· 93
　第二节　研究二：个体调节聚焦的调节作用 ···························· 94
　　　　一、研究目的 ·· 94
　　　　二、实验设计与程序 ·· 94
　　　　三、研究结果 ·· 95
　　　　四、讨论 ·· 98
　第三节　研究三：信息框架的再调节作用 ······························ 99
　　　　一、研究目的 ·· 99
　　　　二、实验设计与程序 ·· 99
　　　　三、研究结果 ·· 102
　　　　四、讨论 ·· 106
　第四节　研究四：自我建构的调节作用 ································ 107
　　　　一、研究目的 ·· 107
　　　　二、实验设计与程序 ·· 107
　　　　三、研究结果 ·· 108
　　　　四、讨论 ·· 112
　第五节　研究五：信息调节聚焦的再调节作用 ·························· 112
　　　　一、研究目的 ·· 112
　　　　二、实验设计与程序 ·· 112
　　　　三、研究结果 ·· 115
　　　　四、讨论 ·· 122
　第六节　研究六：品牌的调节作用 ···································· 122
　　　　一、研究目的 ·· 122
　　　　二、实验设计与程序 ·· 122
　　　　三、研究结果 ·· 123
　　　　四、讨论 ·· 126
　第七节　研究七：个体的解释水平的调节作用 ·························· 126
　　　　一、研究目的 ·· 126

二、实验一的实验设计与程序 …………………………………… 127
三、研究结果 …………………………………………………… 130
四、实验二的实验设计与程序 …………………………………… 133
五、研究结果 …………………………………………………… 133
六、讨论 ………………………………………………………… 135

第八节 研究八：个体结构化需求的调节作用 ………………………… 136
一、研究目的 …………………………………………………… 136
二、实验设计与程序 …………………………………………… 136
三、研究结果 …………………………………………………… 140
四、讨论 ………………………………………………………… 142

第六章 结论 ……………………………………………………… 142

第一节 研究总结 …………………………………………………… 144
第二节 主要结论 …………………………………………………… 147
第三节 理论贡献和实践价值 ……………………………………… 147
一、理论贡献 …………………………………………………… 149
二、实践价值 …………………………………………………… 150
第四节 研究局限和未来研究方向 ………………………………… 152

附　录 ……………………………………………………………… 152

参考文献 …………………………………………………………… 172

第一章 引言

本章由三部分组成,首先介绍本书研究的现实和理论背景,引申出研究问题,其次介绍本书的创新点和研究意义,最后介绍本书的研究方法、研究路线和整体研究框架。

第一节 研究背景和问题提出

一、研究的现实背景

人类的生活环境中充斥着各种各样的刺激,如源自皮肤感知到的触摸、源自耳朵听到的声音、源自眼睛看到的颜色、源自鼻子闻到的气味以及来自舌头品尝到的味道。总之,这些刺激无时无刻不在被感知着,这些刺激所附着的具体信息和这些刺激所表征的象征意义,在时时刻刻地影响着我们的决策和生活。Krishna(2012)指出,感官营销(sensory marketing)在实践领域已经成为一种先进的营销战略和精细的营销战术,通过有意识地影响和引导消费者的感官体验促使消费的行为做出无意识的改变(Krishna,2012;Linstrom,2010)。在这些感官刺激信息中,来自视觉刺激的信息量占比达到感官刺激信息总量的80%以上(张腾霄和韩布新,2013)。进一步研究发现,视觉刺激因素的影响存在地域差异性。Henderson 和 Cote(1998)指出,中国消费者评估品牌,主要依赖于品牌名称的视觉刺激,而美国消费者评估品牌则依赖于品牌名称的发音。Henderson 等(2003)发现,品牌战略中的视觉刺激因素对亚洲消费者的影响显著高于对美国消费者的影响。

营销中的视觉刺激因素在区分产品、塑造客户忠诚度和获取竞争优势等方面发挥着巨大的作用。按照会计对企业资产的分类方法，依据刺激信息承载物的有形性，当前关于视觉刺激的研究主要分为两类，一类是有形的视觉刺激，另一类是无形的视觉刺激（本书的研究对象），前者主要包括产品外形、产品包装等，后者主要指企业无形资产的重要组成部分——品牌（Morgan 和 Rego，2009）。依据商品理论，消费者购买和使用商品是为了满足两个基本需求，即产品的功能性需求和个体的身份需求。对有形视觉刺激研究表明，产品的外形已经成为影响企业在市场竞争中获取胜利的重要因素（Bloch，1995；Hertenstein，Platt 和 Veryzer，2005），成功的产品设计一方面能体现产品的功能性需求（Hassenzahl，2008），如洗衣机的清洗功能、运动鞋的保护功能等；另一方面能体现消费者所期待的象征性的需求（Orth 和 Malkewitz，2008），如社会地位、美感感知、个体特质等。

品牌作为企业的一项重要的无形资产，能够显著地促使消费者产生有意义的联想（Schau，Munñiz 和 Arnould，2009）、降低消费者的价钱敏感度（Ailawadi，Lehmann 和 Neslin，2003）、有助于延长企业寿命（Kotler，2003），跨越销售地域，限制扩大产品销售渠道（Temporal 和 Lee，2001）。品牌还能满足个体的特质需求，李东进等（2013）研究发现，品牌可以满足消费者个体的独特性和相似性的需求。Han 和 Schmitt（1997）研究发现，在东亚国家企业偏爱于通过品牌来确定企业的市场地位。

商标设计是企业品牌战略的重要组成部分（Watkins 和 Gonzenbach，2013），商标的历史可以追溯至早期的远古时代，Henderson 和 Cote（1998）指出，商标是品牌的物理化的展现形式。商标设计包括能够用来区分和界定品牌特征的因素，如品牌名称（brand name）、商标形状（logo shape）、色彩（color）和文字字型（type font）等，这些具体要素自身和这些具体要素组合而成的象征性含义，可以对消费者的态度、情感和行为产生影响（Walsh 等，2010，2011）。其实，商标自身就如同描述企业的象形文字。所以，商标是企业和消费者之间关系的一座桥梁，商标承载着企业品牌的力量，向目标消费者传递关于产品属性和身份象征的保证和承诺。

商标标识的形状作为商标设计的具体组成因素之一，对于商标效应的产生也发挥着巨大的作用，不同的形状、特征具有不同的心理意象感知，会对消费者产生不同的心理认知、态度行为。这些可以从 GAP 的商标形状更换效果看出。在短暂变动了几天时间后，就又重新改回原来的商标。我们可以得出如下结论：商标形状可以影响消费者的行为。Keller（2008）的研究成果表明：商标形状的改变极有可能会扰乱消费者关于品牌的心理意象，因为不同的商标形状具有不同的象征意义，不同的商标形状会让消费者产生不一样的企业的品牌感知（Grobert, Cuny 和 Fornerino, 2016）。研究发现，来自象形语义书写体系国家的消费者，如中国、日本和韩国，比对来自语音语言体系国家的消费者，如美国、英国，对品牌的视觉刺激因素的心理意象感知更为敏感（Zhang 和 Schmitt, 2004）。

调查发现，国内有关商标形状的研究起步较晚，还没有在所有的商业活动中得到应有的高度重视。现实生活中，很多商家还没有真正意识到商标标识形状的象征意义的重要作用，在商标设计上不愿意投入更多的精力和金钱。例如，当询问某些商家商标的意义是什么时，一方面，很多商家无法清晰地描述出商标的象征性。另一方面，商家很难把自己的产品属性与自身商标形状进行较好的结合。大量研究表明：即使那些知晓商标形状象征意义的商家，也很少能够将其他相关营销因素进行拓展。那么，营销者面临一个非常重要的问题：如何提升商标标识形状和相关营销因素之间的组合作用，也就是说，营销者要了解从心理意象的角度出发，消费者对商标标识形状的象征意义进行解读会受到哪些因素的影响。

二、研究问题的提出

商标标识在消费者的决策过程中发挥着举足轻重的作用，它所传递相关的信息，除初步界定的具体设计因素本身外，还包括这些具体因素所诱发的，象征意义，这些都会引导或者影响消费者的判断决策。例如，红色除表征其色彩的表面意义外，在中国文化的情境中还意味着喜庆。但在危险情境下，红色的标识往往意味着威胁的最高级别；形状作为一种视觉刺激因素，它所诱导的个体固有的认知偏差（cognitive bias），可以让消费者对形状因素这个信息的客观判断发生错误，Raghubir 和 Krishna（1999）研究指出：相同容量的两个瓶子，在购买决策中，被试者对于细长型的瓶子的支付意愿较高，因为被试者会觉得细长型的瓶子盛放的商品数量更多。在现实生活中，相同面积的正方形披萨和圆形披萨，消费者可能会认为圆形的披萨面积小于正方形的披萨。形状作为一种视觉刺激因素，个体的隐喻认知（metaphorical cognition）会诱导消费者对形状产生不同的主观感知，Cutright（2012）研究发现，家居产品的边框线条越清晰，对低控制感的消费者的吸引力越强，因为边框的线条清晰意味着结构化的程度更高。Cian（2015）研究发现，线条的动态隐喻作为交通标识符号要显著好于静态的线条，与静止的"小人儿"形象相比，学校门口的标识呈现为跑动的"小人儿"更能引起驾驶员的注意。

基于个体的认知偏差和隐喻认知，研究发现，角的不同特征也会引发消费者产生不同的心理意象，Poffenberger 和 Barrows（1924）在研究中让被试者对呈现在纸张上的不同的简单的线条和图形进行情感归类，结果发现：被试者认为尖锐的角表达了对抗、力量、强壮等情感，圆润的角表达了温柔、舒服、平静等情感。Arnheim（1974）在研究中指出圆形会引发和谐、和睦和友好的心理意象，而方形会引发对抗、进攻的心理意象。对于刺激物是圆形还是矩形的区别，研究中主要的界定条件是圆形没有尖锐的角，矩形有直角。Silvia 和 Barona（2009）通过改变被试者所处空间的形状，测试被试者的心理意象。结果证明：圆润的角会让人产生优美的、柔软的心理意象，能够避免个体与周围环境之间发生对抗和冲撞，而尖锐的角则反之。Zhang 等（2006）通过椅子的摆放方式设置了尖锐的角和圆润的角，研究发现，集体主义文化背景下的个体觉得椅子摆放呈现为圆形时更舒服，而个体主义文化背景下的个体觉得椅子摆放呈现为方形时更舒服。结果表明，椅子圆形的摆放触发了个体的归属性需求，椅子方形的摆放方式则对应了个体的独特性需求。Jiang 等（2016）研究验证了商标标识形状与产品质量属性之间的关系。圆形的商标标识与柔软的质量属性相关联，方形的商标标识与耐用的质量属性关联。钟科等（2015）研究验证方形标识的长宽比例的变化，对产品的时间属性的影响，研究发现，随着长宽比例逐渐增大，与正方形的商标标识相比，长方形的商标标识会让消费者认为产品的使用寿命更长。

由以上分析可知，形状的确会引发消费者的不同感知，而当前关于商标标识形状效应的研究还非常少，现有研究主要聚焦在标识和产品质量之间的联系上（Jiang 等，2016；钟科和王海忠，2015），对于形状的研究则主要集中在空间形状对个体的认知的影响。那么作为能够促使消费者个体产生心理意象的商标标识形状，会如何影响消费者的态度、动机，从而诱导和改变信息加工方式以及购买行为呢？这些都是亟待解决的重要问题。本研究拟采用个体知觉流畅性的视角，来探究不同商标标识形状对消费者的具体影响，主要解决以下三个方面的问题：

（1）哪些因素会调节商标标识形状和消费个体购买意向之间的关系？

由不同的线条、不同的特征角组成的矩形和圆形的商标标识形状会产生不同的心理意象，从而会影响到消费者决策行为。不同自我建构的个体，会喜欢哪种形状的商标？广告信息的调节聚焦，是否会对自我建构的调节作用进行再调节？身份角色不同的个体，对不同形状的商标标识产品，购买意向是否有差异？对于不同调节聚焦动机的个体，促进型或者预防型面对不同形状商标标识的产品，购买意向是否有差异？信息框架效应是否会在不同形状的商标标识上发生？品牌的类型是否会影响不同形状的商标标识的购买意向？

（2）商标标识形状和消费者的购买意向之间的心理机制是什么？

知觉流畅性是指个体基于感知过程中，对刺激对象进行知觉加工的难易程度，当消费者面临的组合信息表征一致时，消费者的信息加工流畅程度就高。如果自我建构、个体调节聚焦、信息框架、信息调节聚焦、个体的身份角色等因素确实能够影响到个体对不同形状的商标标识形状的偏爱，就意味着消费者的个体特质和面临的刺激对象之间存在匹配性，知觉流畅性就可以在匹配和购买意向之间发生中介作用。

（3）哪些因素会调节知觉流畅性在商标形状与产品属性判断间的中介作用？

如果知觉流畅性可以在商标标识形状与购买意向之间发挥中介作用，哪些因素会调节这种中介关系呢？虽然研究证明知觉流畅性会增加消费者对产品的偏好，提升对产品的评价，并且有助于减少消费者个体的卷入度。但也有研究发现，当个体的结构化需求比较低时，个体更愿意采用精细化的信息加工方式，那么知觉流畅性效应的发挥是否会受到影响？知觉流畅性形成的原因，在于多重信息之间表征的一致性。这种一致性表征为多种信息的本质的相似性，那么不同解释水平的个体，对这种高度一致性的信息，消费者的认知是否存在差异？

第二节 研究创新点及研究意义

一、研究创新点

本书的创新点主要体现在以下四个方面：

（1）从神经学的视角，探讨了个体视觉加工能力和动机的差异对理解视觉刺激信息的象征意义的影响。现有研究主要关注商标标识形状特征的象征意义，对消费者行为产生的影响。而没有考虑到个体的视觉信息加工能力存在差异性，而这种能力和动机的差异会极大地影响到个体对视觉刺激信息的理解。

（2）构建了商标标识形状效应的综合研究模型框架。从个体特质、个体动机和情境因素的角度，探讨分析了影响商标标识形状效应的边界条件，基于对边界条件的因素分析，构建了商标标识形状效应的综合的较为完整的研究模型框架。个体特质的因素包括自我建构、身份角色、解释水平、个体的结构化需求。个体动机因素是指个体的调节聚焦，情境因素包括品牌类型、信息调节聚焦、信息框架。

（3）将知觉流畅性运用到了商标标识形状研究中，探讨分析了商标标识形状和购买意向之间的关系的内在机制的问题，并界定了知觉流畅性这一中介作用的边界条件，分析了被知觉流畅性中介的，与商标标识形状发生交互作用的调节变量。突破了现有研究集中在对不同商标标识形状的象征意义、产品质量属性、品牌属性评价三者之间关系分析的思路局限。

（4）分析、确定了调节知觉流畅性中介作用的变量，界定了中介作用的边界条件。当个体结构化需求较低时，对信息的结构化需求不高时，加工流畅性的中介作用不显著。当个体的解释水平比较高时，个体更倾向于用本质核心去理解信息时，加工流畅性的中介效应显著。分析探讨了被知觉流畅性中介的调节变量、商标标识形状和消费者购买意向三者之间的关系。讨论了调节变量对商标标识形状和知觉流畅性之间关系的影响。

二、研究意义

本书的意义可以分为理论层面和实践层面。理论意义包括：

（1）研究丰富了感官营销中的视觉营销的相关研究，以往关于商标标识形状的研究重点集中在标识形状的特征的象征意义与产品属性或品牌属性之间的关系，本书探讨分析了标识形状的特征的象征意义与购买意向之间的关系，显然，两者之间的关系受到其他变量的影响。本书以知觉流畅性理论、感官营销理论、心理意象理论和调节匹配理论为基础，分析验证商标标识形状与购买意向之间的关系，并分析了知觉流畅性的中介作用。依据形状特征的象征意义找到了一些可以调节商标标识形状和购买意向关系的变量，这些变量在不同的情境下，部分可以调节知觉流畅性的中介作用，部分可以被知觉流畅性中介。这些因素共同影响商标标识形状、知觉流畅性和购买意向三者之间的关系。

（2）研究整合了不同类型的变量，构建了商标标识形状和购买意向之间关系的综合模型。既体现了商标标识形状、知觉流畅性和购买意向三者之间的关系，还验证了自我建构、个体调节聚焦、信息框架、品牌类型、信息调节聚焦、个体的结构化需求、解释水平、个体的身份角色等因素，在以上三种变量中所起到的调节作用，是一个包含个体特质、个体动机、情境因素的综合性模型。

实践意义包括：本书针对企业商标标识的形状，基于研究结论，企业可以通过以下方式提高消费者对产品的购买意向：

（1）提高营销情境下营销信息的个体知觉流畅性，增强商标标识与广告信息类型之间的匹配程度。矩形的商标标识尽可能采用促进聚焦的广告信息和收获框架的广告信息，圆形的商标标识尽可能采用预防聚焦的广告信息和损失框架的广告信息。

（2）通过正确的商标标识形状设计，达到对目标消费者的精准营销。由于方形商标标识更能体现消费者的独特性，圆形商标标识更能体现消费者的归属性，企业可以依据目标消费群体的特征对商标标识进行针对性设计。例如，中年女性更在意自身和环境之间的和谐感，那么以中年女性为目标市场的企业产品，在进行商品标识设计时，优先设计为圆形。

（3）由于营销策略是多因素的复合体，为实现与消费者更好的沟通效果，应尽量提高因素之间的一致性。但不可否认,过高的一致性会降低个体的差异化感知,而相似性需求和差异化需求对每个个体来说都是同时存在的,因此,作为一种视觉营销刺激对象,企业的商标标识形状在结合其他因素的时候,也应充分考虑到个体的结构化需求和解释水平的影响。

第三节 研究方法、研究路线和研究框架

一、研究方法

研究采用定性分析和定量分析相结合的方法。分为两个阶段,第一阶段提出研究问题,建立研究模型;第二阶段分析和验证。第一阶段主要采用定性分析的方法。梳理相关文献,归纳总结研究问题,并且对相关概念进行明确和界定,形成研究的假设和模型。第二阶段主要采用定量分析法,选择了心理学领域中进行心理内在机制探讨分析,主要采用实验研究法,进行数据收集和分析处理,通过操纵自变量、控制干扰变量,得出自变量、调节变量、中介变量和因变量之间的因果关系,对研究的假设和模型进行验证。在具体的实验数据分析过程中采用了回归分析,方差分析、Bootstrap 分析和 Spotlight 等多种研究方法,使研究结果更具有说服力。

二、研究路线

本书的研究路线如图 1-1 所示,共分为五个研究阶段:文献梳理阶段、理论框架搭建阶段、研究设计阶段、实验分析阶段和总结讨论阶段。

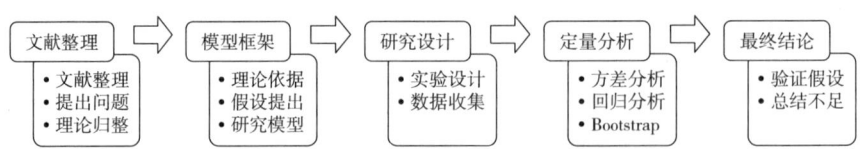

图 1-1 研究路线

资料来源:笔者研究整理。

第一个阶段，分析梳理有关商标标识的研究文献，确定商标标识研究的理论基础，如感官营销、心理意象、知觉流畅性等，查找不足，提出研究问题。引入信息调节聚焦、解释水平等理论，为商标标识形状和购买意向之间的因果关系提供理论依据，寻找在商标标识形状和购买意向的因果关系中，发挥调节和中介作用的变量。

第二个阶段，对于商标标识形状中的角特征，采用物理属性划分法，把商标标识分为两类，包含有尖锐角的形状的矩形和不包含尖锐角的形状的圆形，根据不同的象征意义，结合个体的认知偏差和隐喻认知，探讨个体特质和情境因素的影响作用，形成包含有商标标识形状、自我建构、知觉流畅性、品牌类型、广告信息类型、解释水平、信息调节聚焦、个体调节定向、个体身份角色、个体结构化需求等在内的整体认知概念框架。

第三个阶段，采用不同种类的矩形商标标识和圆形商标标识作为刺激变量，采用不同的个体特质的测量方法，如测量法、情境启动法，设置不同类型的样本，制定研究假设设计策略，收集实验数据。

第四个阶段，依据第三个阶段收集到的数据，借鉴现有研究已经成熟的数据分析方法分析数据，验证假设。

第五个阶段，归纳总结研究结果，分析研究的理论和实践意义，总结不足，展望研究方向。

三、研究架构

本书在梳理和总结商标标识形状相关文献的基础上，采用定性和定量分析相结合的方法，研究了商标标识形状对消费者个体的影响，采用实验法分析了知觉流畅性的中介作用，以及自我建构、信息调节聚焦、个体调节聚焦、信息框架、品牌类型、个体的身份角色、个体的解释水平、个体的结构化需求的调节作用。本书整体的研究架构如图1-2所示。

本书的第一部分是第一章，基于商标标识形状的相关理论梳理和现实背景，提出研究问题、归纳研究的创新点、研究所采用的理论基础和实践意义、阐述了本书中所采用的方法、路线和整体架构。

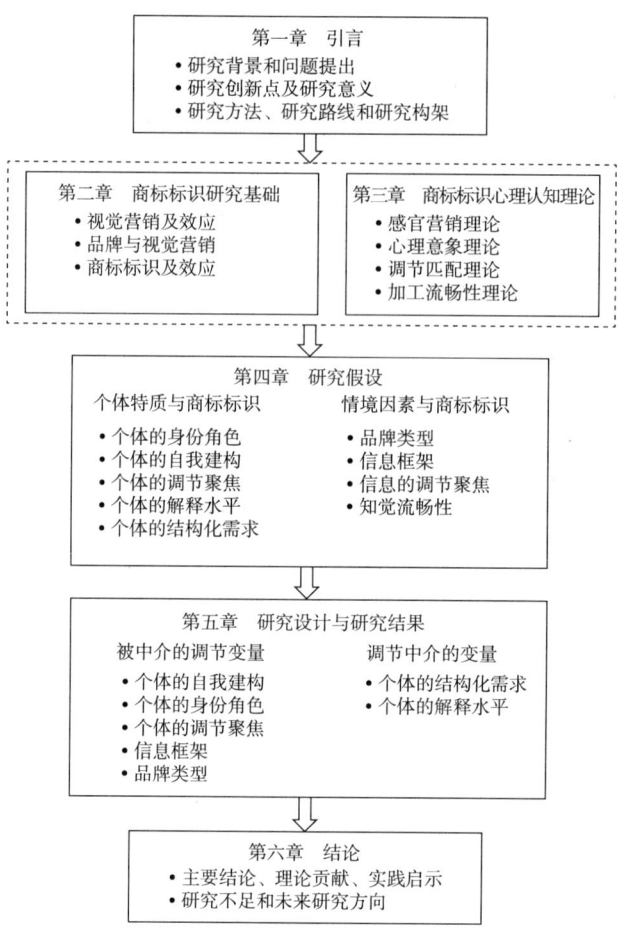

图1-2 整体研究架构

资料来源：笔者研究整理。

  本书的第二部分包括第二章和第三章的内容，第二章是商标标识研究基础，归纳总结了视觉刺激因素在营销沟通中的重要作用，品牌视觉刺激因素对商标标识的效应，角和线条的情感联结。第三章是本书的理论基础，包括感官营销理论、调节匹配理论、知觉流畅性理论和心理意象理论研究。其中，感官营销理论是视觉刺激因素重要作用的理论基础，调节匹配理论是调节变量个体特征和情境变量之间关系的理论基础，心理意象理论是角和线条的情感联结的理论基础，知觉流畅性是研究的结构自变量和因变量即商品标识形状和个体购买意向之间的关系的理论基础。

本书的第三部分是第四章的内容：研究假设。通过理论分析构建假设，在理论上分析阐明商标标识形状和消费者反应之间关系的因素，共由三个部分组成，第一部分是影响商标标识形状因素的假设提出，包括自我建构、个体调节聚焦、信息框架、信息调节聚焦、个体的身份角色以及品牌类型。第二部分是对中介变量的假设，即上述调节变量和商标标识形状之间的交互作用的中介变量。个体的知觉流畅性是否会中介上述交互作用？第三部分提出影响知觉流畅性中介作用的调节假设，包括个体的结构化需求和个体的解释水平。

本书的第四部分是第五章的内容：研究设计与研究结果。自变量的形式尽可能多元化，采用了能体现尖锐和角和圆润的角，不同类型的商标标识形状，调节变量的测量方法多样化，部分调节变量在不同的实验中采用了而不同的测量方法，个体特质的情境启动法的刺激材料和测量使用的量表来自现有的成熟研究。数据分析时，不同的实验设计采用不同的分析方法，包括方差分析、回归分析、Bootstrap 分析法等。

本书的第五部分是第六章的内容，这部分对全书的研究结果进行分析，验证第四章提出的理论假设，总结研究意义、不足，展望未来的研究方向。

第二章 商标标识研究基础

第一节 视觉营销及效应

一、视觉营销的定义

视觉营销是融入消费者的视觉并影响消费者的感知、判断和行为的营销方式（Krishna，2010）。即视觉营销是指企业通过视觉刺激信息吸引消费者的视觉注意，消费者对这些视觉刺激信息进行解读和理解，形成对刺激信息的知觉的过程。视觉感知是消费者个体获取外界信息的主要手段，带来视觉刺激的信息无处不在，营销领域统计数据显示，消费者个体接收到的信息超过80%都来自视觉刺激（张腾霄和韩布新，2013）。在实践领域，依靠图片来传递信息已经成为企业和消费者之间沟通的主要手段，而构成图片信息的色彩、线条等也是营销理论研究领域的重点关注对象，在消费者行为理论研究中，探索消费者的心理机制的研究所使用的刺激材料大多数都包含有视觉刺激因素，如产品包装、广告图片、色彩搭配等。钟科等（2016）研究提出，消费者个体在后天习得的影响下，消费者对视觉刺激信息的加工过程已经是一种看似无意识的条件反射，但这种无意识的条件反射却会对个体的行为和态度产生巨大的影响。那么从实践的视角分析，企业可以把视觉营销作为驱使消费者的行为产生对企业有利的转变的一种强有力的营销策略。

二、视觉营销的效应

在 Krishna（2012）的感官营销概念模型的分析中提出视觉对消费者的影响仅次于触觉，因为触觉是从时间的纵向维度来看随着人类生命的诞生就开始发育并伴随着生命终老一直存在的感觉。视觉刺激对消费者个体的影响可以分为有意识的影响和无意识的影响两个方面。有意识的影响是基于企业的视角，企业通过各种视觉刺激影响消费者的态度和行为，如企业在节日时会通过色彩的搭配装饰空间，圣诞节会布置装扮圣诞树等。无意识的影响是基于消费者个体的视角，视觉刺激的后天习得的经验会导致消费者对生活中的视觉刺激发生条件反射般的反应，如圣诞节日看到圣诞老人和圣诞树会不由地增加购买产品的多样化和购买数量。

研究发现，视觉刺激比语音刺激在某些方面能产生更大的效应，比如 Erdelyi 和 Kleinbard（1978）研究发现，视觉刺激能让小朋友更快地学会生字，并且能够产生更长久的记忆；在缺少语义刺激变量的情境下，视觉刺激产生的心理意象会影响到消费者对产品的质量的判断；Hertenstein 和 Platt（2001）研究发现，视觉刺激会影响到消费者个体对产品质量的判断，并且关于产品质量的判断还会影响到消费者对企业财政绩效的判断。Zhang 和 Schmitt（2004）指出，视觉刺激因素在区分产品、形成客户忠诚度和避免在激烈的产品竞争中受到伤害等方面发挥着巨大的作用。本研究的重点是消费者对商标标识的形状的特征的感知，所以，视觉营销的效应分析集中于形状视觉刺激和角的特征（尖锐或圆润）对消费者的影响。

首先，消费者个体会依据视觉刺激物的形状去判断产品的质量（Spence 和 Deroy，2013；Hanson – Vaux，Crisinel 和 Spence，2013；Wansink 和 Van，2003，2005）。例如，Silvia 和 Barona（2009）在研究中指出，消费者个体认为圆形的商品的质量要好于方形的商品的质量，该研究结论和 Bar 和 Neta（2006）的研究结论是一致的，在研究中向被试呈现同样的产品，区别是一半的产品采用圆形的包装，另一半的产品采用方形的包装，再被告知两者的产品的质量是一样的情况下，研究结果发现消费者更喜欢圆形的包装，进一步研究证明，被试直觉认为圆形的包装比方形的包装意味着更好的产品质量。Raghubir 和 Krishna（1999）研究发现女士更喜欢细长形状的瓶子包装的产品,尤其是护肤品,因为细长型的包装意味着优雅的产品体验。Wansink 和 Van(2003,2005)研究发现,被试认为细长形状的容器意味着更好的流动性,所以被试更喜欢细长型瓶子包装的果汁。

其次,消费者个体会依据视觉刺激物的角的特征去判断产品的质量(Bar 和 Neta,2006;Silvia 和 Barona,2009)。例如,Bar 和 Neta(2006,2007)研究发现,尖锐的角会让人产生威胁感,所以在产品的导入期,带有尖锐的角的产品包装能够吸引市场领袖的青睐,而到了产品的成长期,目标消费者的归属属性维度的重要性逐渐上升且产品质量诉求的重要性也上升,圆润的产品包装更能获得消费者的认同(Meert,Pandelaere 和 Patrick,2014)。依据进化心理学,Grohmann 等(2015)在研究中提出,由于方形的、倒 V 结构的躯干会增加个体的男性的吸引力,而随着腰臀比例趋于缓和,骨架和肌肉感下降的个体的女性的吸引力会增强,所以,实用型产品在使用棱角分明的包装时意味着更好的质量,而享乐型产品在使用圆润的角的包装时意味着更好的享乐过程(Furnham 和 Radley,1989)。Rahinel 和 Nelson(2016)在研究中发现不稳定的倒三角的设计增加了人们对安全产品属性的重视,并且会降低消费者对产品的价格的敏感度。

再次,视觉刺激物的形状的特征对启动消费者个体特质和消费者个体的信息加工方式(Berger 和 Fitzsimons,2008)。例如,Maimaran 和 Wheeler(2008)在研究中发现,不同的几何形状会引发消费者不同的需求认知,在研究中同种产品采用不同的包装呈现,如方形包装和圆形包装,研究结果发现,选择方形包装的被试认为可以彰显自己的独特性,选择圆形包装的被试认为可以彰显自己的大众化。Meyers-Levy 和 Zhu(2007)研究中发现当文字信息呈现方式为方形时,个体倾向于采用精细化的、条状的信息加工方式,而当文字信息呈现为圆形时,个体倾向于采用整体化、整合状的信息加工方式。Zhu 和 Argo(2013)研究发现当椅子摆放为直角时,有助于自我提升的信息框架的说服效果较好;当椅子摆放为圆形时,有助于体现团队提升的信息框架的说服效果较好。

最后,形状视角刺激和角的特征的效应是有边界条件的(Bloch,1995)。Deng 和 Kahn(2009)研究指出,被试认为方形的产品包装比圆形的产品包装要更重,但是如果关于产品重量的提示呈现在产品包装正面的上方会显著降低上述的重量偏差效应。Westerman、Sutherland 和 Gardner(2011)研究发现消费者对产品包装形状的偏好受到产品类型的影响,对于食物类型的产品,如巧克力、纯净水、饮料等,消费者更喜欢购买圆形的包装设计。Rahinel 和 Nelson（2016）研究中指出,科技发展的不同阶段,消费者对产品外观形状设计的偏好是不同的,在科技不够发达的早期阶段和科技发展的中期阶段,消费者偏爱于圆形,但是中期阶段的偏爱程度显著下降,在科技发展的初期阶段,消费者偏爱于方形。Zhang、Feick 和 Price（2006）的研究证实,消费者对形状和角的设计的偏好依赖于个体的文化背景,集体主义文化背景下的个体喜欢圆形的设计,而个人主义文化背景下的个体更喜欢方形的设计。

三、视觉效应的归因

视觉效应的归因分析集中在个体的认知偏差（cognitive bias）和隐喻认知（metaphorical cognition）两个方面（钟科等,2016）。个体的认知偏差是在研究中发现个体对客观事物的长、宽、面积、体积等物理特征的主观感知与客观事实之间存在差异性。隐喻是通过一种事物来理解和体验另一种事物（Lakoff,1997）,隐喻认知是在两个概念之间建立的一种映射关系（束定芳,2000）。认知偏差和隐喻认知两者同时存在并相互影响。首先,研究发现个体对具体物理量值的估计存在偏差,并且这种偏差是个体的一种直觉反应。例如,Raghubir 和 Krishna（1999）研究发现个体对刺激物长宽比的判断存在偏差,在研究中冰激凌盛放在体积相同、宽窄比不同的容器里,被试认为细长型的容器里的冰激凌更多,这就是经典的长宽比偏差效应（elongation bias）。孙彦等（2012）在图形决策框架效应的研究中发现个体的判断会受到图式的比例的变化的影响,A、B 两种产品的两种属性分别标识在 X、Y 坐标轴上,研究发现,改变 X 轴和 Y 轴之间的比例尺寸大小,消费者对 A、B 产品的偏好判断发生改变。再如,经典的棉花和铁块的问题,问一千克棉花和一千克铁块谁更重,很多人直觉反应认为铁块重。基于以上分析,可以得出结论,视觉刺激信息中形状微小的变化都足以左右消费者的感知判断。

其次,研究发现个体面临视觉刺激物时,会通过隐喻认知的方式对刺激信息进行加工。研究发现,空间物理属性的不同维度,如空间的形状维度、长度维度、相对位置维度、边框维度等都存在隐喻认知（钟科等,2016）。Zhu 和 Agro

(2013)研究发现,空间的形状隐喻个体的基本需求,在研究中圆形的座椅摆放和方形的座椅摆放分别使家庭导向的信息和自我导向的信息更有说服力,说明圆形隐喻归属,方形隐喻自我。Huang、Li 和 Zhang(2013)研究发现,产品在广告中的位置隐喻企业的市场定位,在研究中发现,当产品所处的位置在广告代言人的上方和下方分别对应于产品的市场领导者定位和市场追随者定位。钟科和王海忠(2015)研究发现,当电池的标识以长条形呈现时,被试认为电池的使用时间显著长于方形的标识,说明标识长宽比隐喻产品寿命。Cutright(2012)研究发现,有边框的品牌标识对于更加需要结构感的低控制感的消费者更有吸引力,说明框架隐喻个体体质结构化需求。

第二节 品牌与视觉营销

一、品牌的视觉营销效应

品牌对企业而言是一项非常重要的影响企业绩效评价的无形资产(Morgan 和 Rego,2009;Rao,Agarwal 和 Dahlhoff,2004),品牌对企业的重要意义是不言而喻的。研究发现,消费者能够由企业的品牌产生一系列有意义的联想(Fournier,1998;Schau,Muñiz 和 Arnould,2009;Thomson,MacInnis 和 Park,2005)、消费者对产品的价格敏感度随着消费者对品牌的重视程度逐渐上升而呈现为下降趋势(Ailawadi,Lehmann 和 Neslin,2003)、产品品牌的市场定位越清晰,消费者的市场搜寻投入努力程度会降低(Mizik 和 Jacobson,2008)、通过品牌消费者可以向外界准确地传递个体特质特征(李东进等,2013)、强大的品牌有助于延长企业寿命,扩大产品销售渠道,跨越销售地域限制(Parrott,2001)。总之,品牌是企业准确和正确地向消费者传递企业身份、强化企业与市场中竞争对手之间的差异化的非常重要的战略。

企业在实现品牌战略的过程中非常看重的营销手段之一就是视觉营销(Fischer 和 Hubert,1991),如大多企业常常使用的商标、包装、产品设计、广告和网络网站等营销工具都离不开视觉刺激因素。Park 和 Eisingerich（2013）从战略的视角提出视觉刺激因素是品牌战略能否成功的一个非常重要的决定性因素。因为视觉刺激因素的象征意义一方面有助于提升目标品牌在消费者的脑海中的凸显性、形象性和生动性，有助于加强品牌的审美感知（Bloch，1995）；另一方面会促使产生强有力的情感反应和行为反应，从而有利于形成消费者的积极态度和有助于消费者快速地从脑海中提取与产品相关的信息（Fischer 和 Hubert，1991；Henderson 和 Cote，1998）。

基于 Ekuan 等（2001）的研究，品牌中的视觉刺激变量代表的象征意义能够超越文字、发音、语言和方言障碍，该研究证实在有 50 种语言和 400 多种方言的印度国家，消费者对产品的判断和感知更多依赖于品牌中视觉刺激变量的象征意义。Tavassoli 和 Han（2002）研究发现，来自象形语义书写体系国家的消费者，如中国、日本和韩国，比对来自语音语言体系国家的消费者，如美国、英国，对品牌的视觉刺激因素的感知更为敏感。以上现有研究都证明，亚洲国家的企业应该非常重视视觉刺激因素，尤其是在建立强有力的品牌战略时尤应该重视品牌中的视觉刺激因素。但是，当前关于亚洲企业品牌的研究大都集中在语义因素方面，如亚洲的品牌使用的英语拼读，而关于品牌的视觉维度的研究还没有引起学者足够重视（Tavassoli 和 Han，2002）。

二、品牌商标的视觉营销效应

依据 Henderson 和 Cote（1998）的定义，商标是包含了各种图式的一种物理化的品牌展现形式。依据商标使用的历史悠久性和商标载体的多样化，在整个商业发展进程中，商标出现的频率是所有视觉刺激因素中最高的。商标使用的历史悠久性是指商标的使用由来已久，如中国古代帝王会使用代表着至高无上权力和地位的龙的形象设计，佛教的庙宇会使用代表着好运的古印度的吉祥标志，而教堂使用意味着超越死亡的胜利的十字架。商标载体多样化是指商标会展现在各种各样的场合，如电视、包装、名片、广告、信封等。

很多企业为了设计一个能正确投射企业身份和内涵的商标都投入了大量的人财物资源，如 20 世纪 80 年代贝尔公司在商标设计上花费的金钱投入比广告投入的 20 倍还多。在消费者的心目中提及企业时，消费者的脑海中涌现出的第一个和企业有关的视觉因素就是企业的品牌商标（Okay 和 Okay，2008）。比如，当提及生产汉堡包的麦当劳，人们脑海中条件反射的景象是那个充满喜感的麦当劳大叔和金色横条的商标图式。

商标作为品牌视觉刺激构成要素之一，已经成为企业确立或加强企业的身份地位的一项非常重要的营销策略。研究发现，品牌商标对消费者采用哪种方式对信息进行加工、消费者如何形成对产品的态度、消费者的购买意向、在购买过程中产生的情感等方面都会产生重大的影响。商标有助于实现产品在消费者心目中树立一个独特的位置，有助于建立消费者和品牌之间的联系（Janiszewski 和 Meyvis，2001；MacInnis，Shapiro 和 Mani，1999）。在信息加工方式的研究中发现，商标有助于在消费者的脑海中快速提取商品类别信息；在消费者的决策的研究中发现，商标有助于加快消费者决策的速度；在情感的研究中发现，商标有助于降低消费者购买之后的后悔情绪的强度（Deng 和 Kahn，2009）。

商标的呈现方式多种多样，当前的研究主要分为两种类型，一是商标中包含了企业的名称，二是不包含企业的名称，仅采用具有较强象征意义或比喻意义的一些符号（Keller，2008）。例如，壳牌公司就选择了贻贝的贝壳作为商标，梅赛德斯奔驰、宝马、耐克、劳力士和奥林匹克的五环等都采用的是具有象征意义的符号。具有象征意义的符号一般都不包含具体的文字，但是却能够让目标消费者从个体主观的角度产生一定的联想。Park 等（2013）研究指出，品牌商标中视觉刺激因素具有的象征意义能够更加显著地提高消费者的情感反应，能够更有效地确定消费者的自我特性，能够更好地表征品牌的功能性价值。所以，商标视觉刺激因素的象征意义已经成为一种非常有效的用来解决产品同质化程度过高而导致产品的辨析度不强的工具。本书将沿着象征意义的视角展开研究。

三、品牌商标效应的归因

商标视觉效应的发生归因于两个方面，一个原因是视觉刺激因素蕴含的品牌意象和品牌意义，另一个原因是视觉刺激因素能够提供愉悦的审美感知。Klink（2003）关于欧洲和亚洲消费者的研究指出，品牌视觉刺激因素所具有的象征意义会有利于消费者和品牌之间建立沟通桥梁，从而有助于两者之间通过熟悉度和关联性产生有意义的沟通交流。研究证实，商标蕴含的品牌意象和品牌意义会使产品具有较强的辨识度，会影响到品牌的声誉（Baker 和 Balmer，1997；Olins 和 Wally，1989）、影响消费者的态度和购买意向（Jun，Cho 和 Kwon，2008）。Müller 等（2011）研究发现，拟人化商标设计会增强女性消费者对非实用产品的购买意向。Riel 和 Ban（2001）研究发现，明亮的视觉刺激带来的前途一片光明的心理意象会提升消费者对企业绩效的财政价值预期。

研究发现，消费者对企业的美感感知越来越重视，企业对能影响消费者美感感知的因素的投入也在不断加大，Wang 等（2007）指出，消费者的审美感知来自各个方面，环境中任何一个细微的影响因素可能都会影响到消费者的审美感知，所以现在的企业在产品的外观设计、产品包装的设计、广告的设计等对美感的关注程度在逐渐上升。而 Walsh 等（2011）研究发现，商标标识作为品牌展示的一种物理属性表征会启动消费者的审美感知。所以越来越多重视品牌战略的企业都会不惜重金设计一个具有正确象征意义的品牌标识。例如，好乐迪公司为了能够准确地向市场传递公司的战略规划，重新设计修改了他们的商标和品牌识别系统，这就意味着全球范围内该公司的 11000 个广告标识都要进行撤换更改。

第三节　商标标识及效应

一、商标标识的定义

商标标识是指商标中能够用来区分和界定品牌特征的具体设计因素，这些具体要素包括品牌名称（brand name）、商标形状（logo shape）、色彩（color）、文字字型（type font）以及这些具体因素综合形成的整体的图式（Bar 和 Neta，2007）。Etcoff（1999）研究指出商标标识中这些具体的商标物理属性刺激变量的抽象意义也会作为一种刺激变量影响消费者的知觉判断。由此可知，商标标识对消费者的影响，一方面取决于构成商标的具体要素的象征意义，另一方面取决于这些具体要素组合所形成的象征性含义（Barand 和 Neta，2007；Lu 和 Schilkrut，2012）。

二、商标标识的视觉效应

Alesandrini（1982）研究指出图片刺激形成的视觉心理意象能够把若干个信息小模块串联或并联起来形成一个整体，Holbrook 和 Moore（1981）研究指出图片信息会促使从整体、全面和宏观的角度进行信息评估而对消费者的情感、认知和行为产生影响（Biron 和 McKelvie，1984；Meyers – Levy 和 Zhu，2007）。在针对中国消费者的研究中发现，图片刺激还会影响风水判断。上述图片刺激对消费者的情感、认知和行为的影响在商标图片的研究中也都获得了相应的证实。

商标图片会刺激消费者产生条件反射般的情感反应。例如，现实生活中妈妈在给孩子买衣物的时候看到有动物图案的商标就会感觉这是一家很有爱心且产品是值得信赖的企业。Hoyer 和 Brown（1990）研究中把这种条件反射式的情感定义为意象产生的情感，并在研究中证实这种意象情感会成为企业产品差异化战略的一个有效营销策略。象形文字导向的国家的消费者对图形的认知和回忆能力显著高于语音导向的国家的消费者，亚洲消费者对视觉刺激诱发的情感反应要显著地高于欧洲消费者。Edell 和 Staelin（1983）研究发现，商标图片对仅 6 个月大的婴儿的认知产生影响，在研究中发现，半岁左右的婴儿可以从一幅简单的图片中得到乐趣，而 1 岁左右的幼儿就会因为刺激图片的不同而对同一个产品（玩具）产生不同的行为。Scott 和 Liu（1993）指出，单纯的图片暴露都会产生信息传递，一幅甚至和目标事物没有关系的图片都能有助于个体对目标文字信息的解释和记忆。Lippman（1974）指出，一个商标的图形形状、空间、色彩、象征意义和测量方法代表着自然五行金木水火土，商标的图形形状、空间、色彩、象征意义和测量方法之间达到了协调和平衡就意味着实现了风水的阴阳平衡。

Brinkmann 等（2014）研究指出，商标标识的效应的发挥不单纯地取决于视觉刺激信息固有的自然表征意义，还依赖于客观视觉刺激因素所引发的心理意象。例如，基于进化心理学研究，棱角分明的倒 V 结构意味着男性之美，而棱角趋于缓和则意味着女性之美（Grohmann，Herrmann 和 Lieven，2015）。Leder 和 Carbon（2005）关于消费者对圆形平面设计和方形平面设计的偏好的差异分析研究表明，消费者认为圆形代表着积极向上的意义所以更喜欢圆形的平面设计。而 Arnheim（2001）研究中发现，个体认为方形设计比圆形设计意味着产品具有更高的技术含量，所以对高科技的第一代新生产品消费者更喜欢方形的设计。

三、商标标识形状的视觉效应

由于本书研究的重点是商标标识形状特征对消费者的态度和行为的影响，所以本书对商标标识的分类采用 Jiang 等（2016）的研究中的分类方法。Jiang 等（2016）在研究中按照形状中尖锐（或圆润）的角和线条之间的组合把标识形状分为两类——有尖锐的角的形状和无尖锐的角形状，同时借鉴物理学的划分方法（Deng 和 Kahn，2009），矩形一般是指有尖锐的角的线条组合，圆形一般是指无尖锐的角的线条组合。本研究把商标标识分为两类，矩形商标标识和圆形商标标识，该分类方法类似于 Jiang 等（2016）的研究。目前按照此种分类方法对商标标识形状的研究可以分为两类：一类是针对矩形的长宽比例不同对产品或品牌属性的评价的影响（钟科和王海忠，2015；Rahinel 和 Nelson，2016），另一类是商标标识形状特征引发的心理意象对产品的属性和品牌的属性的判断的研究（Jiang，Gorn 和 Maria，2016）。

研究发现不同的形状和不同特征的角会引发不同的心理意象（Lippman，1974；Zhang，Feick 和 Price，2006）。例如，Arnheim（1974）研究中发现，包含有圆润的角的圆形会引发和谐、和睦和友好的心理意象，而呈现为直角的正方形会引发对抗、进攻的心理意象。Silvia 和 Barona（2009）研究指出，圆润的角会让人产生优美的、柔软的心理意象，而尖锐的角则会让人产生个体与周围环境之间有强烈的距离感。Lundholm（1921）研究发现，被试认为交叉的两条直线意味着冷酷、强烈、对抗的情绪，而面临交叉的两条曲线，被试产生了温柔、平静、缓和、同理心的情绪。Hevner（1935）为了避免 Lundholm（1921）研究中采用的单一的线条或角的物理属性特征作为刺激变量，而是采用了抽象的包含了线条和不同特征的角的图片作为刺激变量，研究结果证明，包含了圆滑的角的抽象形状能够让人产生安静、平静、温柔的感情，而包含了尖锐的角的抽象形状会让人产生强健的、有力的和高贵的感觉。Kastl 和 Child（1968）模仿了 Hevner（1935）的实验研究，研究结果发现印刷字体的类型会启动被试的情感反应，圆形的字体让被试觉得更快乐，方形的字体让被试觉得更悲伤。Westerman 等（2013）研究发现，商标的标识形状会影响消费者对产品口感的预期，被试认为圆形商标的咖啡口感苦味低于方形商标。依据物理学原理，研究发现商标标识中的设计因素的形状和所处的相对位置会引发不同的心理意象（Deng 和 Kahn，2009；Rahinel 和 Nelson，2016）。Meert 等（2014）研究发现，人们在口渴的状态下更偏爱圆润的设计，因为圆润更容易产生光泽感，而光泽感会让人产生有水的心理意象。

　　基于隐喻研究，尖锐的角和圆润的角会让消费者个体产生不同的联想。Bar 和 Neta（2007）在研究中对生活常见的多种类型事物，包括手表、沙发、文字信息、图片等作为刺激物，因为尖锐的事物总是让人觉得是危险的，所以以风险感知为中介变量，研究结果发现被试偏爱于圆润角的刺激物大于尖锐角的刺激物，所以该研究提出尖锐的角隐喻着威胁。Grohmann 等（2015）研究发现，圆形会让个体觉得自己和周围的环境是融合交互的，而有尖锐的角的形状会引发个性化、健壮性、进攻性、力量、肌肉感，个体在这样的环境中会觉得自己和环境之间是对立的、对抗的感觉，所以该研究提出尖锐的角隐喻着对抗，圆润的角隐喻着和谐。Zhu 等（2013）研究证实，空间内椅子摆放的不同的形状会影响个体的认知，当椅子摆放为直角时，被试在环境中更能觉得自己的与众不同，当椅子摆放为圆角时，被试在环境中更能觉得自己想要和其他人一样，所以，该研究认为直角隐喻着独特感，圆角隐喻着归属感。Zhang 等（2006）研究发现，不同文化背景下的被试对尖锐的角和圆润的角的偏爱程度是不同的，研究证实集体主义文化背景下的个体偏爱于圆润的角的设计，个体主义文化背景下的个体偏爱于尖锐的角的设计，所以，圆滑、圆润的角隐喻妥协。Jiang 等（2016）研究证实，圆形的商标标识产品的温柔质量感知显著高于耐用质量感知，方形的商标标识的产品的耐用质量感知显著高于温柔质量感知，所以，尖锐的角隐喻坚硬，圆润的角隐喻柔软。基于以上分析，消费者个体对商标标识形状的偏好其实是有边界条件的，换言之，消费者对某种形状的偏好程度取决于个体特质、情境因素等。

第三章 商标标识心理认知理论

第一节 感官营销理论

感官营销（sensory marketing）理论主要阐释个体的五官，皮肤、眼睛、嘴巴、耳朵和鼻子对营销刺激因素的个体体验过程，即个体的触觉（haptics）、视觉（vision）、味觉（taste）、嗅觉（olfaction）和听觉（audition）对个体的感知、判断和行为的影响（Krishna, 2010, 2012）。近年来，越来越多的研究肯定了感官体验对消费者个体的购买决策产生了重大影响。例如，关于触觉的影响的研究中，Peck 和 Childers（2003）研究证实消费者触摸体验确实提升了消费者对产品评价的客观性和真实性的信心。关于视觉的影响的研究中，Gerend 和 Sias（2009）研究证实，颜色会影响个体对周围环境的安全性判断，如红色会启动被试的危险警觉，在研究中发现个体在红色背景下注射疫苗的意愿显著高于白色背景。钟科等（2015）在研究中发现，简单的商标标识形状的长宽比例不同，结合时间属性，随着长宽比例的扩大，被试认为产品可以使用的时间长度会延长。

在研究领域，感官营销的研究在近年来获得了快速成长（Peck 和 Childers, 2008），Krishna（2012）从战略的角度提出感官营销是一门科学，是一种先进的、精细的营销战术。在实践领域，感官营销的重要性也得到证实，营销咨询专家 Elder 和 Linstrom（2010）结合自己多年的咨询经历和实践研究发现卓越的品牌都在消费者心目中留下了深刻的感官印记，所以撰写了《品牌感知背后的感官秘密》一书，在书中指出，企业在实践中应该给予感官营销策略足够的重视。

Krishna（2012）基于现有的研究，从信息输入、个体认知信息加工、信息输出结果的视角提出了感官营销概念模型，如图 3-1 所示，该模型类似于认知心理学的"黑箱"理论。

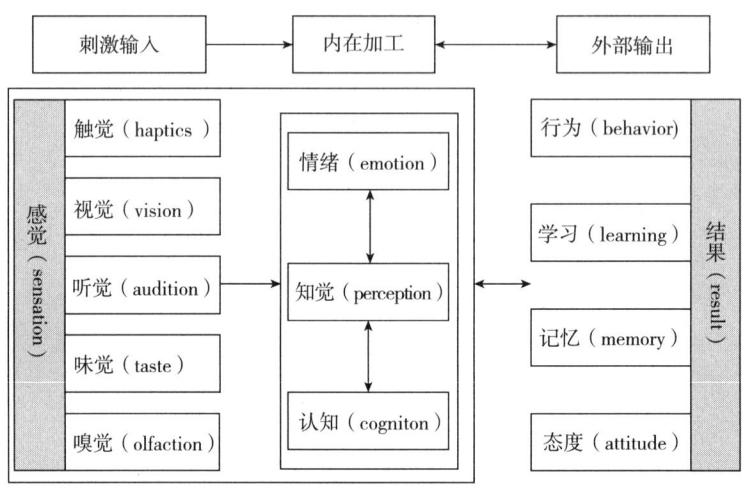

图 3-1 感官营销概念模型

资料来源：Krishna（2012）；钟科等（2016）。

该模型的左侧是信息输入，即引发个体五官体验的外在刺激变量呈现。模型的中间部分是个体通过五官对外在刺激变脸进行加工，该信息加工过程一方面受到客观刺激变量的影响，另一方面受到个体的情绪和认知的影响，并且该信息加工的结果会影响到个体以后对外在刺激信息的判断，换言之，信息输入和信息加工过程两者之间相互影响，最终会形成个体的知觉。模型的右侧是信息输出结果，即个体的感官刺激体验对个体的行为、学习、记忆和态度的影响。从以上分析可以看出，该模型与以往的认知心理学的研究有很大的差异性，以往的认知心理学强调了个体作为信息的接收方处于被动的被影响的角色，没有强调个体对信息的影响，而该模型不仅强调了个体作为信息接收方的被动体验而且又强调了个体通过感官对外界信息的影响，即个体和信息之间是互相影响的关系。

在五大感官中，由于触觉是人类生命中发育最早，退化最晚的器官，产生触觉的皮肤对身体的覆盖面积占比最大，并且其他感官是为了更好地提升触觉的敏锐性（Krishna，2012），所以对于触觉的研究是五官中最早的。当前关于触觉的研究可以分为三个方向，第一个研究方向是触觉的类别的研究，第一种分类方法是基于发生触觉感知的客观对象，触觉可以分为三种类型，人与人之间形成触觉、人与产品之间形成触觉、人与环境之间形成的触觉。而人与人之间的触觉的形成又可以依据是否通过客观事物形成分为两类，即通过客观事物形成的人与人之间的触觉和不通过客观事物形成的人与人之间的触觉。钟科等（2016）研究中提出，基于与人发生信息交互的不同触觉对象和关系的直接间接性把触觉分为四类，人与人之间形成的人际直觉触觉、人与人之间通过客观事物形成的人际间接触觉、人与产品之间形成的产品触觉、人与环境之间形成的环境触觉。第二种分类方法是基于触觉是否具有认知功能，McGlone等（2014）将触觉分为两类，辨识性触觉（discriminativetouch）和情感性触觉（affective touch），前者承担辨别性输入的功能，后者承担情感性输入的功能。第二个研究方向是触觉的效应的研究，研究发现，触觉能告知个体所处环境的温度、软硬度、摩擦度等客观信息，还能向我们传递类似于情感这种更复杂、更抽象的主观感知信息。黄静等（2015）通过网上购物行为的实证研究，发现网络评论中的触觉信息会提高消费者对产品的耐用性属性的评价。Peck和Childers（2003）在研究中发现在网络购物快速发展的当下，有的消费者愿意多花钱而在实体店购物。董伶俐等（2012）研究发现触觉在科技产品的质量判断中发挥着非常重要的作用。第三个研究方向是个体触摸需求量表的研究，Peck和Childers（2003）在关于消费者愿意多花钱而在实体店购物而不愿意选择网购的个体特质原因分析中发现这些个体都是触摸需求程度较高的个体，所以开发了个体触摸需求量表（need for touch，NFT）。

听觉是个体的耳朵器官对接收到的声音的刺激所产生的知觉，听觉营销的研究可以分为两个大的方向，第一个研究方向是听觉的分类，第二个研究方向是听觉的效应。关于听觉的类别，现有研究有两种分类方法，第一种分类方法是根据产生声音是否直接可以分为直接听觉和间接听觉。直接听觉是指类似于广告音乐、购物背景音乐等能够被消费者直接听到的声音；间接听觉是指消费者在决策环境中的有关声音的刺激信息，如购买商品的时候消费者说出产品的名称，这个名称的发音。简单地说，直接听觉来自外在客观刺激的发声，间接听觉来自外在客观刺激导致的消费者个体的发声。当下关于听觉的研究大都集中在直接听觉方面，如人声、音乐、产品的声音属性等（钟科等，2016）。第二种分类方法是钟科等（2016）把声音分为非语音声音和语言声音两种。非语音的声音类似于第一种分类的直接听觉，但是两者之间的区别在于消费者在决策情境下的个体操作产品时产品自身发出的声音属于非语音声音，如关车门时候的声音。语言声音类似于间接听觉，个体在购买情境下导购的语言会影响到消费者的感知和判断。Bliss – Moreau 等（2010）研究发现当积极词汇被好听的声音进行播报的时候会更多地引起消费者的注意。关于听觉效应的研究，研究发现，听觉会影响消费者的记忆和认知，以及对产品质量的判断。Linstrom（2010）研究发现，消费者认为低沉的关车门意味着高质量的车品质。Milliman（1986）研究发现，餐厅中缓慢的音乐节奏会延长消费者的停留时间，激昂的音乐节奏会加速消费者的吃饭时间。Mehta 等（2012）研究发现，中等强度的噪声会激发个体最强的创造性。Yorkston 和 Menon（2004）研究发现，品牌的名称的发音会影响个体对产品数量的感知，该研究发现，大元音意味着东西更多，小元音意味着东西更少，如在研究中被试认为 Frosh 品牌的雪糕的奶味比 Frish 的奶味更浓。Argo 等（2010）研究中发现品牌名称中的叠音会影响到品牌在个体的记忆中持续的时间长短，研究发现消费者对 Sepsop 的记忆持续时间显著长于 Sepful 的记忆持续时间。

嗅觉是个体的鼻子器官对接收到的呼吸刺激所产生的知觉。钟科等（2016）指出，由于现实生活中个体对于嗅觉的反应最不敏感，所以与呼吸相关的嗅觉在研究中也没有得到足够的重视。但是，Lorig（1989）在脑电研究中发现，当呼吸刺激属于个体的阈下知觉级别时，被试的脑电反应是明显的。后来的嗅觉营销的研究证实嗅觉会影响到个体的认知、态度和学习。Poon 和 Grohmann（2014）的研究证实了气味会影响到个体对所处空间的舒适性感知，在研究中，在拥挤的卖场中释放让人产生空旷的感觉的气味（如海滩的气味）显著增加了被试的停留时间，该结果说明，气味会降低个体对环境的不适感觉。Liljenquist 等（2010）研究发现，干净的气味提高了被试捐赠意愿和捐助数额。Krishna 等（2010）研究发现，产品的独有气味是产品质量的一种隐性线索，即消费者会把产品自身的气味特征和产品属性之间建立联结，当独有的味道出现时会有助于消费者快速提取相关信息。例如，现在很多餐馆都推出了手擀面等菜品，冠名"妈妈的味道"用来吸引消费者。

味觉是个体的嘴巴器官对接收到的味道刺激所产生的知觉。但是研究指出味觉其实是个体的味蕾和其他感觉器官对味道刺激体验共同综合作用的结果

（Krishna，2012），所以，味觉并不是一个与嘴巴相关的一个纯粹的单一的感觉。当前关于味觉的研究重点关注于味觉的效应研究，味觉带来的效应可以分为两个方面，一是味觉的抽象效应研究，Meier 等（2012）研究发现甜味会显著提高个体的亲社会行为，更愿意帮助别人。钟科等（2016）将次效应定义为味觉的具身效应。二是味觉的效应的研究是食品味觉对产品属性的评价，该效应的研究结果证明，个体的味觉受到其他感官的影响非常的明显（Dan，Loewenstein 和 Prelec，2006），Dubose 等（1980）研究证明味觉的效应受到视觉的影响，在研究中当被试被蒙蔽了双眼之后，个体对果汁口味的识别准确度下降。Krishna 和 Morrin（2008）研究发现，味觉的效应受到触觉的影响，在研究中被试对饮料的口感判断受到个体对容器材质的触觉的影响，研究结果证明被试认为硬材质的瓶子里的饮料的口感要好于软材质。上述现有研究结果证明，个体的味觉不是一个单纯的嘴巴的体验结果，同一个个体面临同样的刺激会给出不稳定和不清晰的评价。

视觉是个体的眼睛器官对接收到的图式刺激所产生的知觉。当前关于视觉的研究的内容集中在两个方面，一方面是视觉效应的类别分析，另一方面是视觉效应的归因分析（该部分在第二章已经阐述，不再进行分析）。分析视觉效应的类别有两种分类方法，第一种分类方法是钟科等（2016）依据视觉刺激信息的内容把视觉营销效应分为空间特征、颜色与环境亮度视觉效应。例如，研究发现人类后天习得的经验导致个体对红色的色彩很敏感，红色能够引起个体对任务细节的关注、引起更高的唤醒水平和提高个体的竞争表现（张腾霄和韩布新，2013）。Rajesh Bagchi 和 Amar Cheema（2013）研究发现，红色的网页背景颜色会提升消费者的支付意愿，而在讨价还价时，红色的背景会让被试给出更低的底价。Zhong 等（2010）研究发现，环境中的明暗度会影响到个体的道德标准高低，在研究中发现降低环境的亮度感知，被试对谎报成绩等违背社会期许的行为有更高的容忍度。第二种分类方法是依据个体在视觉感知中发挥作用的主动性和被动性又分为个体有意识的视觉效应和个体无意识的视觉效应。Treisman（1986）研究指出个体对眼睛看到的形状、朝向等物理特征的注意发生在有意识的注意之前。宋艳等（2006）提出，个体的空间特征的视觉知觉学习（visual perceptual learning）是一种无意识参与的内隐学习。钟科等（2016）研究指出，个体对颜色的感知判断是在进化的过程中逐渐习得和传承下来的。所以，空间特征的视觉刺激对个体的影响是一种无意识的视觉效应，颜色的视觉刺激对个体的影响是一种有意识的视觉效应。Stroop（1992）研究发现，颜色词本身的呈现色彩与颜色词本身表达的颜色之间的不一致性会降低个体对词义理解的速度和准确率。Dong等（2014）研究发现，黑暗的环境意味着更差的经济前景，被试的悲观感知增强。经典Stroop范式研究发现个体在成长的过程中习得的视觉刺激意义在信息加工过程中是自动的、快速的和不受个体控制的。所以，总的来说，个体的视觉刺激反应是一个条件反射般的过程。

从时间的纵向视角分析，感官营销的研究分为四个阶段，第一个阶段是关注于具体的感官刺激信息带给感受器官的体验，如产品的色彩对眼睛的刺激，产品的坚硬度对个体皮肤的刺激，食品的酸甜苦辣对嘴巴的刺激等。

第二个阶段是关注于同一种信息刺激带来的多重的感官体验。现实生活中，个体通过感官与外界进行物质和信息的交换，研究发现，个体会通过多重感官对同一种刺激进行感知判断。Zampinni和Spence（2005）研究中发现消费者会依据耳朵听到的来自嘴巴咀嚼的音量的清脆程度来判断薯条的脆度，消费者会依据个体的面部表情的肌肉活动程度来评价薯条的咸味和辣味。来自听觉的易碎的哗啦声既可能通过个体的嘴巴进行判断（Klemens Knöferle和Charles Spence，2014），又可能通过触觉来判断（Deroy，Crisinel和Spence，2013）。

第三个阶段是同一种刺激带给不同的感官的体验之间存在交叉影响。心理学和神经科学的实验研究发现，任何一种感官的体验都可能受到其他感官体验的影响。Demattè等（2007）研究发现视觉会受到嗅觉的影响，Li等（2007）研究发现触觉会受到嗅觉的影响，Gilbert等（1996）在研究中发现消费者对目标事物的柔软性感知的触觉判断会同时受到个体嗅觉和视觉的双重影响。Parise和Spence（2012）研究发现视觉和听觉之间也会相互影响。基于此，Spence（2011）就这种多重感官感知交叉的现象提出了跨感官对应性模型（crossmodal correspondences）。

第四个阶段是来自不同的感官对刺激信息的象征意义的表征的一致性带来的多重感官感知之间的匹配。即同一种客观刺激信息，一种感官感受的该刺激信息独有的特征或属性和另一种感官感受到的该刺激形象独有的特征或属性之间存在匹配关系（Pariseand和Spence，2012）。Parise和Spence（2009）研究指出，大的物体和低沉的音调相匹配，小的物体和尖锐的音调相匹配。Ngo等（2011）研究发现，随着巧克力中黑色巧克力的含量的增加，被试对于方形商标的偏爱也逐步增加。当前，Spence 和 Deroy（2013）提出了多重感官心理意象匹配模型，即感官刺激产生的意象之间也存在匹配效应。比如，Spence 和 Gallace（2011）研究发现，被试认为正在冒泡泡的汽水和方形的商标字体更加匹配，没有泡泡的汽水和圆形的商标字体更加匹配，因为方形的字体意味着向上，冒泡泡意味着活跃，而向上和活跃之间具有相似性，圆形的字体意味着平和，静止意味着平静，而平和和平静之间具有相似性（Westerman，Sutherland 和 Gardner，2013）。Deroy 和 Valentin（2011）在 2D 或 3D 广告研究中发现，3D 广告适应于口感独特的小众品牌的啤酒，2D 广告适应于大众口感的大众品牌的啤酒，因为 3D 广告的立体效应使被试产生一种与众不同的感觉，而小众品牌也能彰显与众不同。所以，当前的跨感官的感官整合研究大多都集中在两种感官的匹配与一致（Yorston 和 Menon，2004；Spangenberg，Grohmann 和 Sprott，2005）。但是，在现实生活中，消费者对产品的判断来自个体五官的整体感知，从实践的角度看，企业应该重视跨感官的感官整合研究，尤其是高交互的服务性企业，企业要重视五种感官体验。而探求多种感官的匹配的研究方法势在必行。从理论的角度看，基于感官之间存在的交互效应和匹配效应，Krishna（2012）的模型中并没有体现多重感官之间的相互影响，所以本研究提出如下修正模型。

第二节　心理意象理论

心理意象的研究源自 20 世纪 70 年代的认知心理学研究，从 20 世纪 80 年代开始，消费者行为领域越来越多的研究开始关注个体对刺激信息的意象加工过程。依据 MacInnis 和 Price（1987）的定义，意象加工是个体的工作记忆对刺激信息的感觉体验的一种心理表征形式，换言之，意象加工的对象来自个体的感官体验，如味觉体验、听觉体验、视觉体验、触觉体验，意象加工的结果是对感官对刺激信息知觉的心理表征。Childers 和 Houston（1985）研究发现个体的每种感官刺激体验都会引发该感官独有的意象加工，而研究中提及的心理意象是个体在对视觉刺激信息加工的过程中形成的心理表征。当前关于心理意象的研究可以从四个方面进行分析,一是心理意象的发展阶段,二是心理意象的效应,三是心理意象产生的原因及差异性分析,四是心理意象的测量。

依据心理意象发展阶段的特点,到目前为止可以划分为三个阶段,第一阶段是意象的产生阶段,也称为心理意象的启蒙阶段。早期研究发现,消费者能够对一些没有直接接触到的信息进行清晰的描述。认知心理学研究发现个体的这种凭空描述依赖于个体对记忆中的相关信息进行提炼形成的一种抽象表达,并且在研究中证实,个体在启动心理意象的情境下对刺激信息的回忆结果要显著好于没有启动心理意象的情境(MacInnis 和 Price,1987)。McKelvie 和 Rohrberg(1979)研究发现,被试在观看目标刺激图片之前,有和目标刺激图片相似的视觉体验的被试,对比没有相似的视觉体验的被试,前者对目标刺激图片的回忆效果要显著好于后者。该启蒙阶段的研究一方面初步证明认知心理学的因素,就是后来的心理意象,可以成为影响工作记忆的一个影响因素;另一方面初步证明个体的心理意象可以情境启动。

第二阶段是证实视觉刺激是心理意象的情境启动因素。Paivio 等(1969)研究发现具体的清晰的文字语言刺激可以启动被试的心理意象加工过程,Lippman(1974)在研究中发现具体或抽象的文字都能够诱发心理意象的产生,Kulhavy 和 Swenson(1975)研究指出,个体的心理意象的产生依赖于线条或图片的刺激,在以往研究的基础上,Lutz 和 Lutz(1978)指出,心理意象是个体对视觉刺激信息进行加工后在个体的工作记忆中形成的一种观点。Allan Paivio(1986)研究发现心理意象能够启动多重渠道的信息加工方式,一种外在视觉刺激信息会产生不止一种心理意象,最终会导致个体回忆起多种相关信息,基于此,该研究提出了心理意象的多重代码理论(multiple code theory)。

第三阶段是心理意象在消费者行为研究领域的运用。MacInnis 和 Price(1987)在分析了意象产生的过程、启动手段和方式之后,提出了心理意象的概念,指个体的工作记忆(working memory)对感官刺激信息的表征。该阶段的研究扩大了心理意象效应的广度,研究证实心理意象对个体的记忆、瞬时学习和意图都会产生影响。研究发现,具体的文字和不同类型的图片引发的心理意象会影响到个体的回忆和态度(Robertson,1987)。Dobni 和 Zinkhan(1990)在研究中把心理意象作为个体的个人经验验证分析心理意象对产品的态度的影响。对比分析文字附带图片和单纯文字情境下个体的心理意象加工过程对个体对产品广告的态度,结果显示图片加文字比单纯的文字能够更好地启动被试的心理意象从而提升了消费者对广告的积极态度。

意象作为一种客观存在的主观体验,得到了越来越多研究学者的关注,当前的研究重点都集中于意象在传递信息的过程中发挥的重要作用。首先,心理意象有助于建立信息和个体之间的联结从而会提升刺激信息的说服力。研究发现,心理意象能够使个体快速地在工作记忆中提取存在个体记忆深处的信息,即心理意象能够把当下的刺激信息和脑海中已有的信息建立直接联系,所以会显著地提升当下刺激信息沟通的有效性(Macinnis 和 Price,1987)。例如,新产品上市,如果这种产品的外观设计中的某个因素与你以前的某次成功的体验获得奖品的因素相似,那么可能就因为这个相似性就会提高你对该产品的熟悉程度,进而影响到你对产品的评估和判断。Macinnis 等(1989)把心理意象的这种作用称为高度概括功能。Burns 和 Biswas(1993)研究发现,能够引发消费者视觉心理意象的广告图片信息,对比不能引发消费者视觉心理意象的广告图片信息更能显著性地影响消费者对广告图片的态度、对广告图片回忆的准确程度和对产品的购买意向。Macinnis 等(1989)研究指出,信息和自我之间的联结程度的强度是信息说服效果的一个衡量维度。由于每个个体的生活经历并不相同,个体对同样的信息刺激会形成自己独有的信息加工方式、储存方式,即同样的刺激信息对不同的个体会产生不同的心理意象,这就导致同样的新生刺激信息和每个个体之间的联结强度不同,高强度的联结有助于提升刺激信息的说服能力。

其次,心理意象有助于实现多重渠道同时加工某一具体刺激信息从而增强信息对个体的影响。基于感官营销研究,一种刺激信息会同时激发多种感官体验,而且这些感官体验之间存在交互作用(Zampinni 和 Spence,2005)。例如,研究发现消费者对于美食的评价,在不品尝的情况下,会依赖于眼睛看到的色,鼻子闻到的味共同形成评价结果。多种感官刺激信息都会产生意象(Lutz 和 Lutz,1978),依据跨形态一致性模型(crossmodal correspondences),视觉刺激信息同样能够使个体其他感官同步产生心理意象感知。换言之,同种刺激会同时被不同的感官进行加工。例如,当你看到广告图片中冒烟的牛排你可能立刻就产生了嘴巴里香喷喷的味觉,你看到倒置的三角符号你可能就会产生一种不安全感(Rahinel 和 Nelson，2016）。Rossiter（1982）研究指出同种信息被个体加工的方式越多，该信息的说服效果就越强。那么，同种信息被不同的感官进行加工生成心理意象会显著提升个体对刺激信息的客观判断。Lutz 和 Lutz（1978）研究发现即使感官在没有接触到具体的刺激信息的情况下，个体也能够产生感官刺激的感觉。例如，当消费者看到一张图片是一双婴儿的鞋子放在妈妈的手里时，就会产生一种温柔的触摸的感觉。Rossiter（1982）提出，在实践中心理意象可以作为一种类似于广告图片的营销策略，心理意象会从信息加工方式的宽度和深度两个层面对消费者个体的态度和行为产生有力的、稳健的影响。

基于认知心理学和消费者行为的研究，启动心理意象加工刺激后，个体发生的行为方向与预期的方向保持一致，说明心理意象产生过程是条件反射式的。但大量研究表明，消费者个体对视觉刺激信息的反应并不相同（Anderson 和 Butzin，1974；Darke，Chattopadhyay 和 Ashworth，2006）。依据消费者的动机研究发现，刺激信息对个体的行为和态度的影响受制于消费者对刺激信息的加工动机和加工能力，图片信息加工方式和文字信息加工方式是不同的（Paivio 和 Csapo，1969；Rigney 和 Lutz，1976）。

Baddeley（1992）研究中指出个体的工作记忆是由两个系统组成，一是语音信息加工系统（phonological system），二是视觉信息加工系统（visuospatial system），语音信息加工系统主要对语音刺激信息和数字刺激信息进行条件性反应，视觉信息加工系统主要对最类似于图片的信息进行条件性反应。比如，Baddeley 和 Andrade（2000）研究发现，向被试呈现同样的图片刺激材料，不同的被试对图片的记忆效果存在显著的差异。Claypool 和 Carlston（2002）研究发现，同种类型的视觉刺激信息的数量会显著影响到消费者的心理意象加工过程和结果，在该研究中，被试在对目标刺激图片进行信息加工之前，一组被试先观察了一些图片，另一组被试没有观察图片，结果显示，实验前观察了图片的被试对目标图片的加工能力显著性下降，这个结果说明随着个体进行视觉刺激信息加工的数量增加，这些刺激信息之间所产生的相互竞争会显著地降低个体对刺激信息的加工能力。逻辑推断，个体的视觉信息系统的加工能力并不相同，个体的视觉信息系统的加工能力也不是稳定不变的。Childers 等（1985）提出，个体的视觉信息加工能力依赖于个体的工作记忆中的视觉空间画板（visuospatial sketchpad）的能力，个体的视觉信息加工的动机是个体长期形成的稳定的信息心理意象加工的倾向，所以，个体的视觉空间画板的能力和视觉信息加工的动机都是后天习得的，个体的视觉信息的加工能力和动机具有差异性。

个体的图片信息加工动机的差异已经获得了大量研究的证明（Childers，Houston 和 Heckler，1985；Jiang 和 Wyer，2009；Tuan，Meyvis 和 Zhou，2001）。Childers 等（1985）研究发现，有些消费者个体对使用图片传递信息的方式非常感兴趣，而有些消费者对使用图片传递信息的方式并不敏感。比如，有艺术专业培养经历的个体对线条的敏感度要高于没有经过艺术专业培养的个体。Tuan 等（2001）研究发现，有些个体在接受新的刺激信息时，喜欢在脑海中通过勾画图片来对信息进行描述和解读，而有些个体喜欢把刺激信息和具体的事物联系起来对信息进行理解。个体可以分为视觉型消费者和听觉型消费者，视觉型的消费者个体更倾向于通过心理意象的方式对信息进行加工，而听觉型的个体则对通过心理意象进行信息加工的方式的倾向并不明显。这些研究成果在 Childers 等（1985）提出的信息加工方式测量量表的验证过程中都进一步地得到证实，个体对视觉刺激信息进行加工的倾向存在明显的差异性。

早期针对个体心理意象测量的量表可以分为两类，一类是关于心理意象加工能力的测量（Olivetti，Palmiero 和 Sestieri，2009），另一类是关于心理意象加工动机的测量（Childers，Houston 和 Heckler，1985）。但是这两类测量量表关注的重点针对于意象加工自身的特点，而不是针对于刺激信息所引发的个体的心理意象加工的状态，依赖于这种意象加工自身的特点来测量一个个体对于视觉刺激信息的反应是不够全面的。例如，一个具有较高的意象加工能力和加工动机的个体对于特定的行业的刺激信息并不优于一个拥有丰富专业知识和经验的个体对特定的行业的刺激信息的敏感程度，即使后者的视觉刺激信息加工的能力和动机都不强烈，后者能够体验的心理意象加工过程更为丰富。所以，Whan（1986）指出，在消费行为的研究中，完善的测量由刺激信息引发的个体的心理意象加工的过程应该是刺激信息和个体心理意象加工能力和动机结合的结果。Lutz 和 Lutz（1978）提出了采用自我报告的方式来测量个体关于视觉刺激信息和语义刺激信息加工方式的区别。

Ellen 和 Bone（1991）在以往研究的基础上，提出融合了个体的意象加工能力和加工动机两个方面，让消费者以个体自我报告的方式来测量个体对视觉刺激信息的心理意象加工过程的量表,也是目前在研究中得到运用最多的一个量表。该量表包含四个维度19个测量条目,每个维度分别采用了7分量表或9分量表。四个维度分别是生动性和清晰度维度(vividness/clarity),用于测量心理意象的清晰程度和生动性程度,包含11个条目,该维度采用7分量表;数量感知维度(quantity),用于测量刺激产生的心理意象联想的数量,包含3个条目,该维度采用9分量表;轻松感知维度(ease)用于测量个体对刺激因素的反应所产生的心理意象的困难程度,包含3个条目,该维度采用9分量表;关系(link)维度用于测量当前刺激信息和个体以往经历之间的关系程度,包含2个条目,采用9分量表,如表3-1所示。

表3-1 视觉刺激个体意象加工测量量表

维度	测量条目
数量感知维度	1. 一看到这个广告图片我的脑海中就会产生很多关于该广告信息的图片
	2. 一看到这个广告图片,我就会产生很多相关的联想
	3. 看到这个广告图片,我的各个器官仿佛都感受到了这个产品
轻松感知维度	1. 看到广告图片我就能够非常容易地想象到产品的具体样子
	2. 看到广告图片的瞬间我就会产生关于该产品的想象
	3. 看到广告图片我就能毫不费力地解读广告图片包含的信息
关系维度	1. 广告图片让我想到了我生命中的其他时光
	2. 广告图片把我带回到了以前我经历过的相关事情中
生动性和清晰度维度	1. 在我的脑海中呈现的有关这个产品的画面是清晰的
	2. 在我的脑海中呈现的有关这个产品的画面是苍白无力的
	3. 在我的脑海中呈现的有关这个产品的画面是模糊的
	4. 在我的脑海中呈现的有关这个产品的画面是栩栩如生的
	5. 在我的脑海中呈现的有关这个产品的画面是无力的
	6. 在我的脑海中呈现的有关这个产品的画面是详尽的
	7. 在我的脑海中呈现的有关这个产品的画面是逼真的
	8. 在我的脑海中呈现的有关这个产品的画面是强烈的
	9. 在我的脑海中呈现的有关这个产品的画面是不明确的
	10. 在我的脑海中呈现的有关这个产品的画面是轮廓鲜明的
	11. 在我的脑海中呈现的有关这个产品的画面是可辨的

资料来源:Ellen P S, Bone P F. Measuring Communication - evoked Imagery Processing [J]. Advances in Consumer Research, 1991 (18): 806 - 812.

基于前面的理论分析，消费者个体对图片信息的加工能力和加工动机存在差异性，即倾向于采用心理意象加工信息的个体对图片刺激的反应应该与对心理意象加工信息方式不敏感的个体对图片刺激的反应有显著的差别。

第三节 调节匹配理论

调节匹配理论（regulatory fit theory）是 Higgins（2003）在调节聚焦理论的基础上提出的旨在阐释个体的调节聚焦倾向与其实现其目标的策略之间的关系的理论。个体在追求目标的过程中所采用的方式、方法或策略也总是存在指向目标的某种动机，当人们采用的手段、方式方法是能够维护个体的动机不是破坏动机时，即这种动机导向的行为策略和动机之间的关系就称为匹配（Higgins，2001）。所以，调节匹配的核心问题是个体的动机问题。

关于动机的研究一直以来都是心理学领域和消费者行为领域的重要研究课题，动机是人们在生活中做出某种行为的原因强度解释，换句话说，个体有目标、有需求不一定会采取行动，但是当事情的需求强度达到一定程度的时候，行为就可能会发生。长期以来，占据对人类动机的理解和预测的主导地位的原则是趋利避害的享乐主义原则。顾名思义，趋利就是追求对自己有好处、有利的结果，避害就是要避免对自己没有好处、不利的结果，基于此个体为了追求趋利避害这一结果的行为就是个体做事情的策略。Higgins（1997）基于消费者趋利避害的目标提出了影响非常广泛的动机理论——调节聚焦理论（regulatory focus theory），该理论依据趋利和避害两目标，把个体的动机分为两类，与趋利目标对应的动机是促进聚焦（promotion focus），与避害目标对应的动机是预防聚焦（prevention focus）。促进聚焦动机强调关注积极结果，如个体的提升、进步、取得成就等，预防聚焦动机强调关注消极结果，如谨慎、保护、安全等。

依据匹配的概念，当人们采取实现目标的手段是能够实现而不是破坏自身的目标导向时会有一种感觉正确（feeling right）的感知，这种正确感的感觉体验其实就是调节匹配（Higgins，2000）。由于个体的动机是后天习得的一种长期的个体特质，并且动机会影响到个体的知觉，所以，个体的调节聚焦会主动引导个体关注与个体调节聚焦相匹配的信息。与不匹配相比，这种匹配所产生的正确感会对个体的心理和行为产生广泛的影响，如增强个体的动机强度，提高个体的任务绩效和情绪体验强度（Cesario 和 Higgins，2008；Idson，Liberman 和 Higgins，2004）。Higgins（1997）依据个体的动机不同把消费者个体分为两类，促进聚焦个体和预防聚焦个体。研究发现，促进聚焦的个体偏爱于实现积极目标的趋近策略，而预防聚焦的个体偏爱于规避消极目标的回避策略（Higgins，1997，2000；Higgins，Idson 和 Freitas，2003）。简言之，调节匹配是指动机和策略之间的匹配对个体的行为产生的调节作用（王怀勇和刘永芳，2013）。

比对调节不匹配时，调节匹配能够让个体对当前的活动更加投入，产生当前做的事情更加正确的感觉。换言之，调节匹配会让个体在目标追求的过程中一方面会有更积极地投入，另一方面会对所投入的活动有更加极化的评价反应（Cesario 和 Higgins，2008），即匹配会让积极的反应更加积极，消极的反应更加消极。调节匹配对消费者的态度、行为和认知的影响在很多研究中都得到了证实。

首先，调节匹配会影响消费者个体对产品信息的态度。Spiegel 等（2004）在研究中，让被试阅读一段关于蔬菜的饮食健康的信息，一半被试阅读的是采用收益框架呈现的信息，即多吃蔬菜的好处，另一半被试阅读的是采用损失框架呈现的信息，即不吃蔬菜的坏处，研究结果显示，促进聚焦的被试阅读采用收益框架的广告后比阅读采用损失框架的广告后对应该多吃蔬菜的理性建议的态度更加积极，同样预防聚焦的被试阅读了采用损失框架的广告后比采用收益框架的广告后对应该多吃蔬菜的理性建议的态度更加积极。Jain 等（2007）的研究证实调节匹配会扩大原来的态度的极化，在研究中第一个任务用来启动被试的临时的调节匹配，一半的被试启动调节匹配，另一半的被试未启动调节匹配。在第二个任务让被试接收同样的信息，该信息与第一个任务的信息相似，研究结果显示，调节匹配的被试比对调节不匹配的被试对第二个任务中的信息的态度发生极化，即原来积极的态度显示得更为积极，原来消极的态度显示得更为消极。

其次，调节匹配会影响刺激信息的沟通效能。Aaker 和 Lee（2001）研究发现，广告信息对消费者的说服力取决于个体的特质和广告诉求的方式，在研究中当广告诉求重点体现为产品（防晒霜）的效果时，预防聚焦的个体对产品的购买意向显著高于促进聚焦的个体,而当广告诉求的重点体现为产品(防晒霜)使用方法的便利性时,促进聚焦的个体对产品的购买意向显著高于预防聚焦的个体。依据预期理论,消费者个体在损失框架下愿意做出高风险选择,而在收益框架下是风险规避偏好,同样 Lee 和 Aaker(2004)研究发现,损失框架在表达预防聚焦信息时的沟通效果好于促进聚焦信息,而收益框架在呈现促进聚焦的信息时对消费者的说服力好于预防聚焦的信息。Cassie 等(2008)研究发现,时间压力与广告信息框架之间存在交互作用,当时间压力比较高即购买时间较近时,消费者对预防信息框架的产品的支付意愿更高,而当时间压力比较低即购买时间比较远时,消费者对促进信息框架的产品的支付意愿更高。

最后,调节匹配会提高个体的工作绩效。Förster 和 Higgins(2005)研究发现,个体在面临相匹配的信息内容和信息框架时,个体的信息加工流畅性效应显著,研究结果证实内容和框架匹配的信息会显著缩短个体加工信息的时间。Spiegel 等(2004)研究发现工作安排方式和个体特质之间存在匹配效应,在研究中,被试要求在规定时间内写一份度过周末的计划安排,一半的被试要求采用促进信息框架的方式撰写计划书,另一半的被试要求采用预防信息框架的方式撰写计划书,研究结果发现,个体的调节倾向与计划书书写方式相一致的个体完成工作计划的时间显著少于个体的调节倾向与计划书书写方式不一致的个体。Lee 和 Aaker(2000)研究发现,当被试的启动产品的调节定向与目标产品的调节定向一致时,比对启动产品与目标产品的调节定向不一致时,被试认为对启动产品和目标产品的调节定向一致时对目标产品的信息加工更为容易。Novemsky 等(2007)研究发现,当被试阅读了难以理解的产品描述之后,比对容易理解的产品描述,被试增加了被试对折中选项的选择,且对目标产品的选择时间发生延迟。

从这些结论中可以得知,调节匹配效应是一个普遍存在的现象,简单地说调节匹配会加快个体对刺激信息的加工速度,还会提升个体对刺激信息的加工准确度,顺应之,对刺激信息加工速度的加快和准确度的提升都使被试产生"感觉正确的感知"进而会对个体当下的行为产生积极的催化剂的作用,即使个体加大对当前的活动的投入力度。

调节匹配效应产生的心理机制是调节匹配产生的"感觉正确感知"和"高投入感知"两种心理体验(陈华娇,2013)。"感觉正确感知"体验是个体在实现自己的目标的过程中采用的方式或方法让个体觉得有助于实现自己目标时的一种主观感觉，而这种主观感觉又是客观存在（Cesario，Grant 和 Higgins，2004；Higgins，2000）。研究发现，这种"感知正确感知"的体验会促进人们认为当下做的事情是对的，并会把这种体验转移到随后的评估中去（Lee 和 Aaker，2004）。"高投入感知"体验是一种动机驱力的强度体现，当人们觉得自己采取的方式或方法有助于实现自己的目标时，会加大投入的力度，这种投入力度的增加是一种自然而然的客观趋势（Higgins，2000）。"感觉正确感知"体验和"高投入感知"体验是两种不同的心理体验，前者是关于决策方向的心理体验，后者是关于决策强度的心理体验，但两者又具有联系性，前者强度的加强会导致后者的强度的加强。

在研究中关于调节匹配的操纵方式是基于研究发现不同调节动机倾向的个体对于实现目标的方式不同，比如促进聚焦的个体对积极的结果非常敏感，而预防聚焦的个体对消极的结果非常敏感。在操纵研究中，同样的一个积极的结果，如成绩 A，个体的调节动机倾向不同，个体会对 A 有不同的理解，对于促进聚焦的个体，获得 A 的成绩被认为是一种希望或理想，满足于个体成长目标的需要，而对于预防聚焦的个体，获得 A 的成绩被认为是一种责任或义务，满足于个体安全目标的需要。那么，实现 A 成绩有两种方式，一种是个体增加自己的阅读量，另一种是个体尽可能非常仔细认真完成规定的阅读量，那么增加自己的阅读量就是获得 A 成绩的渴望策略，仔细认真完成规定的阅读量就是获得 A 成绩的预防策略。Higgins（2000）研究发现，促进聚焦的个体会采用尽可能增加自己的阅读量的方式，预防聚焦的个体会采用尽可能非常仔细认真完成规定的阅读量的方式。

在测量研究中，在 Higgins 等（2003）研究中，在实验开始之前告知被试，在实验结束后被试可以选择咖啡杯和钢笔其中一种作为礼物拿走。在预实验中的结果表明，被试对咖啡杯和钢笔两种物品都喜欢，但是更偏爱咖啡杯。在实验中首先通过量表测量研究了被试的长期稳定的个体调节聚焦。其次在研究结束时被试在选择礼物的时候，让被试写下来自己如果选择了咖啡杯或钢笔会得到什么（渴望策略），或者放弃了咖啡杯会钢笔会失去什么（预防策略）。研究结果显示，绝大多数的被试都选择了咖啡杯。最后，让被试给出愿意支付咖啡杯的价格。研究的结果证实，处于匹配状态下的被试——促进聚焦和渴望策略、预防聚焦和预防策略，愿意支付的咖啡杯的价格显著高于不匹配状态下的被试。

基于以上分析，临时启动的个体的调节聚焦和长期稳定的个体的调节聚焦都存在调节匹配效应，对于调节匹配的操纵核心在于个体的调节聚焦倾向和实现目标的策略之间是否匹配。所以，关于调节匹配的操纵一般有两种方式，一是独立式操控，二是整合式操控（陈华娇，2013）。

独立式操控常常借鉴 Higgins（2003）的研究，即被试通过撰写一项简单的任务来启动匹配（不匹配），该操控方法的有效性和科学性已经得到了很有研究的检验和证明。该操纵方法的具体操作流程是，第一步通过指导语让被试写出一项（或两项）自己当前想要实现的愿望（自己当前应该完成的责任或义务），前者用于启动被试的促进聚焦，后者用于启动被试的预防聚焦。第二步让被试写出实现自己刚写出的愿望或责任的策略，在促进聚焦组的被试中的一半被要求列举实现愿望的趋近策略，另一半的被试被要求列举实现愿望的规避策略，在预防聚焦组的被试中的一半被要求列举实现愿望的趋近策略，另一半被试被要求列举实现愿望的规避策略，这种就形成了两种匹配和两种不匹配启动。依据促进聚焦的个体对积极的结果非常敏感，而预防聚焦的个体对消极的结果非常敏感，整合式的操控是通过对不同调节聚焦的个体所感兴趣的结果进行操作，即控制积极的结果或消极的结果是否出现，目的是让促进聚焦的个体对呈现收益框架的信息比对呈现损失框架的信息更能体验到"感觉正确感知"体验，而预防聚焦的个体对呈现损失框架的信息比对呈现收益框架的信息更能体验到"感觉正确感知"体验。

第四节 加工流畅性理论

加工流畅性（processing fluency）的研究起始于20世纪90年代元认知研究的潮流，个体的认知过程的动力特征和认知主体对此动力特征的认知感受对信息加工的影响逐渐赢得研究学者的重视，加工流畅性逐渐成为研究的焦点（Winkielman 和 Huber，2009）。由于个体认知加工的速度、认知加工的准确性和个体认知过程的难易程度对消费者态度、行为都有重要影响，所以加工流畅性及其对情绪的引发是人们认识和研究各种心理活动中认知与情感相互作用机制的重要视角（林国耀等，2014）。

不同的学者从不同的视角对加工流畅性的本质进行了分析，Kelley 和 Jacoby（2000）基于信息加工和记忆之间的关系的视角提出加工流畅性是一种主观感知，该主观感知是基于记忆的影响而做出的一种自动化的决定。Kinder 等（2003）基于信息内容视角提出加工流畅性是一种独立于信息内容而进行快速准确的加工过程。Jacoby 和 Dallas（1981）从主观感知的视角提出加工流畅性就是个体对刺激信息加工过程非常舒服和流畅的个体体验。总的来说，从客观的视角看，加工流畅性是指人脑内部对于外部信息之间融合程度的一种表征（Winkielman 和 Cacioppo，2001）；从主观的视角看，加工流畅性是个体在进行信息加工时主观体验到的难易程度（Alter 和 Oppenheimer，2009）。基于以上分析，本研究认为加工流畅性是个体对信息加工速度和准确性以及信息加工难易程度这一客观存在的主观表征。

关于加工流畅性的分类目前主要有两种，第一种分类方法是 Reber 等（2004）提出的知觉流畅性（perceptual fluency）、概念流畅性（conceptual fluency）和提取流畅性（retrieval fluency）三分法，知觉流畅性是指个体基于感知过程中对刺激对象知觉加工的难易程度，概念流畅性是指个体基于语义知识结构激活的刺激概念水平上信息加工的难易程度，提取流畅性是指个体基于熟悉性从记忆中提取信息的难易程度。第二种分类方法是 Oppenheimer（2008）提出的五分法，即在上述三分法的基础上增加了言语流畅性和编码流畅性。无论是三分法还是五分法，Reber 等（2004）和 Oppenheimer（2008）都认为知觉流畅性所占比重最大。

关于流畅性的产生机制目前有两种比较流行的观点，流畅性归因理论和流畅性情绪联结理论，两种观点都认为加工流畅会带给个体一种情绪体验，两种观点的区别在于归因理论认为加工流畅性带来的情绪是一种中性的主观体验，而情绪联结理论认为加工流畅性带来的情绪是一种有效价的主观体验。

加工流畅性归因理论认为个体会在中性的情绪产生的过程中依据背景线索对体验进行归因，最后的判断结果依赖于不同的归因方式（Bornstein 和 D'Agostino，1994）。Unkelbach（2007）研究发现，当个体习得了虚假命题和知觉流畅性之间呈现正相关关系，那么，个体只要面临知觉流畅性高的命题，个体就会直觉认为该命题是假命题。但是，由于主观的个体的经验基础的差异性和客观的背景线索的多样性，所以加工流畅性的效应稳定性很差（Opperheimer，2008）。例如，通常认为流畅性与真实性判断之间为正相关关系，而 Hansen（2008）认为，两者之间没有相关关系，Unkelbach（2007）认为，两者之间呈负相关关系。最经典的是 Reber 等（2004）的美感感知研究，实验的目的是分析被试在不同实验条件下对刺激图片美感感知的判断，在实验的操作过程中，改变刺激图片中的面孔特征、图形的对称性和图片的清晰度，依据归因理论，被试对刺激物的美感感知的判断应该随着实验条件的改变而发生变化，但研究结果发现被试对原型面孔、对称图形、高清晰度的图片均表现出显著性的美感评价。林国耀等（2014）提出，流畅性归因理论不具备不可证伪性。

流畅性情绪联结理论认为高加工流畅会引发积极的情绪，该情绪又会成为一个客观存在的主观信息影响消费者的感知和判断，所以有研究者认为加工流畅性是一种快乐体验。有研究指出，该结论符合进化心理学的认知经济原则和认知神经科学的认知加工和情绪加工同时进行的主要观点。Winkielman 和 Cacioppo（2002）研究显示，被试在观看容易加工的图片时，被试的大肌区域产生了较高的肌电活动，该研究结果证明被试在高知觉流畅性条件下会产生积极的情感反应。Strack（2009）的词汇实验中发现当被试阅读语义连贯的词组时认知过程伴随着较少的消极情绪和精神压力，因为被试的皱眉肌更放松，该研究结果也证明流畅性会引发积极的情绪。依据该理论的观点，研究学者对心理学领域几个比较经典的个体偏好行为现象进行了比较合理的解释，如单纯暴露效应、平均美丽效应和概念性启动刺激偏好。林国耀等（2014）提出，这种瞬时的、微弱的情绪能够成为预测个体后续感知判断的重要线索，并强有力地引导个体对刺激对象产生评价。

加工流畅性的产生机制的两种理论的侧重点不同，归因理论强调的产生加工流畅性的原因，原因的探析成为后续判断评价的原因，即归因理论认为的加工流畅性在因果分析中是一个原因探析过程的原因。情绪联结理论强调的是加工流畅性自身成为后续判断评价的原因，即情绪联结理论中的加工流畅性是因果分析中的原因。

加工流畅性的积极效应在很多研究领域都已经都得到了证实（Unkelbach，2006；Begg，Anas 和 Farinacci，1992；Reber 和 Schwarz，1999）。总的来说，知觉流畅性的效应的研究主要集中在两个方面，一方面是加工流畅性对感知加工流畅性的主体——个体的效应，另一方面是加工流畅性对客体——目标客观物的效应。具体而言，个体的效应是指加工流畅性会对个体的认知和情绪产生影响，目标客观物的效应是指加工流畅性会对产品评估和品牌判断产生影响。

加工流畅性会影响个体的认知，传统观点认为，流畅性越高会导致更好的认知结果，Begg 等（1992）研究发现，容易加工的信息具有更强的效能，能够增加人们的偏爱程度，能够成为有力的证据归因；反之，不容易加工的信息更可能被认为是错误的，效能是比较低的，会降低人们的偏爱程度（Reber 和 Schwarz，1999）。Lee 和 Labroo（2004）在研究中发现随着刺激信息与脑海中已经存在的信息之间相关的程度上升，个体对刺激信息的加工过程会变得越顺畅，对刺激信息的评价显著增加。Zizak 和 Reber（2004）在研究中让被试对一组字串进行记忆测试，研究结果显示，被试对符合同样语法规则的一组字符的记忆效果显著好于不同语法规则的一组字符，因为被试在前期的学习过程中已经习得的语法规则加快了被试对刺激信息的加工流畅性。但现有研究也发现，适当提高个体知觉流畅性的难度会提高个体的认知效果。Sungkhasettee 等（2011）通过旋转倒置字体增加个体加工流畅性的难度，研究结果发现，被试对旋转倒置的字体记忆效果更好。Whittlesea（1990）关于小学生识字效果的研究中发现，被试对知觉流畅性低的字体有更好的记忆效果，且有诵读困难的被试的记忆效果最好。以上研究结果说明加工流畅性对个体的认知的影响并不具备一致性。

加工流畅性会影响个体的情绪，传统观点认为，个体对容易加工的刺激的偏爱就是加工流畅性引起的个体的积极的情绪反应。最初对偏爱的解释是个体在面对简单的、无强化的重复刺激就可以导致个体出现对刺激物的积极情绪倾向，即"简单曝光效应"。例如，向被试多次呈现个体阈下的单词，结果发现重复呈现增加了被试对单词的喜爱；让被试阅读知觉流畅性高低不同的刺激材料，被试在阅读高知觉流畅性的刺激材料时，被试的颧骨肌肉群表现得更加活跃；被试在看到熟悉的面孔的刺激材料时会引发个体颧骨肌肉群的活跃（Winkielman 和 Cacipoop，2001）。依据实验心理学的研究，颧骨肌肉群是人类微笑时的肌肉反应区域。所以，当刺激信息容易进行加工时，当信息容易从记忆中提取时，个体对该刺激的偏好增加。

加工流畅性会影响产品评估和品牌评估。Constable 等（2013）在关于手绘咖啡杯的实验中发现，被试对目标刺激物的评价与寻找到目标刺激物的速度正相关，基于前面的研究加工流畅性会加快个体的反应速度，依据归因理论，反应速度快意味着加工流畅性高，所以，加工流畅性提升了个体对目标刺激物的评价。商品是否能吸引消费者的眼球与加工流畅性相关，因为刺激暴露的时间间隔长短影响到信息可得性的难易程度从而对知觉流畅性产生影响，近期暴露在消费者面前的产品容易唤醒消费者的相关记忆，即时间距离越近的暴露越容易使消费者回忆起相关信息，那么对这种线索的加工就变得越容易（Lee，2002）。例如，无论商品多么畅销，为了缩短产品和目标顾客之间的时间距离，商家都不会停止广告宣传，其目的就是增加持续暴露的频率。Buchanan 等（1999）研究中通过操纵被试看到类似信息的时间距离，研究结果证明近距离的刺激信息提升了信息被消费者回忆起来的概率，显著性增加该品牌被选中的概率。

加工流畅性是否对判断的影响总是积极的？而加工不流畅是否对判断的影响总是消极的？最近的研究表明，加工流畅性的效应是可能会消失甚至可能发生反转。Schwarz 等（1991）研究发现，人们的元认知体验的知觉判断作为个体的信息加工动机和个体的信息来源会导致流畅性效应发生改变。Labroo 和 Lee（2013）研究发现，容易阅读的广告信息一方面由于提升了流畅性加工，从而提升了被试对广告的偏爱程度；另一方面由于信息加工流畅性的提升意味着个体可以投入更少的努力，从而会降低广告对被试的吸引力。所以，当被试认为应该对加工流畅性进行消极解释时，加工流畅的积极效应消失。Yue 等（2013）基于研究发现让被试完成词语补充任务会比单纯的浏览阅读能够提高被试的记忆效果提出了必要难度理论，该理论认为在任何学习领域，"必要难度"的学习资料的"必要难度"能够促进个体的学习。例如，个体的元认知检测系统会根据面对的刺激信息进行个体的记忆和编码两个过程，当个体在认知过程中感受到了难度，个体的元认知会分配更多的认知资源参与学习过程，从而促进个体的认知。

基于以上分析可知，加工流畅性的积极效应体现在加工流畅性对个体的认知、情绪和产品的评价、品牌的评估,而消极效应主要体现在对个体的认知的影响。并且加工流畅性并不总是能发生积极的效应,在个体的记忆和学习的研究中保持适当的信息加工难度反而会促进更好的记忆和学习。

  加工流畅性的高低受到认知过程中很多因素的影响,目前测量加工流畅性的难易程度主要有三种方法,第一种方法是测量个体对刺激的反应速度,即通过个体对刺激信息加工过程中耗时长短来确定,信息加工过程的难易程度和耗时长短之间呈正相关关系,信息加工花费的时间越长说明信息加工过程越困难,花费的时间越短说明信息加工过程越容易,即短时间的信息加工过程意味着高流畅性,长时间的信息加工过程意味着低流畅性。Schooler 和 Hertwig(2005)研究中通过识别目标刺激所需要的时间来衡量个体信息检索的流畅性,研究结果证实加工流畅性高的个体在单位时间内识别到的目标信息数量越多。第二种方法是通过个体在进行信息加工过程中的面部反馈来衡量,即测量个体在进行信息加工的时候的肌电反应,如皱眉意味着信息加工较难,额头肌电活动意味着信息加工容易。Tourangeau 和 Ellsworth(1979)在研究中发现在阅读材料时皱眉的被试体验到了较低的流畅性。但是,这种通过面部表情和反应时间来确定加工流畅性高低的方法是有瑕疵的,比如,通过面部表情来确定加工流畅性高低,被试的面部表情可以是个体有意识地做出的,对刺激信息的反应时间的测量也受制于个体的很多主观因素,比如个体对刺激材料的熟悉度、以往的经验等。第三种方法是自我报告法,即通过测量题项的方式测量被试对刺激信息加工的难易程度。Alter 和 Oppenheimer(2006)在股票名的易读性和股票价值估计的关系研究中关于股票名的语音流畅性的判定就采用了自我报告法。自我报告法可以应用的范围几乎可以涵盖所有类别的流畅性(Unkelbach, 2006),所以是目前研究中采用最多的方法,但是,自我报告法的准确性也可能会受到被试主观因素的影响,在使用的过程中还是需要尽可能谨慎。

  尽管加工流畅性在社会判断中的作用已经得到了大量研究的证实,但是,目前已有研究发现,加工流畅性的效应的发挥并不是在任何条件下都保持一致的。比如,当个体的认知资源被与目标刺激物不相关的信息所占用时,个体的认知加工流畅性会打折扣(Alter 和 Oppenheimer, 2009)。Koch 和 Forgas(2012)提出,加工流畅性会自然而然地发生在当需要快速、自动和形成结构化的信息加工方式时。但是，当个体采用了精细化的信息加工模式时，个体的认知流畅性会降低（Hawkins，Hoch 和 Meyers，2001）。那么分析影响加工流畅性的因素和因素对加工流畅性如何产生影响是非常必要的。由于加工流畅性是个体对信息加工难易程度的一种主观体验，所以，个人因素应该是最大的影响加工流畅性效应的因素。

个体自身积累的与刺激对象相关的经验即熟悉度会影响信息加工的难易程度。研究发现熟悉度在购买决策中会影响消费者对产品的偏好、消费者的品牌忠诚度和消费者的购买意向。在熟悉度与个体对刺激信息反应两者之间的关系研究中发现，熟悉度会影响个体加工信息的难易程度。Benbassat 和 Shinar（2006）研究中发现，消费者对网店核心信息展示方式的熟悉度会影响消费者对核心信息和刺激客观物的准确辨认程度。Mcdougall 和 Isherwood（2009）研究中发现消费者对目标产品的熟悉度是影响消费者信息加工难易程度的最重要的影响变量。Ellis 和 Morrison（1998）在关于字画的研究中发现，被试对字画的熟悉度会显著影响被试对字画的年代的预测准确度、对字画的语言描述信息的加工容易度，对画作的长期的记忆内容的提取容易程度。所以，熟悉度可以作为一个刺激变量会影响消费者的加工流畅性，或者刺激变量的熟悉度特征可以作为一个刺激变量会影响消费者的加工流畅性。

个体的当下的一种比较温和的、发散的和会持续一定时间的一种感觉状态即情绪会影响信息加工的难易程度。现有研究发现，个体的情绪会影响信息加工的内容和信息加工的过程（Schwarz，1990）。情绪对信息加工内容的影响是指情绪直接作为一种信息存在于个体的判断推断过程中，并且即情绪会自动启动在个体的记忆中的信息网路中搜寻与当前情绪相一致的信息，研究发现，积极的情绪自动启发积极信息加工，消极情绪会自动启发消极信息加工（Forgas 和 Bower，1987）。最终结果积极的情绪会通过积极信息促进更加积极的评价，消极的情绪会通过消极信息激发更加消极的评价。这一自动启动信息加工内容的研究符合上一节调节匹配理论的核心理念。情绪对信息加工过程的影响是指情绪会影响个体的信息加工方式（Schwarz，1990），积极的情绪会加剧同化感、依赖于内在信息产生启发式认知、会倾向于从全局整体性去加工信息、偏爱于由上至下的信息加工方式；反之，消极的情绪会提高适应性、依赖于外部信息、分析式地加工信息、偏爱于由下至上的信息加工方式（Fiedler，2001）。依据加工流畅性情感联结理论,个体的加工流畅性体验本身就是一种积极的情绪,那么可以得出结论个体的积极的情绪会进一步提升信息加工流畅性,而个体的消极情绪会降低加工流畅性。

个体自己亲身经过的事情所形成一种独有的内化信息即个体体验会影响信息加工难易程度。现有研究发现,外在新生信息与内化的信息之间是否能够建立联系会影响个体对这种新生信息加工的难易程度。Roediger 和 McDermott（1992）在研究中让被试做词汇训练,实验分为两个阶段,第一个阶段让一组被试接受词汇规则的训练,掌握词汇补充的规律,一组被试没有接受任何训练。第二个阶段让被试对不完整的词汇进行补充完整。研究结果发现,接受了词汇规律选择的被试完成任务绩效显著好于没有接受训练的被试。Balint（1987）的字谜游戏研究也验证了个体经验对信息加工容易程度的影响,在研究中,两组被试都给了同种数量的字谜,区别在于第一组的字谜的解谜方式是相同的,第二组的字谜的解谜方式是多样化的,且第一组和第二组的第一个字谜是相同的,两组在第一个字谜的求解过程中都被告知了求解的诀窍,研究结果显示,第一组被试解答了更多的字谜,而第二组被试的解答数量显著性减少。那么从上述分析可以认为个体以往的经验会影响到个体对新生信息加工的难易程度。

第四章 研究假设

第一节 知觉流畅性的中介作用

知觉流畅性（perceptual fluency）是指个体基于感知过程中对刺激对象知觉加工的难易程度。知觉流畅性来自个体对刺激信息的表层特征进行加工时的心理感受，反映的是低水平的和数据驱动的信息加工难易程度。知觉流畅性在日常生活中无处不在，研究发现简单的视觉刺激背景对比度、清晰度等都会影响到个体的知觉流畅性。在现实生活中，当个体阅读一份字迹模糊的书面材料时体会到的辨认困难就是低知觉流畅性的一种体验。

依据 Alter 和 Oppenheimer（2007）提出的双系统加工理论，该理论指出个体自身存在两种独立的信息加工系统：直觉分析系统和系统分析系统。直觉分析系统是不需要个体的认知努力而直觉、自动进行的，系统分析系统是需要个体的认知努力通过系统的分析而进行的，研究认为个体选择哪个系统进行信息加工取决于个体的动机和个体的认知资源，当个体在对知觉流畅性高的材料进行加工时会自动启用直觉分析系统。Fischer 等（2008）通过操纵字体的易读性、刺激背景对比度引发个体的知觉流畅性的变化，研究发现，被试在进行信息加工的过程中体验到的知觉难度增加，被试对目标刺激物的加工时间越长，即被试选择了系统分析系统进行信息加工。

个体对刺激信息的知觉感知加工的难易程度取决于两个因素，第一个因素是信息内容自身是否容易理解对加工流畅性的效应的影响（Schwarz，1991；Rothman 和 Hardin，1997），第二个因素是信息接收者对接收到的信息进行加工的能力对加工流畅性的效应的影响（Labroo 和 Kim，2009）。Schwarz（1991）的研究证实，同样内容的广告，当广告信息的文字采用被试的母语来呈现时，比对广告信息的文字采用外文来呈现时，被试认为对母语的广告信息加工流畅性比较高。Rothman 和 Schwarz（1998）研究发现，被试对来自自身所在的团队的信息的加工流畅性显著高于对来自团队外部的信息。Benbassat 和 Shinar（2006）在研究中发现，消费者对自身熟悉的信息的加工速度显著快于不熟悉的刺激信息。Schwarz（1991）研究中被试对于母语的广告信息的流畅性较高其实也说明因为被试对母语信息的加工能力显著高于对外文信息的加工能力。基于上述分析，其实知觉流畅性依赖于个体主观的能力和客体信息内容的难易程度两者的共同作用。

知觉流畅性效应在日产生活中无处不在，研究发现视觉刺激能够通过知觉流畅性影响消费者的认知、态度和行为（Labroo 和 Mukhopadhyay，2008；Reber，Wurtz 和 Zimmermann，2004），Reber 等（1998）研究发现，刺激物与背景之间颜色反差大小会影响消费者对产品的偏好，刺激物与背景之间的颜色反差越大，消费者对目标刺激物的偏好程度加大。Reber 等（2004）研究发现，目标刺激物在被试面前呈现的视觉刺激时间长短会影响消费者对产品的态度，研究发现，当目标刺激物展示时间为 400 毫秒时，被试对刺激的评价要高于刺激物展示时间为 200 毫秒时。Alario 等（2004）研究中发现，在面对厕所标记时，被试对于图片呈现的男（女）标记的反应时间明显落后于以符号方式的呈现方式。基于此，Kumar 等（2016）提出了如下模型，如图 4-1 所示。在该模型中，信息加工容易程度感知在视觉刺激和评价的关系中发挥中介作用。

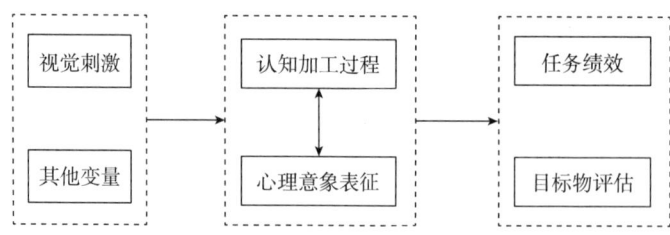

图 4-1 视觉刺激信息的特征—信息加工容易程度感知—对目标刺激物的评价

资料来源：Kumar N V, Pratheek, Kantha V V, et al. Features Fusion for Classification of Logos [J]. Procedia Computer Science, 2016 (85)：370 - 379.

早期关于视觉刺激能够引发知觉流畅性的研究认为视觉刺激能够带来审美愉悦，审美愉悦又引发了个体的知觉流畅性。研究认为，客观的视觉刺激变量带给个体的美好的直接的视觉刺激体验会使个体在使用或者消费产品的过程变得更加舒服和愉悦。Tatarkiewicz（2005）研究指出，这种愉悦和舒服的心理体验会促进消费者个体对自身和客观视觉刺激变量之间的关系的紧密程度。其实，这种愉悦和舒服的心理体验应该就是视觉知觉流畅性的雏形。因为关于审美愉悦的研究发现，审美愉悦是消费者个体对某一刺激变量感知过程中所呈现出的一种积极的、正面的信息加工主观感知结果，顺畅、舒服的信息加工过程意味着这些视觉刺激变量没有给个体带来信息加工负担会有助于形成较高的评价和判断。例如，在看色彩鲜艳的服装时，小孩子的信息加工负担小于成年人，所以小孩子比老年人对色彩鲜艳的服装的评价显著高于成年人。

研究发现，视觉刺激带来的审美体验取决于两个方面，首先是客观视觉刺激变量的客观特征是否符合个体的美的判断标准，其次是个体自身特质与客观视觉刺激变量之间的匹配程度。日常生活中，视觉刺激因素之间的平衡性、对称性、大小比例协调性和多重信息之间的一致性和复杂性程度都会影响消费者个体的美的体验。从视觉刺激变量的客观特征的视角关于美的研究主要集中在 16 世纪的艺术设计领域。区别于视觉刺激变量的客观特征的客观感知视角，主观的美的感觉更大程度上依赖于消费者个体固有的个体特质（Gepshtein 和 Kubovy，2000），如刺激变量的颜色和消费者自己原有的产品的色彩能够进行搭配时，比对不能够搭配的刺激变量的颜色，会显著性地提升消费者的美感感知（Solso 和 Maclin，2002）。不对称的服装设计更能够体现一种创造力，所以自恋程度较高的个体认为不对称的服装更美。

视觉刺激带来的审美体验这种积极的情感会影响个体的认知判断过程，而这种审美体验其实来自个体对刺激变量的加工过程的流畅性感知，首先，不同的刺激变量对于不同的消费者加工难易程度是不同的，但是只要个体认为自己对信息的加工过程是流畅舒服的就是一种美的体验。其次，基于加工流畅性的分析，加工流畅性自身就是一种积极的情感，而审美体验就是一种积极、正面的信息加工的主观体验感知。最后，审美体验这一结果是客观存在的，但是个体的审美体验是具有差异性的，有的个体认为比例协调为美，有的个体认为打破常规的设计为美，那么个体特质在审美体验中所发挥的重要作用类似于个体的知觉流畅性。基于此，个体面对图片视觉刺激时和个体特质以及个体所处的环境因素之间发生的综合作用所带来的美的体验会被知觉流畅性中介。

基于调节匹配理论，个体特质会影响到个体对不同类型的信息加工的难易程度（Lee 和 Aaker，2004，2006）。例如，Lee 和 Aaker（2004）研究发现，在感知风险较低的条件下，当产品广告信息诉求强调使用产品能够给消费者带来若干利益时，个体主义文化背景下的被试认为该信息理解起来非常容易，而在感知风险较高的条件下，当产品广告信息诉求强调不使用产品能够给消费者带来若干损失时，集体主义文化背景下的被试认为该信息理解起来非常容易。Higgins（2000）在研究中发现，强调使用产品能够给消费者带来若干利益的产品广告信息诉求使用获得信息框架时，信息内容的困难程度低于产品广告信息诉求使用损失信息框架；反之，强调使用产品能够避免给消费者带来若干不利的结果的产品广告信息诉求使用损失信息框架比使用获得信息框架更容易理解。Lee 和 Aaker（2006）研究发现，用来操纵启动被试的调节倾向的产品的调节定向与目标产品的调节定向一致时，比与目标产品的调节定向不一致时，被试认为当启动产品和目标产品的调节定向一致时对目标产品的信息加工更为容易，所以对目标产品的评价更高。Higgins（2000）研究发现，促进聚焦倾向的个体认为促进聚焦的信息更容易理解，预防聚焦倾向的个体认为预防聚焦的信息更容易理解。Novemsky 等（2007）研究发现，当被试阅读了超越了自己理解能力的产品使用说明书和阅读了极其容易的产品使用说明书，被试对产品的评价都显著低于被试阅读了和自己的理解能力相对应的产品说明书，因为研究发现，刺激信息和个体能力之间匹配度越高个体的知觉流畅性越高。基于上述分析，知觉流畅性中介调节匹配效应。

基于多重信息综合模型，刺激信息所代表的意义之间的一致性的程度会影响到消费者对刺激信息加工的容易程度的知觉感知（Rompay，Vries 和 Venrooij，2010）。知觉流畅性的大多数研究发现，弱刺激信息能够很容易被消费者个体理解，消费者个体会对产品产生非常积极的态度和正面的评估（Reber，Wurtz 和 Zimmermann，2004；Reber，Winkielman 和 Schwarz，1998）。而刺激信息所代表的意义之间的一致性是衡量信息内容难易程度的指标，所以，刺激信息所代表的意义之间的一致性的程度会影响到个体的知觉流畅性感知。例如，消费者在网上购物进行产品选择时，消费者会发现关于同种产品的刺激信息的数量是巨大的，消费者会被动地接收到网店呈现出来的一系列信息，包括关于产品的信息的描述的文字，而这些文字可能采用了不同的字体，文字传递信息的信息框架，产品的摆放的方式，如横向摆放或纵向摆放等，消费者作出商品购买决策就是要对这些复杂的信息进行总结，从而做出对产品质量的判断和购买意向等，现实生活中，消费者在提供同样商品的网店的停留时间是有显著差异的。Rompay 等（2009）对这一现象研究发现，当多重刺激信息向消费者传递的内容的一致性程度较高时，比对刺激信息传递的内容不一致时，消费者对前一种多重刺激信息会很容易产生较高的具体感和清晰感，而这种较高的具体感和清晰感的第一印象会使消费者产生显著高的产品评价。其实，较高的具体感和清晰感的产生过程的难易程度就是个体知觉流畅性的高低感知过程。再从另外一个角度分析，基于 Lee 和 Aaker（2006）的研究，启动被试的调节倾向的产品的调节倾向与目标产品调节倾向之间的一致性会影响个体对目标产品的判断，两者之间的一致性越高，被试对目标产品的评价越高，而研究中所使用的操纵产品调节倾向的刺激材料也是通过信息诉求来进行的，那么该研究也可以证明信息内容的一致性的高低会影响到个体的知觉流畅性的高低。基于此，可以认为刺激信息传递内容的一致性程度构成了个体知觉流畅性产生的基础。

还有研究证明，刺激信息内容一致性不仅仅限于文字信息，比如 Lee 和 Labroo（2004）研究发现，当关于目标产品的语义描述信息和产品的视觉图片信息表达了相同的意义时，比对语义信息和图片信息表达了不一致的意义时，会显著提高消费者对综合信息加工的容易程度。在该研究中，不同组的被试看到两种图片，第一组图片是一个跑动的小人和广告语为"动起来"，第二组图片是一个静止的"小人儿"和广告语"动起来"，研究发现，第一组的广告评价更高，被试认为图片和广告语表达了相似的信息内容，第一组图片让人觉得更舒服。所以，Reber 等（2004）提出，这种综合信息加工容易程度的上升取决于综合信息刺激变量传递内容的相似性，综合信息加工容易程度的上升会增加消费者对产品的评估。总之，刺激信息传递的内容的一致性是消费者个体对信息加工的流畅性的一个重要影响的维度。

基于上述分析，可以得出如下结论：首先，知觉流畅性是一个客观存在、普遍存在的主观体验，简单的刺激都有可能激发个体的知觉流畅性。其次，早期关于图片视觉刺激带来的审美体验是视觉知觉流畅性的雏形，说明视觉刺激会通过个体的知觉流畅性感知影响个体对目标产品的态度和行为，但是视觉刺激引发的知觉流畅性会受到个体特征的影响。最后，知觉流畅性的高低受到个体特质、信息类型、信息内容等相互之间匹配程度的影响，匹配程度越高、传递的信息内容的一致性程度越高，知觉流畅性越高。总之，消费者个体对目标刺激物的认知、态度和行为受到多重因素的影响，而这些多重因素之间的交互作用被知觉流畅性中介。

第二节 知觉流畅性被中介的调节作用

一、个体身份角色的调节作用

依据社会身份理论（social identity theory）（Tajfel 和 Turner, 1986）和社会分类学理论（social categorization theory）（Turner, 1985），每个个体都有两个身份角色——社会身份角色和自我身份角色。社会身份角色指个体是社会生活的一个构成元素，强调个体的行为方式应该适合于集体的生活环境，看重的是个体和环境中其他成员之间的融合性和相似性，简言之，个体的社会身份角色重视自身和其他个体之间的关系；自我身份角色指个体是独立于他人的一个个体，强调个体的行为方式应该是为了自身的发展，不看重自身与所处的情境之间的关系性，不看重自身与其他成员之间的相似性，简言之，个体的自我身份角色强调自身与他人之间的差异性。在 Zhu 和 Argo（2013）在研究中指出，个体的社会身份角色和自我身份角色分别有两种不同的个体特质需求——归属性需求和独特性需求，个体的社会身份角色对应于归属性需求，个体的自我身份角色对应于独特性需求。

Snyder 和 Fromkin（1977）提出的独特性需求理论（need for uniqueness，NFU）指出社会中的所有个体都在追求自己—他人之间的共同性和自己—他人之间的差异性两者之间的相对平衡。研究发现，随着个体与他人之间越来越相似的时候，个体对这种相似性会产生一种不舒服的感觉，会产生强烈地降低相似程度的动机（Ruvioand Ayalla，2010；李东进等，2015）。例如，现实生活中大家都在努力地避免出现撞衫的情形。同样，依据最佳区别理论，当个体发现自己与群体中的其他成员之间的差异程度很高时，个体也会产生消极的情感反应。而个体对于差异性和相似性的需求程度也是不同的，有的个体更看重差异性，有的个体更看重相似性。Hornsey 和 Jetten（2004）在研究中指出，看重差异性的个体会追求满足独特性需求，看重相似性需求的个体会追求满足归属性需求。显而易见，两种需求的侧重点不同，那么不同需求的个体的行为方式也会不同（Loveland，Smeesters 和 Mande，2010；Fromkin 和 Snyder，1980）。

依据商品理论，商品是可以定义消费者自身感觉的一个非常重要的手段和工具，个体可以通过获取、使用和处置商品来实现自我形象和社会形象的表达（Snyder，1992），即消费者喜欢通过自身附着的商品作为消费者自身的延伸（李东进等，2015）。Ruvio 和 Ayalla（2010）指出，NFU 理论在消费情境下可以引申为消费独特性需求，即个体可以通过商品来满足自身的独特性需求和归属性需求。Tian 等（2001）在研究中指出 CNFU 构念是个三维结构，消费者个体可以通过不同于大众的、差异化的选择行为、不合常规的判断标准来实现自身的与众不同的感觉。研究发现，对独特性需求较高的消费者更喜欢新产品、独一无二或者定制化的数量较少的产品（Fromkin，1977），因为这些产品能够传递独特性的象征意义。例如，自恋程度较高的消费者喜欢逛街的场所是一些出售新奇玩意或顾客流量较少的地方，或者到限量版的商店购买稀缺性的或定制化的产品；反之，自恋程度较低的消费者对于大众化的商品、批量生产的产品的购买意向比较高。李东进等（2015）研究发现，消费者的独特性需求会影响到稀缺效应，研究结果证明，在有限供给和过量需求的情境下，有限供给的商品对独特性需求较高的个体的吸引力显著高于过量需求，而过量需求的商品对独特性需求较低的个体的吸引力显著高于有限供给。

研究发现，生活中接触的一些细微的影响因素都有可能对消费者产生比较强烈的影响（Maimaran 和 Wheeler，2008；Meyers – Levy 和 Zhu，2007；Strahan，Spencer 和 Zanna，2002）。例如，Meyers – Levy 和 Zhu（2007）研究发现，生活中的天花板的高度会影响到消费者进行信息加工的方式，较高的天花板会诱导个体采用高解释水平的方式对刺激信息进行解读，较低的天花板会诱导个体会倾向于采用低解释水平的方式对刺激变量进行加工。Maimaran 和 Wheeler（2008）研究发现，个体面临的刺激对象的摆放的角度和方向会影响到消费的偏好和购买决策，研究中发现，倒置的摆放会让被试产生不安全感，对安全性的产品的购买意向增强。Berger 和 Fitzsimons（2008）研究发现，通过提高消费者面对刺激变量的概率，即加大刺激变量在消费者面前的暴露的机会，就会显著地提高消费者对刺激变量的购买意向。Zhu 和 Argo（2013）研究发现，开会时座椅的摆放形状会影响到被试接纳建议的可能性，在该研究中，当椅子摆放呈现为方形或矩形时，被试接受建议的可能性显著低于椅子摆放为圆形时。

环境因素会影响到消费者的认知和行为。在社会公共服务领域，研究发现改变医院功能科室之间相对关系的空间布局，改变医院的某些装饰品的摆放位置就会提升医患之间的沟通效果，降低患者的焦虑感，增强病情恢复的概率，减少患者在医院等待时间（Carver，1990）。在商业领域，当简单改变零售货架的摆放方式或者产品的陈列方式就会影响到消费者的购买习惯和购买数量，会影响到消费者的满意度，影响到消费者对等待时间的焦虑感知（Baker 和 Cameron，1996；Bitner 和 Zeithaml，2000）。例如，在超市结账的地方陈列一些小件商品一方面降低了结账排队等待的焦虑感，另一方面又提高了产品销量，同时，由于商品一般都不贵，所以又不会激发消费者的价格敏感性。还有研究发现，商品的横向或纵向的摆放方式会影响到消费者的多样化选择行为，比对纵向的摆放方式，当商品呈现为横向的摆放方式时会显著提高消费者的多样化选择的概率（Sevilla 和 Townsend，2016）。

环境因素会影响到消费者的信息加工方式。Maimaran 和 Wheeler（2008）的研究中，向被试呈现两种信息内容相同但是展示的形状不同的刺激物，研究结果发现，被试的信息加工方式呈现出显著性的差异，不同的展示形状分别唤醒了被试的独特感需求和归属感需求，从而影响到消费者对产品的偏好和选择。该研究结果在另一项研究中也获得证实，两组被试看到的刺激图片相似，其中第一组被试看到了一些完全相同的图形,如圆形,第二组被试看到的刺激图片与第一组相似,唯一的区别是其中有一个圆形变为方形,然后让被试做出对稀缺产品的选择,研究结果显示,看到全部是圆形图片的被试选择了过量需求的产品,而看到方形图片的被试选择了有限供给的产品。那么,从逻辑上推理,第一组被试被启动了归属感的需求,第二组被试被启动了独特感的需求。通过以上分析,可以得出结论,个体所处环境中的一些细微的刺激变量都极有可能唤醒消费者个体的特质需求。

依据有关社会身份理论的研究,环境因素会诱发消费者的两种身份的唤醒,进而促使消费者个体采取手段去满足自身的两种基本需求(Brewer,1991)。Zhu和Argo(2013)的研究发现,座椅摆放呈现的几何形状会唤醒被试的两种基本需求,在该研究中,座椅呈现两种不同的摆放方式,在研究一中,第一组座椅摆放为封闭的圆形,第二组座椅摆放为封闭的方形,两者之间最大的区别在于圆形的摆放没有尖锐的角,方形的摆放有尖锐的角,研究结果发现,圆形的摆放方式启动了个体社会身份的认同,唤醒了个体的归属需求;而方形的摆放方式启动了个体自我身份的认同,唤醒了个体的独特需求。为了排除是否因为闭合是一个影响被试身份和需求的影响变量,在研究二中,刺激物和研究一相似,唯一区别是圆形和方形都不是闭合的完整的形状,研究的结果和研究一的结果完全吻合。基于以上分析,个体的社会身份角色会被情境中的因素启动。

大量有关美感感知的研究证明,不同的形状会在不同的个体中产生不同的反应(Lundholm,1921;Zhang,Feick和Price,2006)。例如,研究发现,圆形意味着友好、和善,被试处于圆形设计的环境中时会觉得自己和环境之间是相互融合的,相反,方形意味着冰冷、严肃,被试处于方形设计的环境中时会觉得自己和环境之间是相互对抗的关系(Aronoff,Woike和Hyman,1992)。Zhang等(2006)的研究中也证实,处于集体主义文化背景下的个体偏爱于圆形,而个人主义文化背景下的个体偏爱于方形。

基于以上分析,提出以下假设:

假设1:圆形的商标标识会启动个体的归属感需求,方形的商标标识会启动个体的独特感需求。

假设2:个体的身份角色会影响到个体对矩形(圆形)商标标识的偏好,当激发个体的社会身份角色时,个体更喜欢圆形的商标标识;当激发个体的自我身份角色时,个体更喜欢方形的商标标识。

二、个体调节聚焦的调节作用

依据Higgins(1987)的自我差异理论,每个个体都存在应该的自我和理想的自我两个自我,应该的自我和理想的自我有不同的期望导向,理想的自我的期望状态是一种理想和愿望,体现为自身或者他人对自己的期望和愿望,应该的自我的期望状态是一种责任,体现为对自身或对他人的责任和义务。后来的研究发现,应该的自我和理想的自我尽管在一个个体身上同时存在,但是,两种自我在每个个体身上所占有的权重是不同的,并且每个个体在追求两种自我的过程中所采取的方式也不尽相同。Higgins(2000)在自我差异理论的基础上,提出了调节聚焦理论,该理论认为个体在实现自我目标的过程中,个体对实现目标的方式会表现出特定的偏好或者倾向。

结合传统动机理论的"趋利避害"的享乐原则,个体的行为动机原理为"趋向和回避",而调节聚焦理论很好地解释了"趋向和回避"的心理机制,因为"趋向"就是调节聚焦理论中的促进聚焦,"回避"就是调节聚焦理论中的预防聚焦。简单地说,"趋利和避害"两个目标都可以通过两种手段实现,一是通过争取积极的结果来实现,二是通过避免消极的结果来实现。例如,对于趋利目标——如何培养和维护友谊,个体可以采用拜访、交谈等积极的措施(促进聚焦),个体也可以采用尽可能不失去信任等消极的预防手段(预防聚焦);对于避害目标——避免在第一次参加完全陌生的会议上有不当的行为,个体可以提前做功课学习会议礼仪(促进聚焦),个体还可以减少在会议上的互动(预防聚焦)。研究发现,促进聚焦的特点是着重强调成就感,预防聚焦的特点是着重强调责任感(Higgins,2000)。所以,两种调节聚焦很好地阐释了个体动机主要原则的操作实现机制。促进聚焦和预防聚焦与趋利避害的享乐原则的关系如图4-2所示。

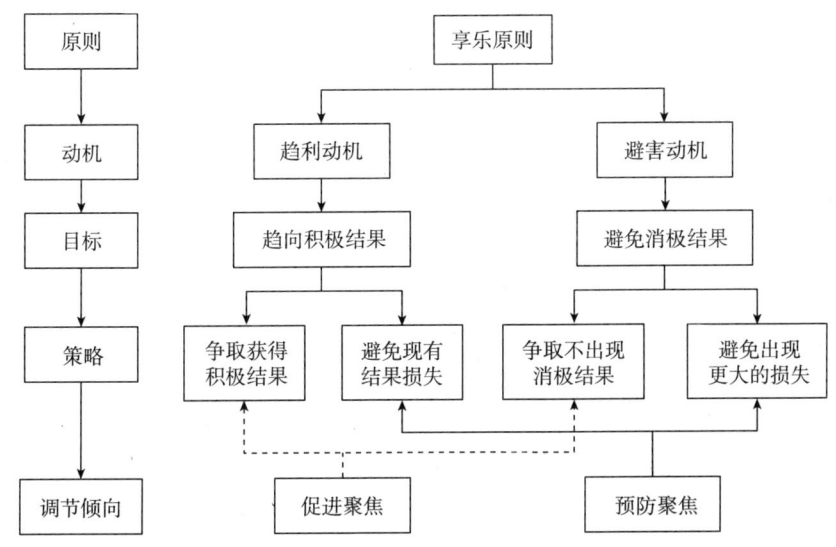

图 4 – 2 促进聚焦和预防聚焦与趋利避害的享乐原则的关系

资料来源：叶楠（2013）。

整体来看，促进聚焦和预防聚焦在期望目标和行为策略等方面都有极大的差异性，依据自我差异理论，对个体而言促进聚焦和预防聚焦满足个体的不同需要，促进聚焦对应个体的发展的需要，预防聚焦对应个体的安全的需要。调节聚焦其实就是个体为实现自己特定的需要目标而有意识地进行自我调节的过程中所表现出的特定倾向。研究发现，处于不同调节聚焦的个体在实现目标的方式方法上有显著的差异性，如促进聚焦的个体偏爱于通过积极的手段去追求目标的实现，而预防聚焦的个体偏爱于通过避免消极目标实现的警觉性的手段去追求目标的实现（Forster, Higgins 和 Idson, 1998；Shah, Higgins 和 Friedman, 1998）。这两种调节聚焦在实现各自不同的需要的过程中遵循着不同的运作机制，如促进聚焦强调积极向上的目标，如理想、进步、成就等，预防聚焦强调维持现状的目标，如安全、保护、责任义务等；促进聚焦关注于积极结果是否实现，并且倾向于采用"渴望—接近"的方式，预防聚焦关注消极结果是否发生，并且倾向于采用"警惕—规避"的方式；对于自我差异理论，促进聚焦与"理想的自我"相对应，预防聚焦与"应该的自我"相对应。促进聚焦和预防聚焦在人们的决策判断和认知评价的心理过程中的区别如图 4 – 3 所示。

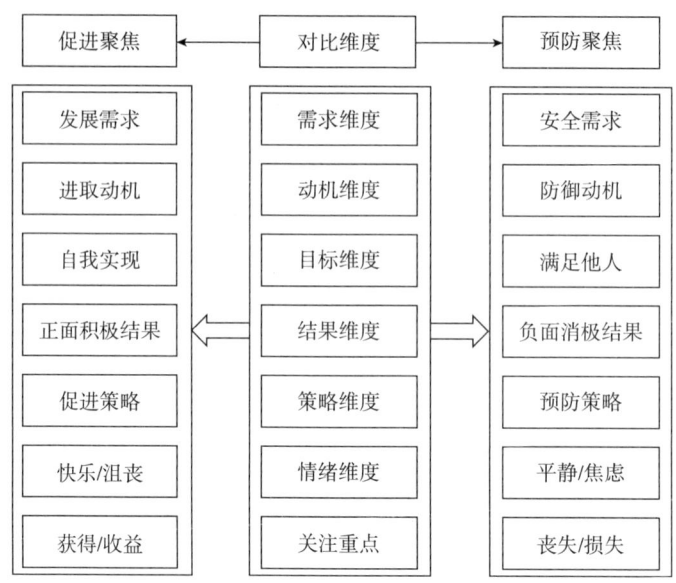

图 4-3 促进聚焦和预防聚焦的差异比较

资料来源：Higgins（2000）；朱丽叶和卢泰宏（2010）。

每个个体采用哪种调节聚焦系统既可以受到自身固有特质的影响，又可以受到临时的情景启动操纵的影响，前者被称为特质型调节聚焦（chronic regulatory focus），后者被称为情境型调节聚焦（situation induced regulatory focus）。特质型调节聚焦一般通过调节聚焦量表作为工具进行测量，Higgins 等（2001）基于个体以往的成功或失败的经历体验提出的调节聚焦量表（RFQ），Lockwood 等（2002）在 RFQ 的基础上增添了个人对目标追求成功或失败的评估，提出了通用调节聚焦测量量表（GRFM），Carever 和 White（1994）依据个体对负面行为的厌恶动机和对正面行为的喜好动机提出的行为抑制（接近）系统测量量表（BIS/BAS），Van-Dijk 和 Kluger（2003）从个体的价值观、职业选择和选择工作三个方面提出的三维度特质性调节聚焦测量量表。在这三个量表中使用最为广泛的是 Higgins 等（2001）提出的 RFQ 测量量表，该量表共由 11 个题项构成，其中 6 个测量题项用于测量促进聚焦，5 个测量题项用于测量预防聚焦，促进聚焦主要体现在对积极结果的促进，预防聚焦主要体现在对消极结果的预防。

情境型调节聚焦的操纵手段可以分为两类，一类是框架法，另一类是启动法。框架法得益于框架效应，个体的促进聚焦的启动主要通过强调进步或者发展的信息或任务，预防聚焦的启动主要通过强调与责任或者安全的信息或任务。比如，Higgins（2001）通过支付方式的框架选择发现，强调获得的信息框架启动了被试的促进聚焦倾向，而强调损失的信息框架启动了被试的预防聚焦的倾向。当前的研究中不同的学者采用了不同的框架方法，Crowe 和 Higgins（1997）采用的是喜好任务框架、Higgins 等（1997）采用的是字符记忆框架、Förster 等（1998）采用的是词组任务框架、Idson 等（2000）采用的是情境想象框架。这些研究中采用的框架都满足两个条件：第一，两种框架给出的成功或失败的标准和结果是相同的；第二，促进聚焦的框架都强调的是收益或没有收益，预防聚焦的框架都强调的是损失或没有损失。

启动法是让被试通过回忆任务或其他认知活动启动个体的短期暂时性的调节聚焦，在个体进行任务的过程中，要向个体呈现与调节聚焦目标相关的不同的情景线索、诱发物等信息。启动法在具体操作过程中一般都会告知被试本研究包括两个不相关的任务，第一个任务就是个体的调节聚焦启动，并且往往对第一个任务冠以其他名目出现，具有一定的遮掩性。Higgins 等（1994）在研究中一半被试让回忆并写下当前的理想，另一半被试让回忆并写下当前的责任，结果显示，前者成功地诱发了促进聚焦，后者成功地诱发了预防聚焦。当前的研究中不同的学者采用了不同的启动方法，Higgins 等（1994）和 Freitas 等（2002）采用的是当前（过去）的理想和责任启动、Higgins 等（2001）采用的是调节成功与否启动、Ariely 和 Zakay（2001）采用的是事件的时间距离（远/近）和收益（损失）匹配启动、Lockwood 等（2002）采用的是词组归类启动、Wan 等（2009）采用的是填词启动、Seibt 和 Förster（2004）采用的是刻板印象启动。调节聚焦的测量工具和启动工具的分类及内容如表 4-1 所示。

表 4-1 调节聚焦的启动和测量方法及来源汇总

特质型调节聚焦（长期）	情境型调节聚焦（暂时）	
测量量表	框架法（收益/损失）	启动法
调节聚焦问卷（RFQ）	喜好任务	理想/责任启动
（Higgins 等，2001）	（Crowe 和 Higgins，1997）	（Freitas 和 Higgins，2002）
调节聚焦测量量表（GRFM）	字符记忆（Higgins, Shah 和	调节成功与否
（Lockwood 等，2002）	Friedman, 1997）	（Higgins 等，2001）

续表

特质型调节聚焦（长期）	情境型调节聚焦（暂时）	
测量量表	框架法（收益/损失）	启动法
抑制（接近）系统量（BIS/BAS） （Carever 和 White, 1994）	组词任务（Foster, Grant, Idson 和 Higgins, 2001）	时间距离 （Ariely 和 Zakay, 2001）
自我问卷 （Higgins 等, 1986）	情境想象 （Idson Liberan 和 Higgins, 2000）	回忆学业策略 （Lockwood, Jordan 和 Kunda, 2002）
自我引导强度测量 （Higgins 等, 1997）	—	词组归类 （Lockwood, Jordan 和 Kunda, 2002）
三维度特质调节聚焦测量 （Van 和 Kluger, 2003）	—	填词 （Wan, Hong 和 Sternthal, 2009）
工作环境特质调节聚焦测量 （Wallcen 和 Chen, 2006）	—	刻板印象 （Seibt 和 Förster, 2004）

资料来源：笔者研究整理。

由以上分析可知，调节聚焦测量工具和启动方法具有多样性，一方面说明个体的调节聚焦倾向并不是一成不变的，而是会随着情境发生动态改变的，另一方面说明该理论的实用性的广泛程度。

现有研究发现，不同调节聚焦的个体在消费决策中行为具有极强的差异性。在产品偏好的研究中发现，促进聚焦和预防聚焦的个体对不同类型的产品的偏好不同，促进聚焦的个体由于追求实现理想的自我所以对促进聚焦的商品的偏好程度明显高于预防聚焦商品，而预防聚焦的个体由于追求实现应该的自我所以对预防聚焦的商品的偏好程度显著高于促进聚焦的商品。例如，Werth 和 Foerster（2007）研究中发现，促进聚焦的个体更喜欢享乐型的产品，比如唇膏，预防聚焦的个体更喜欢实用性的产品，如牙刷。促进聚焦的个体和预防聚焦的个体对产品的不同属性的偏好程度也不同，促进聚焦的个体偏爱产品的高端配置（促进性产品属性），预防聚焦的个体重视产品的性能稳定等质量配置（预防性产品属性）。

在关于广告信息的说服力研究中发现，不同聚焦倾向的个体对广告内容的关注点也不相同。例如，研究发现，同一条广告在不同调节聚焦的个体的记忆中留下的内容差异非常大，促进聚焦的个体记忆中的广告内容都是感性的，而预防聚焦的个体记忆中的广告内容都是关于产品的功能性的内容。不同调节聚焦的个体在对新产品的广告的态度上也存在比较大的差异，由于促进聚焦的个体在实现理想自我的过程中更愿意冒险（Higgins，2002），而预防聚焦的个体更愿意维持现状（Chernev，2006），所以促进聚焦的个体更加偏爱新产品（尹非凡和王咏，2013），同样的研究结论在其他研究中也获得证实，研究发现促进聚焦的个体比预防聚焦的个体对新产品的广告更为敏感，并且促进聚焦的个体比预防聚焦的个体对新产品的购买意向也更强。

在面临产品选择集时，不同调节聚焦的个体的选择行为也呈现出较大的差异性。例如，Pham 和 Higgins（2005）研究发现，促进聚焦的个体在进行产品选择的过程中，会不断扩大选择集的规模，而预防聚焦的个体在进行产品选择的过程中，会不断缩减选择集的规模，促进聚焦的个体倾向于形成较大且多样化的选择集，所以，他们推测，促进聚焦的个体的选择原则是"纳入"，而预防聚焦的个体的选择原则是"剔除"。Roszak 等（2010）研究证实，促进聚焦的个体与预防聚焦的个体在购物的时候会选择更多种类的产品或者更多数量的商品。研究发现，在选择商品时，预防聚焦的个体更愿意选择折中选项的产品，而促进聚焦的个体更愿意选择优势突出的选项，研究中还发现产品的类型会调节不同调节聚焦的个体对选项的选择意向，研究结果证明，如果优势突出的选项的产品是促进性的产品，那么对促进聚焦的个体的吸引力大于非促进性产品，而如果折中选项的产品是预防性的产品，那么对预防聚焦的个体的吸引力大于促进性产品。

综上所述，个体的调节聚焦在消费者的行为决策的各个方面和各个环节都有广泛的影响。总的来说，促进聚焦的个体的消费行为体现为偏爱于产品能够带来实现自我的利益，对获得框架的信息广告更感兴趣，而预防聚焦的个体的消费行为体现为偏爱于产品带来的安全保障，倾向于回避商品所带来的负面结果。

据此，提出以下假设：

假设 3：个体的调节聚焦与商标标识形状发生交互作用共同影响消费者对产品的态度，促进聚焦的个体对方形商标标识的产品的态度较好，预防聚焦的个体对圆形商标标识的产品的态度较好。

假设 4：知觉流畅性中介个体的调节聚焦和商标标识形状的交互作用。

三、信息框架的再调节作用

行为决策领域中的非理性行为的研究一直是研究的热点问题,框架效应(framing effect)作为消费者非理性行为的理论解释一直受到很多研究者的重视,框架效应是指同样的信息内容通过不同的表征方式就会引起消费者不同的反应(Kahneman 和 Tversky,1981)。框架效应最早来自 Kahneman 和 Tversky(1981)关于"亚洲疾病问题"的研究,研究假设当前正面临一场疾病的危害,两种方案带来的伤亡情况的最终结果是相同的,但两种方案分别采用了不同的表述方式,如表 4-2 所示。

表 4-2 经典框架效应的选择方案

方案	正面表征(生还)	负面表征(死亡)
A	200 人	400 人
B	1/3 的机会 600 人存活,还有 2/3 的机会无人存活	1/3 的机会无人死去,2/3 的机会将有 600 人会死去

资料来源:笔者研究整理。

结果发现,在正面表征的情况下,绝大多数人选择了方案 A,而在负面表征的情况下,B 方案获得认同。因为两个方案的正面表征和负面表征的结果都是一样的,仅因为表达的方式不一样,方案得到认同的结果却不一样,这足以说明信息的表征方式的效应确实存在。并且从这个研究的结果可以看到,消费者在面临正面表征时有规避风险的倾向,而在面临负面表征时有寻求风险的倾向。

在此研究的结果上,Kahneman 和 Tversky(1981)给出了"决策框架"的概念:决策者特定选择的行为及结果部分取决于问题的描述方式,部分取决于决策者自身的特质,比如自身的概念、自身的习惯、自身的个性特征等。而"框架效应"就是个体因为决策框架的改变而导致对不同的选项的偏好发生反转的现象。

关于框架效应的分类,最经典的是 Levin 等(1998)基于框架的对象、框架的影响目标和框架效应的测量方式三个层面,把框架效应分为风险框架效应(risky choice framing effect)、属性框架效应(attribute framing effect)和目标框架效应(goal framing effect)三类。风险框架效应是指对一个决策问题,给出一系列采用正面描述或负面描述具有不同风险水平的决策备选项,在正面描述下被试偏爱于选择低风险的选项,在负面描述下被试偏爱于选择高风险的选项,比如经典的亚洲疾病问题。属性框架效应是指对某一结果或事件,可以依据结果或事件的属性给出不同的吸引力评价,而这些评价的描述,既可以是积极框架描述,也可以是消极框架描述,比如,经典的"牛肉问题"——汉堡包中牛肉的成分,积极框架描述75%的瘦牛肉,消极框架描述25%的肥牛肉,结果发现,积极框架的描述更受到消费者的喜欢(Levin 和 Gaeth,1988)。目标框架效应是指对某种期望或行为的结果在采用积极框架表征或消极框架表征时,人们往往会被消极框架的后果所吸引,如经典的"乳腺自我检验"问题(Banks,Salovey 和 Greener,1995),在该研究中采用的积极框架是"研究表明,进行 BSE 可以大大提高早期发现肿瘤病变的概率和治愈的概率";消极框架是"研究表明,不进行 BSE 将大大降低早期发现肿瘤病变的概率和治愈的概率"。该结果说明人们采取行动的原因是为了规避损失而不是为了得到某种利益。通常来讲,风险框架效应因为它涉及的影响因素最多所以也是目前研究得最多的一个框架理论,属性框架效应主要应用于对事物特征的评价,目标框架效应关注的重点是沟通信息的说服力,目标框架效应被认为是与人们的行为紧密相关的框架。

　　Wang(2008)提出了双向框架效应(bidirectional framing effect)和单向框架效应(unidirectional framing effect),双向框架效应是指个体的决策会随着正面和负面框架的变化而发生反转,单向框架是指个体的决策没有随着正面和负面框架的变化而发生反转,而是随着框架的变化发生了风险偏好的移动,比如,在上述的亚洲疾病问题的研究,个体在正面框架下选择了 A 方案,在负面框架下仍旧选了 A 方案,但是明显风险偏好增强。后来有研究从框架形成的内外部来源把框架效应分为外部框架效应(external framing effect)和自我框架效应(self framing effect),外部框架效应是指信息由他人进行框定而形成的,上述的双单向框架效应、经典的三维度(风险、属性、目标)框架效应都属于外部框架效应,内部框架效应是指个体会依据自己的习惯主动对刺激信息进行编码和加工从而形成自身独有的内部的表征框架,Levin 等(1998)把自我框架效应又称为内部心理框架,并且研究发现,正是由于不同的个体会对自身面临的信息进行内部表征所以面对外部框架时会产生一定的偏差。

随着研究的发展，框架效应的类别也越来越丰富，运用的领域也越来越多。依据 Falsetta 等（2013）的研究，目前的框架效应还包括基于时间视角提出的时间框架效应（temporal framing effect），刺激对象以不同的时间形式框架表征时，个体会形成不同的时间距离心理感知，从而会对目标客体产生不同的认知判断和行为反应。例如，在海底钻井的研究中发现，注重未来的个体更愿意从长期利益的角度评价事件，注重当先的个体更看中事件的立即好处。基于生活中框架的多样性的存在提出的框架转换效应，该效应主要针对两种现象，一是个体对当前框架的反应依赖于过去的体验，二是个体同时面对两种不同的框架时，个体的整体反应和个体对每种框架的反应的之和会有不同。对于第一种现象是指个体之前的获益体验会提高个体的风险偏好，而之前的损失体验会降低个体的风险偏好，对于第二种现象是指混合博弈的评估和各自的获益损失的和之间有偏差（Wu 和 Markle，2008）。杨晓莉等（2010）也提出个体能够同时拥有两种及以上的文化构念网络提出了文化转换效应。孙彦等（2012）基于信息的呈现方式提出了决策的图形框架效应（graph framing effect），在研究中信息采用图形的方式呈现，通过操纵图形在各个维度上的相对突出性，研究结果发现，被试对产品的评价发生改变，被试的偏好发生反转。基于以上分析，对框架效应的分类做总结如表4-3所示。这些不同种类的框架效应之间既有联系又有区别，如风险框架效应、属性框架效应和目标框架效应都属于外部框架效应，单向框架效应和双向框架效应都属于风险框架效应，不同来源的框架效应（外部或内部）、能否引发消费者偏好发生反转的框架效应（单向或双向）、不用研究领域的框架效应（风险决策或跨期决策）等既可以通过语言框架进行表征，又可以通过图形框架进行表征。

表4-3 框架效应的分类总结

划分维度	类别	来源
层面维度	风险框架、属性框架、目标框架	Levin，Schneider 和 Gaeth（1998）
呈现方式	语言框架效应、图形框架效应	孙彦等（2012）
研究领域	风险决策、跨期决策	刘扬等（2014）
偏好反转	双向框架效应、单向框架效应	Wang（1996）
框架来源	外部框架效应、内部框架效应	Levin 等（1998）；Wang（2004）

资料来源：笔者研究整理。

不同的学者从不同的角度对框架效应这种决策偏差原因进行了探讨分析，并给出了不同的理论。Gonzalez 和 Dana（2005）在研究中从这些理论的视角出发把这些理论分为三类，即标准理论、认知理论和情感动机理论，并且指出不同类的理论解释的框架效应的类别也不同。标准理论以前景理论（预期理论）（prospect theory）为代表主要解释风险框架效应，认知理论以模糊痕迹理论（fuzzy - tracy theory）和联想理论（associative theory）为代表主要解释属性框架效应，情感动机理论以调节定向理论为代表主要解释目标框架效用。

依据前景（预期）理论（Kahneman 和 Tversky，1979），人们的决策行为取决于个体选择的参照点，不同的框架将会直接影响个体的决策参照点的选择。依据前景理论，以参照点为分界点，个体的价值感知分为两个部分，参照点左边是损失感知，参照点右边是收益感知，并且在参照点的附近的损失感知和收益感知的变化幅度是最大的，损失的变化幅度大于收益的变化幅度，意味着个体对损失的变化反应更为敏感，所以，参照点的选择与财富的绝对数量无关，而是取决于决策情境。对于风险框架而言，在正面框架下，600 人可能死亡是一个参照点，生命存活是一种利益获得，且"200 人获救"的感知价值大于"1/3 机会 600 人获救"的感知价值；价值在负面框架下，没有人死亡是一个参照点，生命死亡是一种损失，且"400 人死亡"的损失感知小于"2/3 机会 600 人丧命"的损失感知。所以，人们在面临风险框架时会表现出不一致的选择结果。

联想理论认为，当事件或结果的关键属性通过不同的框架呈现，在对事件或结果进行好坏评价时，信息框架将会诱发个体产生与事件或结果相关的不同的记忆联想。例如，"牛肉"问题的正面框架——"75% 的成分是瘦肉"会诱发个体产生更多好的联想，而负面框架——"25% 的成分是肥肉"会诱发个体产生很多坏的联想。简言之，不同的框架会使积极或消极的特征更加凸显，而联想又会扩大这种积极或消极的特征，进而会影响到个体对结果或事件的判断。

依据调节定向理论，目标框架效应是个体追求发展需要或安全需求的目标的结果。个体的动机定向分为促进定向和预防定向，促进定向以"理想的自我"为目标，强调通过成就和进步带来的正面结果实现目标，预防定向以"应该的自我"为目标，强调通过完成义务、责任带来的避免负面结果实现目标。Wang（2008）研究发现，促进聚焦的个体对获益的信息比较敏感，预防聚焦的个体对亏损的信息比较敏感。Roszak 等（2010）研究中发现促进聚焦的个体对"省钱"等表示受益的广告语更敏感，而预防聚焦的个体对"少付"等表示亏损的广告语更敏感。

框架效应已经在很多研究领域得到了验证，如损失或获益的信息框架会对个体当前的态度和行为造成影响，语言表达方式的细微变化会影响到个体的风险偏好。并且影响框架效应的因素分析也得到了研究者的重视，研究表明框架效应的产生受制于很多的因素，包括个体的认知能力和认知风格差异（于会会等，2012）、情绪（Lauriola 和 Levin，2001）、人口变量（Huang 和 Wang，2010）、心理距离（夏星星等，2014）、图形框架（孙彦等，2012）、框架之间的一致性（黄元娜，2016）等。孙彦（2012）研究中发现，当改变图形中的不同的属性的相对程度时，个体的对选项的偏好发生改变。黄元娜（2016）研究发现，框架的效应受到个体前面接触到的框架的类型的影响，两者的一致性程度越高，框架的效应会被加强，两者的一致性程度越低会降低当前框架的效应。

信息框架（message frame）是一种目的在于提高信息说服效果的一种语言表达方式，基于信息呈现的结果与某一参考点进行对比的收益或损失，信息可以分为获得框架（gain - framing）和损失框架（loss - framing）两类，获得框架强调从事件或活动中能够获得收益，如"机不可失，来了就是赚！"，亏损框架强调不参加活动将带来损失，如"机不可失，失不再来！"。现有研究证实，在同一情境下，广告信息通过不同的框架呈现时信息的吸引力是不同的，当前对于收获框架和损失框架说服力大小还没有形成一致的结论，有研究认为获得框架比损失框架更有说服力（Bartels，Kelly 和 Rothman，2010）；反之，有研究认为损失框架比获得框架更有说服力（Maheswaran 和 Meyers - Levy，1990）。由此可以得出结论，获得框架和损失框架的效应因人因事而异，现有研究也证实了这个观点。王丹萍等（2012）研究发现，信息框架的效应受到产品风险高低程度的影响，当产品风险程度比较高时，损失框架的广告信息的说服力好于获得框架；反之，当产品风险程度比较低时，获得框架的广告信息的说服力好于损失框架。戴鑫等（2015）在研究中发现，获得信息框架比损失信息框架更能诱发促进聚焦的个体的受众亲社会行为，损失信息框架比获得信息框架更能诱发预防聚焦的个体的受众亲社会行为。结合关于框架效应的分析，个体的特质确实会影响到信息框架的效应。根据调节聚焦原理,具有促进聚焦倾向的个体对积极结果更敏感,偏爱于采用进取的方式实现"理想的自我",具有预防聚焦倾向的个体对消极结果更敏感,偏爱于采用避免的方式规避消极的结果以实现"应该的自我"(Higgins,1997)。而信息的获得框架和损失框架正好包含了达成不同目的的策略(王丹萍等,2013)。Xie 和 Wang(2003)研究发现,高回避动机者偏爱于风险框架,而高成就动机者表现出框架效应反转。

基于此,提出以下假设:

假设5:广告信息的框架对个体调节聚焦对商标标识形状与消费者对产品的购买意向之间关系的调节作用进行再调节,当广告是获得框架时,促进调节聚焦个体调节商标标识形状与消费者对产品的购买意向之间的关系,当广告是损失框架时,预防调节聚焦个体调节商标标识形状与消费者对产品的购买意向之间的关系。

假设6:知觉流畅性中介广告信息的框架对个体调节聚焦对商标标识形状与消费者对产品的购买意向的调节的再调节。

四、自我建构的调节作用

Singelis(1994)在研究中把自我建构(self-construal)定义为个体将自我与他人明确区分还是联系在一起的有关思想、情感与行为的组合。自我建构是个体关于自己和其他个体之间关系的一种心理表征判断,即从个体与他人之间的关系的视角来了解自我的一种认知方式(Markus 和 Kitayama,1991)。基于跨文化的研究发现,在美国为代表的西方文化和以中国为代表的东方文化背景下,个体对自我的理解和解释存在显著的差异性(Gudykunst,Matsumoto 和 Ting-Toomey,1996)。自我建构来自跨文化心理学研究的一个心理学构念,该构念最早是为了区分在西方生活而不是在西方文化下成长的个体与在西方生活并且是在西方文化下成长的个体之间的差异性(Markus 和 Kitayama,1991;Singelis,1994),研究发现,文化差异会导致个体自我体系的内容、结构和作用等多个方面都表现出巨大差异,且文化差异对个体的影响涉及心理及行为的多个方面,并且影响程度深远。因此,自我建构的初始本质衡量不同的文化背景下个体如何理解和认知自我,后来研究发现该构念适用于同样文化背景下的不同的个体。Singelis(1994)

在研究中把自我建构定义为个体将自我与他人明确区分还是联系在一起的有关思想、情感与行为的组合。

自我建构的类型目前被广泛采用的是 Markus 和 Kitayama（1991）提出的独立型自我建构（independent self – construal）和依存型自我建构（interdependent self – construal）。独立型自我建构的个体是将自身视为与情境相分离的个体，更关注于自身的发展，对所处情境做出反应的目的是更好地证明自己。反之，依存型自我建构的个体是将自身与情境相结合的个体，更关注于如何建立和维持与相关他人的关系，对所处情境做出反应的目的是建立各种人际关系网络，履行相关的义务。独立型自我建构的概念包含了个人主义、自我中心、分离、自主、个人中心及独立等含义，依存型自我建构的概念包含了社会中心、整体、集体、集体中心、全局、情境主义、关联、关系等含义（朱丽叶等，2008）。独立型自我建构的个体认为自己与他人之间是截然不同的、自治的，即强调自己与他人之间的差异性和独特性；依存型自我建构的个体认为自己与他人之间是有联系的、相互依靠的，即强调自己和他人之间的相似性和相关性。独立型的自我着重强调个体的内部化和私人化属性特征，如个体的能力、自己的态度、个体的感觉等；依存型的自我着重强调个体的外部化和公共化属性，比如与他人之间的关系、社会地位、个体在团队中扮演的角色等（Kühnen, Hannover 和 Schubert, 2001；Masuda 和 Nisbett, 2001；Zhang, Feick 和 Price, 2006）。比如，Kühnen 等（2001）研究发现依存型的自我更容易受到情境因素的影响，而独立型的自我受到环境因素的影响程度较小；Masuda 和 Nisbett（2001）研究发现，独立型的自我更偏爱于从宏观和整体的角度进行信息加工，而依存型的自我倾向于从微观和细节的角度进行信息加工；Egmond 等（2013）研究发现依存型的自我在沟通的过程中对原则和准则持有很强的坚持倾向，而独立型的自我在沟通的过程中倾向于采取较少约束的准则；Kühnen 等（2001）研究发现现依存型的自我会对和自身有相似性的刺激变量显现出较强的偏好倾向，而独立型的自我对与自身相似性的刺激变量呈现出厌恶的偏好倾向；Stapel 和 Koomen（2001）研究证实依存型的自我呈现出喜欢对相关信息进行整合的倾向，而独立型的自我对刺激信息之间的差异性感兴趣。独立型自我建构和依存型自我建构在特征、结构、任务、他人角色和自尊基础等方面都有极大的差异性（Markus 和 Kitayama，1991），如表 4-4 所示。

表 4-4 独立型自我和依存型自我的差异性

对比分析内容	独立型自我建构	依存型自我建构
界定	与所处情境分离	与所处情境关联
结构特征	独立、稳定	灵活、可变
重点关注维度	内在、能力、思想、情感	外在、地位、角色、关系
任务	与众不同	归属适应
	强调自我	他人认同
	实现内在自我	协调
	促进个人目标的实现	促进集体目标的实现
	直截了当地说出自己的想法	察言观色
与他人关系	通过和别人的比较来自我评价	依据特定情境来界定自我
自尊基础	实现独特性	调整和克制自我

资料来源：朱丽叶，卢泰宏. 消费者自我建构研究述评 [J]. 外国经济与管理，2008，30（2）：42-50.

自我建构可以分为两种完全独立的类型，即独立自我建构和依存自我建构，通常来讲，由于自我建构的启示来源是文化背景，所以，个体属于哪种自我建构取决于个体所在的环境所受到的主流文化的影响，一般而言，个体都被上述两种自我建构中的一种所主导（朱丽叶等，2008）。例如，在西方个人主义文化背景下，独立自我建构占主导地位，在东方集体主义文化背景下，依存自我建构占主导地位。需要注意的是，尽管独立自我建构源自个人主义，依存自我建构源自集体主义，但是个人主义和独立自我建构，集体主义和依存自我建构之间在研究角度和使用范畴上又有明确的差异性。个人（集体）主义是基于文化层面的测量变量，主要关注的是关于宏观层面的整体差异，而独立（依存）自我建构是基于个体层面的测量变量，主要关注的是关于微观层面的个体差异。在国际营销的跨文化研究中，个人（集体）主义的研究更多地被运用在跨文化心理学研究中，而独立（依存）自我建构的研究更多关注于文化对消费者的心理影响方面。

依据启动行为效应，由于感知和行为是相似的心理意象表征，所以消费者的感知能够直接转化为行为，即从个体对某一变量的感知到个体对应的后续行为之间不经过中介变量的影响（Bargh 和 Chartrand，1999）。Dijksterhuis 和 Bargh

(2001)研究发现，被试的潜意识里会认为北美消费者这类个体极有可能产生激进型的行为，消费者对于和自己名字首写字母的发音相同的品牌名称会有显著性的好感。以上这种启动行为的条件反射式的关系的研究都证明了刺激变量与个体特质之间存在一致性，因此个体特质的启动会受到刺激变量的直接影响（Smeesters，Wheeler 和 Kay，2010），并且这也在大量的心理学研究中获得了证实。比如，消费者的独特性（Schubert 和 Haäfner，2003）、消费者的自觉意识（Wheeler，Morrison 和 Demarree，2008）、消费者的团队内的身份（Hall 和 Crisp，2008）、消费者的自我监管和消费者的自我重点关注（DeMarree，Wheeler 和 Petty，2005）都会直接受到个体所处情境的刺激因素的影响和启动。在 Markus 和 Kitayama（1991）在研究中指出以上这些变量都可以被归纳总结为消费者的自我建构（self-construal），所以，受制于不同的刺激启动会激发产生个体不同的自我建构感知，进而影响到个体的行为发生改变，并且任何文化背景下一个个体会同时存在两种自我建构。

自我建构会影响个体的认知过程和对应的行为结果（Cross，Hardin 和 Gerckswing，2011）。首先，自我建构会影响到个体的广告态度。研究表明，广告信息的说服力会受到个体特质和情境因素的影响。Han 和 Shavitt（1994）在研究中发现，在以个体所处的主流文化差异背景下，个体的自我建构对广告信息的说服效果有显著差异，当广告信息诉求采用的信息表达方式，阅读广告信息的消费者自身的稳定的自我建构类型，两者之间一致性程度越高，广告的沟通效果最好。Oyserman 等（2002）的研究发现，对于长期稳定的文化差异产生的自我建构，采用情境启动个体的自我建构类型，后者对广告态度的效应更强，即当广告信息诉求的表达方式会对情境启动的消费者的自我建构产生较大的影响，即使临时启动的自我建构与个体基于文化差异产生的自我建构不同时，个体对广告的态度也是显著性积极的。所以，不难理解消费者的不理性的冲动消费行为。后续的研究都集中在自我建构的调节变量方面，例如，Agrawal 和 Maheswaran（2005）分析了承诺和个体的自我建构至今的交互效应对消费者对广告态度的影响，结果发现承诺水平的高低会影响不同类型自我建构的个体对广告的态度，在高承诺水平下，自我建构的效应不显著，而在低承诺水平下，只有当广告信息诉求和自我建构一致时，广告信息才具有较强的说服力。Alden（2005）分析了个体的认知需求与自我建构的交互效应对消费者对广告态度的影响,研究结果证明,独立自我建构的个体对比较性的广告的态度显著高于依存自我建构的个体,并且在个体认知需求较高时,独立(依存)自我建构对比较性的广告的态度差异不显著,而当个体的认知需求比较低时,比较广告对独立自我建构的个体的吸引力显著性地高于对依存自我建构的个体。

其次,自我建构会影响到个体对品牌的评价。研究发现,自我建构和自我—品牌之间的关系(self-band connection)受到品牌联想与个体的圈内参照群体一致性、品牌联想与个体的圈外参照群体一致性的影响,研究结果证明,当品牌联想与圈内参照群体一致时,两种类型的自我建构个体的自我—品牌关系都呈现出正向影响,而当品牌联想与圈外参照群体一致时,两种类型的自我建构个体的自我—品牌关系都呈现为负向影响,且独立自我建构的负向影响大于依存自我建构的负向影响(Escalas 和 Bettman,2005)。Swamminathan(2007)在研究中分析了品牌负面信息在自我建构和品牌态度之间关系的调节作用受到消费者—品牌关系的再次调节,再研究中,消费者—品牌关系分为两类,个体层面品牌关系和群体层面品牌关系,研究结果表明,在个体层面品牌关系时,即表达的是自我一致性(如自我概念),品牌的负面信息会显著降低独立自我建构的个体对品牌的态度;在群体层面品牌关系时,即表达的是爱国主义的国家一致性(如原产国),品牌的负面信息对独立(依存)自我建构的个体的品牌态度不产生任何影响。

再次,自我建构会影响到个体的自我评估。Oyserman 等(2002)在研究中发现,个体的依存型自我的高低会影响到个体对自己的学习成绩的满意度的评价,在该实验过程中,第一步,一半被试被测量了自身的自我建构,另一半被试没有被测量作为控制组。第二步,引导实验组的被试进行了关于性别维度的学习成绩自我绩效评估。实验结果数据显示,依存型的被试对自己的学习成绩评估满意度较高,而独立型的被试对自己的学习成绩评估满意度显著低于控制组。Stapel 和 Koomen(2001)在研究中发现,自我建构会影响到参照对象对个体的自我评估的影响,在该研究中,被试首先被测量个体的自我建构,控制组除外,其次呈现来自同一个学校的一名成功的学生或一名失败的学生的相关信息,最后被试对自己进行自我评估。实验结果显示,在面对失败的参照对象信息时,对比控制组,独立性的个体显现出积极的自我评估,而依存型的个体显现出消极的自我评估；在面对成功的参照对象信息时，结果出现反转，对比控制组，依存型的个体呈现出显著性的积极的自我评估，而独立型的个人呈现出消极的自我评估。这些结果都证实，独立型的自我更看中自身的独特性，强调差异性；而依存型的自我更看重相似性，强调共同性。

又次，自我建构会影响到个体会采用哪种信息处理方式。独立自我建构的个体将自身与所处的情境分离，依存自我建构的个体将自身与社会情境紧密相连，所以，依存自我建构的个体会对所处的情境中的因素更敏感，Aaker 和 Keller（1990）研究中发现，独立自我建构的个体对差异性的广告或品牌的信息的加工过程比依存自我建构的个体的加工过程要舒畅。Lee 等（2000）在研究中，从心理学视角出发，即基于自我建构和个体动机之间的关系的研究成果，结合自我约束动机理论，研究发现，两种类型的自我建构对不同类型的信息的侧重点不同，独立自我建构的个体更愿意加工促进性的信息，即偏爱于能够实现人生目标和理想追求相关的信息，依存自我建构的个体更愿意加工预防性的信息，即偏爱于能够规避风险的信息。Aaker（2001）进一步的研究表明，信息类型和自我建构之间存在交互作用共同影响个体对不同信息回忆的准确程度，研究结果表明，独立自我建构的个体对促进性的信息的记忆显著好于对预防性的信息；反之，依存自我建构的个体对预防性的信息的记忆显著好于对促进性的信息。Davis 和 Stroink（2016）研究验证信息类别对不同自我建构个体的影响，类别内的信息和类别间的信息的吸引力与独立自我建构和依存自我建构正好一一对应。

最后，自我建构会影响消费者的购买行为和决策。在关于消费者的冲动性和冒险性购买行为的研究中发现，文化是影响冲动性购买行为的主要影响变量，个人主义文化与冲动性购买呈现出强正相关，集体主义文化与冲动性购买之间关系不显著，而自我建构来自文化差异，逻辑上推断，受到个人主义文化作为主流文化影响，呈现为独立自我建构的消费者，在营销环境中更有可能做出冲动性的购买行为。但是，在研究中的现有结论中，自我建构和冲动性购买行为之间的关系并不一致。Mandel（2003）通过情境启动个体的自我建构，研究个体的冒险行为，结果显示，独立自我建构的个体由于考虑到需要自我承担后果，所以不愿意采取冒险行为，而依存自我建构的个体由于有群体或组织共同承担后果，所以愿意采取冒险行为。而 Hamilton 和 Biehal（2005）的研究则显示独立自我建构的个体更愿意采取冒险性的消费决策行为。

总之,基于商品理论,结合两种类型的自我建构个体的不同的特征,个体的自我建构特质会影响消费者的价值判断和对产品象征意义的选择。在个人层面,独立建构的自我在进行产品选择时关注于该产品是否能满足自己的理想或目标,而依存建构的自我在进行产品选择时关注于该产品是否能满足自己所处组织或群体的目标(Kay,Wheeler 和 Bargh,2004),所以,能够满足独特性需求的产品对独立型的自我更有吸引力;反之,能够满足相似性需求的产品对依存型的自我更有吸引力。田野调查研究法的结果显示,依存型的自我对表征群体和谐性的产品表达出强烈的偏好,因为使用这种产品让被试觉得有助于建立社会关系,而独立型的自我对表征独特性的产品具有更强烈的偏好,因为使用这种产品能够让被试实现个体与众不同的追求。Aaker 和 Schmitt(2001)在研究中发现,独立建构的个体在向社会传递自己身份时,会倾向于选择有助于表达自己与他人之间的差异性的产品,依存建构的个体在向社会传递自己身份时,会倾向于选择有助于体现群体或组织共同特征的产品。所以,可以得出结论,独立建构的个体更看重自己的独特性、差异性需求,依存建构的个体更看重自己的相似性、大众化需求。

基于此,提出以下假设:

假设7:个体的自我建构调节商标标识形状与个体对产品态度的关系,独立型的自我对矩形的商标标识形状的产品的态度显著好于对圆形商标标识,依存型的自我对圆形标识形状的产品的态度显著好于对矩形商标标识。

假设8:个体自我建构对商标标识形状的调节作用被知觉流畅性中介。

五、信息调节聚焦的再调节作用

Levin 等(1998)研究中发现,消费者在面临同样的信息内容,但不同的信息表达方式时,消费者的购买意向会发生改变。Aaker 和 Lee(2001)在产品广告说服效果的研究中发现,不同的个体对同一条广告中的不同的内容的态度是不同的,有的个体对广告中的感觉类的内容感兴趣,有的个体对广告中关于产品的质量的内容感兴趣,进一步研究发现,对广告中的感觉类的内容敏感的个体看重如何发展自我,而对广告中关于产品的质量的内容感兴趣的个体看重如何保护自我,结合 Higgins(2000)提出的个体调节聚焦理论,营销及消费者研究领域的学者开始广泛使用调节聚焦来表达广告信息诉求，并探讨分析其对营销说服的影响。

Aaker 和 Lee（2001）提出，产品的广告内容诉求可以从调节聚焦的视角进行分类，类似于个体的调节聚焦的分类，分为促进聚焦信息和预防聚焦信息。促进聚焦框架的广告信息主要强调该产品能够带来的利益，广告诉求的重点体现为追求积极目标；反之，预防聚焦框架的广告信息主要强调该产品能够预防消极结果的出现，广告诉求的重点体现为预防消极目标。例如，针对一款补水的护肤品的广告，促进聚焦框架的广告的诉求可以表达为"该产品能够使您的皮肤更滋润"，而预防聚焦框架的广告的诉求就应该是"该产品能够预防您的皮肤干裂"。信息调节聚焦框架的效应在不同的情境下都得到了验证，在 Aaker 和 Lee（2001）研究中以被试对广告信息内容的记忆作为因变量，研究结果发现，当广告以促进聚焦框架呈现时，处于促进聚焦倾向的被试对广告内容的回忆程度较好，而当广告以预防框架呈现时，处于预防聚焦倾向的被试对广告内容的回忆程度较好。Labroo 和 Lee（2006）在广告效应的研究中发现，两个连续的广告的调节聚焦类型的一致性会影响到第二个广告的说服力和品牌评估，结果显示，两个广告的调节聚焦类型一致会提高第二个广告的说服力，两个广告的调节聚焦类型不一致时会降低被试对第二个广告的产品的购买意向，同样会降低对该广告的品牌评估。Mogilner 和 Edelstein – Keshet（2002）研究发现购买决策的时间距离的远近影响广告信息调节聚焦框架的说服力，结果显示，时间临近时采用预防聚焦框架的广告信息效果比较好，如"再不买就买不到了"；时间较远时采用促进聚焦框架的广告信息效果比较好，如"不要错过最后购买的机会"。

依据 Higgins（2000）提出的调节匹配理论，当实现目标的策略与个体的特质相对应时，如促进聚焦对应于渴望策略，预防聚焦对应于警觉策略，人们追求目标的行为动机会更强（Aaker 和 Lee，2004；Avent 和 Higgins，2006；Higgins, Idson 和 Freitas，2003）。Aaker 和 Lee（2004）在研究中验证了广告信息调节聚焦框架和信息框架类型之间的关系，研究结果证明，信息调节聚焦框架效应受到信息框架类型的影响，当广告信息以促进聚焦进行陈述时，采用收益框架的说服效果好于采用损失框架的说服效应；反之，当广告信息以预防聚焦进行陈述时，采用损失框架的说服效应好于采用收益框架的说服效果。简言之，当广告信息的调节聚焦框架（促进/预防）与其信息的框架类型（收益/损失）相一致时，广告的说服效果最好。Zhao 和 Pechmann（2007）在戒烟广告中发现，广告的效果取决于被试的个体调节聚焦、广告信息内容的调节聚焦和广告信息框架类型三者之间的共同作用，当三者之间保持一致时，广告的说服力最强，即促进聚焦的被试认为以收益框架呈现的展示促进聚焦信息的戒烟广告最能打动人，反之，预防聚焦的被试认为以损失框架呈现的展示预防聚焦信息的戒烟广告最有说服力。

根据以上分析，当营销信息中包含与个体的调节聚焦目标有关联的要素时，个体会自动经历一种"自然的匹配"的体验，Aaker 和 Lee（2006）称该现象为调节关联（regulatory relevance）。正是这种个体特征和信息要素之间的启发式的匹配导致广告信息说服效果的提升，大量的研究也证明了这种匹配的说服效应。Werth 和 Forster（2007）研究中发现强调积极结果的广告信息对促进聚焦的个体有吸引力，强调避免消极结果的广告信息对预防聚焦的个体有吸引力。Wang 和 Lee（2006）研究发现，当广告信息强调成就时，促进聚焦的个体对该产品的购买意向较强，当广告信息强调安全时，预防聚焦的个体对该产品的购买意向较强。

对调节匹配和调节关联之间的联系不同的学者给出了不同的看法，有的学者认为调节匹配和调节关联是有区别的，调节匹配强调个体特质和实现策略之间的一致性，而调节关联强调个体的目标与广告信息在内容上的一致性。也有学者认为调节匹配和调节关联是相似的，调节关联是调节匹配的一种方式，即个体对所处理的信息和个体的特质之间的一种匹配。对上述的观点进行总结，简言之，当个体面临广告信息，无论是广告信息的具体内容的调节聚焦还是信息呈现的框架的方式只要和个体的特质之间存在对应性，那么，该广告的说服效果就应该比不对应时的说服效果好。

基于此，提出以下假设：

假设9：广告信息的调节聚焦对个体自我建构对商标标识形状与消费者对产品的购买意向之间关系的调节作用进行再调节，当广告信息是促进性聚焦时，独立型的自我建构调节商标标识形状与消费者对产品的购买意向之间的关系，当广告信息是预防性聚焦时，依存型的自我建构调节商标标识形状与消费者对产品的购买意向之间的关系。

假设10：知觉流畅性中介广告信息的调节聚焦对个体的自我建构对商标标识形状与消费者对产品的购买意向调节作用的再调节。

六、品牌类型的调节作用

品牌是建立企业与消费者长期稳定的关系的一个非常重要的有效途径，品牌作为企业的一项重要的无形资产，企业应该重视品牌与消费者之间的关系，品牌和消费者之间的关系是相互的，一方面是消费者对品牌的态度和行为，品牌充当被动角色，另一方面是消费者感知到的品牌对消费者的态度和行为，品牌充当主动角色。现有关于消费者和品牌关系的研究模型也就此分为两类（吴波等，2015），其一，关注于品牌的被动角色，这些模型的核心强调品牌的特征和能够给消费者带来的利益，如已经被很多研究引用的 Aaker（1997）提出的品牌的个性维度模型（Fennis 和 Pruyn，2007；Geuens，Weijters 和 Wulf，2009），以及 Grohmann（2015）在该模型的基础上加入了性别变量的新的品牌个体模型。其二，关注于品牌的主动角色，这些模型的核心强调品牌感知的关系层面和情感层面，如 Kervyn（2012）提出的品牌意图能动框架（Brands as Intentional Agents Framework，BIAF），该模型借助社会心理学的刻板印象内容模型（stereotype content model），基于 Fournier（1998）提出的人与品牌的关系和人际关系非常相似的主张，探索品牌的温暖和能力两个维度与消费者对品牌感知的评价、情感和行为。

从社会—文化视角出发，依据品牌的意图能动框架（Fiske，Malone 和 Kervyn，2012），品牌感知具有温暖（或意图）（warmth/intentions）和力量（或技能）（competence/ability）两个维度。现有的大量依据社会知觉的研究发现，温暖感知和能力感知在个体或组织的印象形成过程中是两个最基本的核心衡量维度（Cuddy，Fiske 和 Glick，2004，2007；Kervyn，Yzerbyt 和 Judd，2011），温暖感知和能力感知在人际互动中发挥着重要的作用（Willis 和 Todorov，2006；Russell 和 Fiske，2008）。研究涉及的领域非常广泛，比如个体印象及评估（Abele 和 Wojciszke，2007），国家印象及评估（Poppe 和 Linssen，1999）和文化评估（Oyserman，Kemmelmeier 和 Coon，2002）等。Abele 和 Wojciszke（2007）研究中提出，在这些社会知觉评估中，这些不同领域的评估维度的命名有些许差异，定义有些许差异，但这些评估维度的命名非常相似，并且这些维度对社会知觉的解释能力都达到了80%以上。这些证据充分表明温暖感知和力量感知是社会感知的两个基本维度（Abele，Cuddy和Judd，2008）。

依据Fournier（1998）提出的消费者和品牌的关系的概念，结合Kervyn等（2012）提出品牌意图能动框架（BIAF），社会个体在对一个品牌进行判断的过程，类似于个体与个体或个体与组织的互动过程，个体会努力地去评估这个品牌的含义和这个品牌自身定义的清晰程度，以及这个品牌是如何实现自己的目标的。而这种评估过程其实就是消费者对品牌进行感知的过程，现有研究也指出，温暖感知和力量感知已经成为消费判断品牌的重要考虑因素，研究证实温暖感知和力量的感知与消费者对该产品的购买意向和消费者的品牌忠诚度之间存在显著的相关关系（Fiske，Malone和Kervyn，2012），并且不同的品牌的温暖感知和力量感知不同。例如，坎贝尔公司和好时公司的品牌力量感知维度很高，而温暖感知维度却很低；反之，享受政府补贴的公司如铁路公司、社会非营利组织的品牌温暖感知维度很高，但是力量感知维度很低。对于保时捷、劳力士等奢侈品牌的评估结果显示这类品牌的力量感知维度很高，但是温暖感知维度很低（Kervyn和Fiske，2012）。受到媒体丑闻影响的美国石油公司和美国国际集团，该品牌在力量感知维度和温暖感知维度的评估都很低（Kervyn，Chan和Malone，2014）。这些研究的结果分为两类，一类验证了品牌的温暖感知和力量感知的积极效应，另一类研究结果发现当品牌的温暖感知和力量感知呈现为负面感知时，会导致消费者对品牌的负面评价，并且温暖感知维度的负面效应要大于力量感知维度的负面效应（Kervyn和Fiske，2012）。这些研究的结果的重复性都说明温暖感知和力量感知确实会影响到消费者对产品的购买意向和态度，所以品牌的温暖感知维度和力量感知维度可以作为衡量品牌知觉的维度，且Aaker等（2010）在研究中明确主张温暖感知和力量感知是品牌评估的两个重要维度。

Kervyn等（2012）在关于品牌感知的研究中发现，基于刻板印象产生的品牌感知的概念可以分为两类，一类是关于该品牌的性能（performance）的描述，如质量、可信度、耐用性、结实程度等，这些概念可以归为是品牌的能力感知，另一类是关于该品牌的情感（emotion）的描述，如有爱的品牌（Ahuvia，2005），有激情的品牌（Albert，2010）等，这些概念可以归为是品牌的温暖感知。在 Aaker 等（2010）的研究中向被试呈现一个电脑包，但是一组被试被告知电脑包是由一家非营利的组织生产的，另一组被试被告知电脑包是由一家营利性的公司生产的，组织的性质的操纵通过生产者的网站网址进行，然后让被试对生产商进行评估，评估的内容包括两类内容，一类是关于温暖感知的评估，如有爱的、温和的、暖暖的；另一类是关于能力的评估，如有效率的、有技能的、技术高的，结果显示非营利的组织的温暖感知显著高于能力感知，而营利组织的能力感知显著高于温暖感知。基于以上的研究，可以认为温暖感知维度是对个体或组织的善意性、亲社会性、信赖度、真诚度维度的反映；反之，力量感知维度是对个体或组织对实现目标的能力和效能维度的反映。

基于此，提出以下假设：

假设 11：品牌类型调节商标标识形状与消费者购买意向之间的关系，当品牌是温暖型时，消费者对圆形商标标识的产品的购买意向高于方形商标标识，当品牌是能力型品牌时，消费者对方形商标标识的产品的购买意向高于圆形商标标识。

假设 12：知觉流畅性中介品牌类型对商标标识形状与消费者购买意向之间关系的调节作用。

第三节 知觉流畅性被调节的中介作用

一、个体的解释水平的调节作用

解释水平理论（construal level theory）来自 Liberman 和 Trope（1998）提出的解释理论，心理学中关于"解释"的定义是人们对信息进行心理表征并从个体记忆中提取相应信息的过程，是信息处理过程中的重要步骤。"解释水平"是指人们对客体信息的表征具有不同的层面——抽象层面和具体层面，抽象层面是高解释水平,具体层面是低解释水平。解释水平理论的雏形来自经济学和决策领域,研究者发现,随着客体事件发生的时间距离越来越远,人们看待事件的主观感知会发生规律性的改变。例如,无论什么工作,当这项工作需要在一个月后进行,人们在当下会考虑的是做这项工作的意义是什么,即为什么做这项工作;而如果这项工作需要在两天后进行,人们在当下会考虑的是完成这项工作需要怎么做准备,即如何做这项工作。经济学家把这种由于时间远近不同而产生的规律性的变化称为"时间折扣现象",后来心理学家对此现象进行了大量研究,提出了"解释水平理论"。

解释水平理论是由 Liberman 和 Trope(2003)在情感和社会认知领域通过对心理表征的大量研究和综合分析提出来的。解释水平理论认为,心理距离会系统改变人们对事件的心理表征水平,而心理表征会影响到人们对事件的反应(Trope 和 Liberman,2003),人们对世界客观事物的解释也就表现出明晰的层次性的,并且这种层次性会形成一个完整的连续性(Ater 和 Oppenheimer,2008),处于这个连续性的层次性的两个相对应的端点层次可以简化理解为高解释水平(high – level construal)和低解释水平(low – level construal)(Liberman 和 Trope,1998,2003;Trope 和 Liberman,2010)。依据解释理论(Liberman 和 Trope,1998),个体对于事物或活动的心理表征可以分为两种类型——首要特征和次要特征,首要特征和次要特征主要区别体现为对事件或活动描述的抽象程度不同,首要特征描述的是事物的本质的、核心的内容,如功能,材质等,更倾向于采用抽象的词汇,次要特征描述的是构成事物的附加因素,如颜色、形状等,更倾向于采用具体的词汇。那么,结合解释水平理论,高解释水平关注事件或活动的首要特征,低解释水平关注事件或活动的次要特征。高解释水平具有简单、抽象、本质、结构化、去背景化和核心化等特征,偏重于解释事件或活动的意义——"为什么"(why);低解释水平具有具体、表面、局部、复杂、从属性、次要和情景化等特征,偏重于解释事件或活动的具体操作——"怎么做"(how)(吴波等,2015),高低解释水平的特征对比如表4-5所示。因此,高水平的解释引导人们对事件或活动的性质和意义予以极大的关注,低水平的解释引导人们对事件或活动的细节和具体予以关注。

表 4-5 高解释水平与低解释水平之间的差异性

项目	高水平解释	低水平解释
抽象程度	抽象	具体
简单性	简单	复杂
结构化程度	结构化、秩序	非结构化、无序
图式	去情境化	情境化
特征类型	首要、核心、内在	次要、表面、外在
上（下）位	上位的	下位的
与目标的关系	有关	无关

资料来源：笔者研究整理。

心理距离是人们以自己、当下、此刻为参照点对目标事件或活动或近或远产生的一种主观体验，依据在不同的维度上事物和参照点之间的距离，心理距离可以分为时间距离、空间距离、社会距离和假设性。时间距离是以当下此刻为参照点，个体对事件或活动发生时间的远近的感知，空间距离是以当下自身所处的位置为参照点，个体对事件或活动发生的空间远近的感知，社会距离是以个体自身为参照点，目标社会客体与自己的相似度或差异度大小的感知，假设性是以当前的现实为参照点，个体对事件或活动发生的可能性大小或与现实距离的远近的感知。心理距离的四个维度之间相互关联，相互影响（Baranan, Liberman, Trope 和 Algom, 2007）。但是，总体来看，在不同的测量维度上，个体主观的四种心理距离在较远的情况下，人们倾向采用高水平解释事件，关注的重点是与目标相关的本质特征或中心特征；在心理距离在较近的情况下，人们倾向采用低水平解释事件，关注的重点是外围特征或具体的、细节特征。如 Liberman 和 Trope（1998）在时间距离的研究发现，随着时间越来越近，人们对选项的可行性变得越来越敏感，即个体的决策中关注于活动的便利性、操作的麻烦性等。Mcelroy 和 Seta（2003）在社会距离的研究中发现，当任务与个体的相关性越低时，比对任务和个体的相关性越高时，被试更可能从整体的角度加工信息，即架构的效应更显著。Fujita 等（2006）关于空间距离的研究结果证明，人们对于空间距离远的行为更愿意描述其结果和目的，并且对于这种结果和目的的描述中更喜欢使用抽象程度高的词汇或文字。所以，心理距离与解释水平之间的关系是对应的、双向影响的，解释水平的高低随着心理距离的远近发生波动，同时，心理距离的远近也因为解释水平的高低发生改变（Trope 和 Liberman，2003；Baranan，Liberman 和 Trope，2006；Liberman 和 Foörster，2009）。

解释水平理论的应用范围非常广泛，涉及消费者知觉、消费者态度、社会关系等很多方面。例如，在个体解释水平和信息框架效应的研究中发现，低解释水平的个体偏爱于损失框架的信息，而高解释水平的个体偏爱于收益框架的信息（White，MacDonnell 和 Dahl，2011）。Freitas 等（2008）研究发现，高解释水平的个体对诉求自我概念的广告的偏爱程度较高，而低解释水平的个体对诉求产品质量的广告的偏爱程度更高。在社会关系的研究中发现，高解释水平的个体更喜欢使用礼貌用语，因为使用礼貌用语和社会距离较远更匹配（Stephan，Liberman 和 Trope，2010）。吴波等（2014）的研究中指出，高解释水平的个体对道德的坚持更为有力量，即认为道德行为更为道德，而低解释水平的个体对道德的坚持比较脆弱，即对不道德的行为的抵触情绪不强。在高解释水平下，人们更容易思考远期的、令人期待和突出积极的结果，而在低解释水平之下，人们更容易思考近期的、令人不悦的突出消极的结果（Forster 和 Higgins，2005）。

面对刺激物，消费者个体是会关注于刺激物的整体还是关注于刺激物的某一个部分？对整体的关注强调的是刺激物的整体的架构、刺激物的结构化对刺激物的某一部分的关注强调的是刺激物的具体的某一个部分或某一个细节。消费者个体对这种架构性的关注或者对细节的关注在心理学领域被认为是知觉感知的两种类型，一是宏观知觉感知（global ways of perception），二是微观知觉感知（local ways of perception），个体在一定刺激情境下会启动哪种知觉感知类型会受到一系列因素的影响，如个体特质、情境因素、情感因素、文化因素等。Kühnen 和 Oyserman（2002）研究发现，依存型的自我更愿意从宏观结构的视角去分析解读刺激物，而独立型的自我从宏观结构的视角去分析刺激变量的意愿显著下降。Derryberry 和 Reed（1998）研究发现，个体的避免动机会缩小个体知觉注意的广度，会让个体更多的认知资源放在刺激物的细节方面，开启微观信息加工模式，与之相对应，个体的促进动机会扩大个体知觉注意的广度，会促使个体从宏观的角度去分析判断刺激变量。当被试处于紧张、压力大和愤怒等消极状态时，更会关注于刺激物的细节，很难从整体的角度去判断和分析，即更可能选择局部的知觉加工模式（Derryberry 和 Reed，1998）；反之，当被试处于轻松、兴奋等积极状态时，更会关注于刺激物的整体，更可能选择整体的信息知觉加工模式（Gasper 和 Clore，2002）。知觉流畅性的形成是多重信息传递的信息具有一致性，这种一致性意味着每种信息的本质是相同的，所以知觉流畅性从本质上看就是对多重信息的主要特征的抽象，知觉流畅性感知就是抽象于本质特征的本质特征。

基于此，提出如下假设：

假设13：知觉流畅性对商标标识形状与个体对产品的行为反应之间的关系的中介作用受到个体解释水平高低的调节，当个体的解释水平比较低时，知觉流畅性不中介商标标识形状与个体对产品的购买意向之间的关系，当个体的解释水平比较高时，知觉流畅性中介商标标识形状与个体对产品的购买意向之间的关系。

假设14：解释水平调节商标标识形状与消费者对产品的属性判断之间的关系。

二、个体的结构化需求的调节作用

消费者每天都会直接面对无法想象的大量的、复杂的信息，但是个体进行信息加工的能力是非常有限的，这种信息加工能力的有限性和信息规模的巨大性之间的冲突一直是研究人员关注的热点问题（Norman 和 Bobrow，1975；Pashler，1992），同时，刺激信息与刺激信息之间的复杂的关系往往又成为消费者判断决策的一种挑战，如何降低这种无法估量的信息规模所造就的信息噪声已经成为消费者个体无法逃避的问题。当面对复杂不可掌控的信息时，研究发现，个体通常会通过两种方式来减少这种认知负荷，一是逃避策略，二是把复杂的信息进行提炼、简化信息（Neuberg 和 Newsom，1993）。逃避策略是指个体有意地限制加工信息的数量或种类，如个体自动设置一些门槛用于阻碍社会或环境中进入判断决策的信息考虑范围。这就比如建立篱笆，关上房门，戴上耳机防止信息进入感官刺激。逃避策略确切地来讲就是个体为了避免冒险而采取的一种自我躲避策略，所以，逃避策略其实并不是一种有效解决问题的方式，而是一种消极的非解决问题的策略，研究发现，对于有数学恐惧症的同学而言，在面对令人痛苦的数学问题时，逃避是一种非优的选择方式，而正面的、能够真正解决问题的最优选择是第二种方式,即如何面对复杂的信息去进行提炼和简化信息,进而实现外在世界和个体内在世界之间的统一。换言之,如何使表面看起来复杂的信息呈现为有序的结构化,使消费者个体能够花费尽可能少的认知资源来接受新的信息。

降低信息数量的第二种方式把复杂的信息进行加工和提炼,即简化信息是指个体尽可能把信息简单化、有序化和可控化。实际操作过程是指个体建立一种规则,并依据该规则去规范个体和社会交往互动过程中产生的信息,从而去降低信息的数量但是保证了信息的质量,从而使判断决策的客观性和正确程度上升(Neuberg 和 Newsom,1993)。本研究重点关注于这种保证了信息质量的信息数量简化方式——认知结构化过程。认知结构化是指通过创造和使用抽象的心理表征,如纲要、蓝本、脚本、态度、刻板印象等,去简化表达个体以往的经历(Abelson,1981;Markus 等,1991)。这种知识结构是从具体的体验过程中进行抽象提炼,既包括了对体验的分类,又包括对这些分类之间的联系和区别进行区分。例如,对于一个政治候选的人判断,个体对于该政治候选人的评价包括两个部分,一是政治候选人个体的具体个人特质,二是政治候选人所代表的政党群体的评价。所以,通过认知结构化的方式是消费者个体只需要付出很少的认知资源就能够简化信息数量的最佳手段选择(Neuberg 和 Newsom,1993)。

个体结构化需求(personal need for structure)是个体对认知结构简单性的依赖性高低的一个衡量指数,有助于消费者个体控制和预测复杂的外在世界(Pashler,2010)。其实,个体结构化需求类似于个体对信息进行分类加工,该对信息分类加工是消费者个体在面对大量的刺激信息时能够区分信息之间的关联性和差异性,这种分类超越了信息的表面的、肤浅的意义,是针对于信息的核心的、本质的含义之间的关联性进行的分类加工。依据 Thompson 等(2005)的研究,每个个体都会自我创造属于自己独有的一种特质,这种特质会影响到消费者如何和外在的刺激物进行交流。换言之,个体通过自我独有的一种信息过滤器来实现内在和外在信息之间的沟通和交流,而自我结构化需求就是这种信息过滤器的一种呈现方式。

研究发现,结构化需求程度高的个体对于简单的、边界清晰的、差异性显著的事物的偏好较高,而对于多重的、复杂的、综合性的事物的偏好程度较低。结构化需求程度高的个体呈现出非常活跃的、黑白分明的思维模式,并且对自己已有的认知结构的依赖性非常强,对那些模糊性的信息、和自己已有的认知结构相冲突的信息会自动自发的产生屏蔽倾向(Neuberg 和 Newsom,1993)。现有研究发现,结构化需求程度比较高的个体呈现出较强的独裁主义(Jugert, Cohrs 和 Duckitt, 2009),思维模式呈现出较高的教条主义,具有强烈的政治倾向(Crowson 和 DeBacker, 2008),对于外在环境带来的威胁感非常敏感(Clay, Jacob 和 mathew, 2010),甚至呈现出对当前现代艺术的消极态度(Landau 等,2006)。关于结构化需求的研究大多集中在具有较高结构化需求的个体在面对复杂的刺激事物时会倾向于依赖简单的、结构化的抽象的表征来做出判断,如消费者在面对新的产品时,原来产品的刻板印象在结构化需求程度较高的消费者个体对新产品的判断中发挥着非常重要的作用(Cavzos, Judice – Campbell 和 Ditzfeld, 2012),当新的信息与自己原有的认知发生冲突的时候表现出极其不愿意修改原有认知的倾向(Neuberg 和 Newsom,1993;Kemmelmeier, 2010)。例如,在现实生活中不难发现,消费者个体对接收到的信息会出现选择性记忆,即仅仅关注到了和自己的原有认知相一致的信息,而对于和原有认知向冲突的信息并没有产生认同感。

依据 Neuberg 和 Newsom(1993)的研究,个体的结构化需求的测量可以从两个维度进行,一是建立结构化需求维度(desire for structure),即消费者个体自身努力去探求建立一种关于刺激信息的结构化感知,如面对生活中不断涌现的新生事物,消费者个体能够对这些刺激变量进行结构化的排序,掌握这些变量之间的关系;二是缺乏结构化反应维度(response to lack of structure),如面临的信息过于复杂,个体无法对这些信息进行结构化的梳理,无法掌控这些刺激变量。即个体的结构化需求是一个多维度的人格特质构念。关于 DFS 和 RLS 的独立研究证明这两个维度之间是相互独立的关系,两个维度分别与个体的不同的人格特质之间存在不同的关系(Neuberg 和 Newsom, 1993;Sollár 和 Turzáková, 2014)。Neuberg 和 Newsom(1993)研究发现,个体的责任心与个体的神经敏感度与个体的结构化需求之间呈现正相关关系($r = 0.25$ 和 0.30),但是,责任心与 RLS 之间呈现显著的正相关关系($r = 0.32$),而与 DFS 的相关程度则不显著($r = 0.17$, ns);相反,个体的神经敏感度与 DFS 之间的相关程度呈现为显著正相关($r = 0.41$),而与 RLS 之间的相关程度则不显著($r = 0.09$, ns)。

在个体的结构化需求的影响因素的研究中发现,个体的结构化需求与个体的外向性和个体的焦虑程度之间并不存在显著的相关关系（Blais，Thompson 和 Baranski，2005），但是，有研究发现，个体的 RLS 与个体的外向性之间呈现较强的负相关关系（r = -0.23），且个体的 RLS 与个体的社会焦虑感知程度呈现显著的正向关系（r = 0.25）（Rusting，1998）。所以，逻辑上推断，个体的 DFS 和 RLS 与个体的不同的特质属性之间的关系其实并不完全一致，且基于情感的研究发现，当个体的 RLS 程度较高时，当面对复杂的不可控的情境时，个体会呈现出较高的负面情绪的倾向，而对于 DFS 较高的个体，这种负面情绪并不明显。针对 DFS 的研究发现，DFS 维度更多与积极的情感相联系，并且在不可把控的情境之下，此种个体呈现的威胁感知较弱。Elovainio 和 Kivimaki（1998）的研究中发现个体的心理压力强度，如注意力集中程度、神经质感知和悲伤难过感知，会受到个体的 DFS 和 RLS 的影响，且两者对心理压力强度的影响是相反的。研究结果显示，当个体的 DFS 程度较高时比对 DFS 程度较轻的个体，个体的心理压力症状会减轻，但是，对于 RLS 结果则相反，随着 RLS 的程度上升，个体的心理压力也会越来越强。Cavazos 和 Campbell（2008）研究发现，DFS 与个体的拖延症之间呈现负相关关系，而与个体追求适当完美的特质需求之间呈现正相关关系，相反，RLS 与担心、自我肯定和追求完美之间呈现负相关关系。在关于临床和非临床的研究中发现，DFS 可以作为积极的分离体验的预测手段，如幻想症，而 RLS 可以作为消极的病理性的预测手段，比如人格分裂症。但是研究发现两者之间的相关性是非常明显的，基于这个原因，所以很多的研究就把这两个维度综合起来作为一个维度进行衡量和测量。

　　研究发现，个体的结构性需求已经成为一种情境诱导的动机，尤其是消费者在时间压力下，面对大量信息的情境条件下，要快速做出决定时（Kruglanski，1989）。这样的研究结论再次证明在复杂的现实世界中，面对繁乱的大规模信息时，创造一种能够解释个体如何对大量的、复杂的信息进行有序的加工的构念是多么重要。但是，每个个体在进行信息加工的过程中对信息提炼简化的程度存在着明显的差异性，换言之，每个个体在作出判断的时候对简单性的依赖程度是不同的，有的个体对模糊程度的容忍度比较高，而有的个体对模糊程度的容忍程度很低。

　　个体的结构性需求的构念非常重要的原因在于三个方面，首先，该构念能够解释一些非常重要的心理学构念，如刻板印象、偏见、极端的情绪等，甚至包括一些精神心理学的重要构念，如抑郁、自我实现预言等。通过该构念能够非常清楚地辨析哪类人群对一些简化信息的心理过程非常敏感，如研究发现，理工科专业的个体在现实世界中的思维模式呈现为显著的程序化，会尽可能地把自己面临的刺激线索进行串联，找出线索之间的一致性或相关性，而相对应，文科专业的个体的思维模式呈现为分散化，刺激线索之间的关联性比较低，思考的过程展示为跳跃式、动态化。所以，个体的结构化需求该构念能够帮助客观理解个体的信息加工过程的本质，对于心理学研究领域有非常重要的理论和实践意义。

其次，个体的结构化需求作为心理学领域的一场认知革命，该构念已经成为现实生活中一个人对所处的环境进行精简的、无处不在的一种信息加工过程。研究发现，个体在面临社会大量信息时，个体的社会认知动机（social-cognitive motivations）整体来看是具有弹性的，并不是固定不变的（Hilton 和 Darley，1991）。有研究认为，当有外在新增的信息时，比对精准的社会感知动机，对信息进行精简和提炼这种信息加工动机具有一定的弊端。但是，不可否认，有大量的研究证明作为证据一方面支持该构念能够作为辨析个体的社会认知动机的弹性的差异性，另一方面支持确认个体在面临自己所处的环境时的社会认知动机的弹性存在的稳定性和固定性。

最后，个体的结构化需求的差异性具有一些综合功能。个体与自身所处环境都承担着信息的传递者和信息的接收者双面角色的功能，两者之间相互影响。以往的研究更多地关注了个体或者环境的单方面因素（Mischel，1979）。例如，从环境单方面看，大量研究重点强调了环境所承担的信息传递者的角色，如环境中展示出的消费者个体能够获得某一单一信息、环境中所有信息的整合等；从个体单方面看，研究强调了从短期的视角分析消费者个体作为信息接收者的角色，如消费者的情绪、消费者脑海中固有的信息分类等对信息加工过程的影响。而个体的结构需求的构念综合了很多原来独立的心理学构念，如个体长期稳定的分类构念（Bargh 和 Pratto，1986）、自我监管过程构念（Snyder，1979）、自我知觉构念（Fenigstein，Scheier 和 Buss，1975）、认知需求构念（Cacioppo 和 Petty，1982）。总之，个体的结构化需求是关于个体的动机和社会认知两个个体特质研究的关联性和差异性的完美融合。

基于此，提出如下假设：

假设15：知觉流畅性对商标标识形状与消费者的购买意向之间的关系的中介作用受到个体结构化需求高低的调节，当个体的结构化需求比较低时，知觉流畅性不中介商标标识形状与消费者的购买意向之间的关系，当个体的结构化需求比较高时，知觉流畅性中介商标标识形状与消费者的购买意向之间的关系。

第四节 研究框架

本章通过梳理相关文献，从理论上叙述了商标标识形状会影响消费者对产品或品牌的态度、行为和购买决策，本书认为商标标识形状作为刺激因素，会通过消费者的心理意象，产生相应的象征意义，影响消费者的购买意向，并且视觉刺激因素的象征意义是个体后天习得的经验，那么个体的特质会影响视觉刺激因素的象征意义的产生过程。同时，在日常生活中，商标标识往往和广告信息同时呈现，那么商标标识形状的效应也会受到广告信息表达方式的影响，本书提出，上述因素的综合效应的发挥依赖于个体加工这些信息的难易程度，即知觉流畅性发挥中介作用，信息加工难易程度一方面依赖于信息内容的一致性，另一方面依赖于个体对结构化信息加工方式的偏好，所以，本书分析了影响个体对结构化信息加工的因素。

上述影响商标标识形状效应的因素，基于和知觉流畅性中介作用的关系，可以分为两类，一类是调节知觉流畅性的中介作用，另一类是被知觉流畅性中介，前者变量统称为调节中介的变量，后者统称为被中介的调节变量。被中介的调节变量包括个体特质变量和情境变量，个体特质变量包含有个体的身份角色、个体的调节聚焦、个体的自我建构，情境变量包括信息框架类型、信息调节聚焦和品牌类型，研究框架如图4-4所示。调节中介的变量包括个体的结构化需求和个体的解释水平，研究框架如图4-5所示。

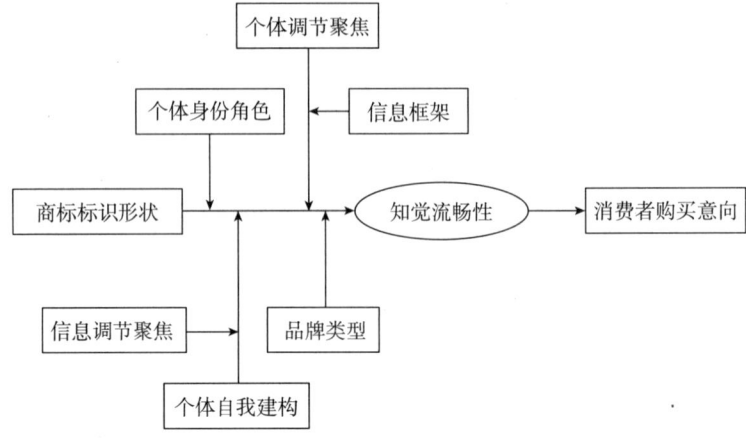

图 4-4 知觉流畅性被中介的调节作用

资料来源：笔者研究整理。

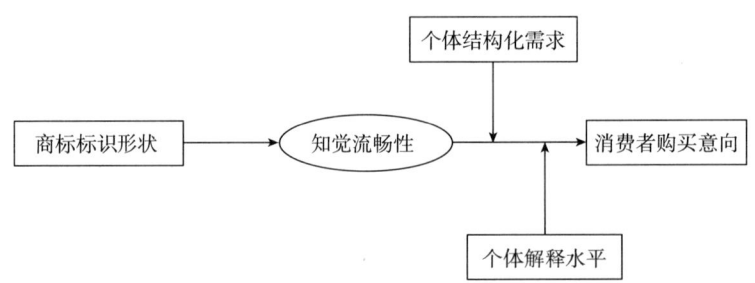

图 4-5 知觉流畅性被调节的中介作用

资料来源：笔者研究整理。

第五章　研究设计与研究结果

第一节　研究一：个体身份角色的调节作用

一、研究目的

检验商标标识形状对个体特质的启动效应，及检验个体的身份角色对商标标识形状偏好的调节作用。即验证假设1和假设2。

假设1：圆形的商标标识会启动个体的归属感需求，方形的商标标识会启动个体的独特感需求。

假设2：个体的身份角色会影响到个体对矩形（圆形）商标标识的偏好，当激发个体的社会身份角色时，个体更喜欢圆形的商标标识；当激发个体的自我身份角色时，个体更喜欢方形的商标标识。

二、实验设计与程序

本研究共包括两个实验，实验一用于验证假设1，实验二用于验证假设2。

实验一采用了组间实验，t检验的分析方法，一所中部地区大学的50名在校大学生参与了实验，其中21名男性，29名女性。实验刺激物是闭合的环形商标标识图案和闭合的矩形商标标识图案，参照以往研究，为了排除线条拉伸效应（钟科等，2015），本研究中的矩形采用正方形。因变量是被试的基本需求判断，参照Zhu和Argo（2013）的研究，归属感需求和独特感需求的测量都是通过两个题项，11 分量表（-5 = 非常不同意，5 = 非常同意）。归属感需求测量题项（"我现在觉得我和他人能好好相处""我愿意选择大众选择的商品"），每个被试的回答进行均值计算成为每个人的归属感需求指标，结果分析显示（r = 0.84；p < 0.001）；独特性需求的测量题项是（"我现在觉得自己与众不同""我愿意选择非主流的商品"），每个被试的回答进行均值计算成为每个人的独特需求指标，结果分析显示（r = 0.86；p < 0.001）。

实验结果显示，商标标识形状的需求属性效应显著，闭合的环形组的被试的归属需求显著性地高于闭合的矩形组的被试（$M_{环形}$ = 1.22，SD = 2.66 VS. $M_{矩形}$ = -0.98，SD = 2.43，t (48) = 3.06，p = 0.10）；反之，闭合的矩形组的被试的独特需求显著性地高于闭合的环形组的被试（$M_{矩形}$ = 0.87，SD = 1.59 VS. $M_{环形}$ = -0.59，SD = 2.68，t (48) = -2.38，p < 0.05），假设 1 得到验证。

从实验的结果可以看出，商标标识的形状会成为唤醒个体身份属性需求的启动因素，简单的形状的确能够启动个体的两个基本需求，环形的商标会启动个体的归属需求，矩形的商标会启动个体的独特需求。这样的研究结论与以往的关于形状的象征意义所产生的心理意象的研究结果有相似性。例如，以往的研究发现，圆润的角会让人联想到融合、接纳，尖锐的角会让人联想到对抗、距离感较强。

但是本研究的不足有两点，第一，刺激图片中的商标标识都是闭合的，根据当前研究，闭合的图形会让人产生安全感从而影响到个体对产品的偏好，那么上述的研究结果是否受到该因素的影响。第二，被试的基本需求是通过情境启动刺激进行的测量，而依据独特性需求理论，个体的独特性需求的高低是固有稳定的，商标标识这种简单的视觉刺激因素是否能够确定和个体的独特性需求结合起来在预测试中没有获得足够的证据。所以，为了弥补上述不足，在下一个研究中采用新的刺激图片和量表测量个体独特性需求以求得结果的外部效应。

实验二采用 2（商标标识形状：非闭合的环形 VS. 非闭合的方形）× 2（CNFU：高 VS. 低）混合组间实验。样本来自 2016 年 11 月，一所北部地区的高校的学生，共回收有效问卷 163 份，男生占比 51%，女生占比 49%，平均年龄 21.3 岁（SD = 1.17）。自变量商标标识形状采用组间设计，通过图片进行操纵，调节变量采用组内设计，通过个体的独特性需求量表进行测量。相似性感知——

参照 Dodds 等（1991）的研究，包括两个题项（"拥有该产品让我觉得我和他人是一样的""该产品是大家都会喜欢的产品"）；独特性感知——参照 Farwell（1998）的研究，包括两个题项（"该产品应该是有个性的人才会购买的产品""拥有该产品让我觉得我和他人是不一样的"）；调节变量个体的身份角色通过消费者独特性需求差异进行测量——采用 Lynn 和 Harris（1997）开发的 DUCP 量表，量表含有八个问题，让被试分别对八个问题进行自我评分，如表 5 – 1 所示。购买意向——借鉴 Aggarwal 等（2011）和 Dodds 等（1991）的研究，通过三个题项进行测量（"我极有可能购买 BABA 产品""我一定会考虑购买 BABA 产品""我购买 BABA 产品的意愿程度非常高"）。测量均采用 Likert 7 点量表测量（1 = 不同意，7 = 完全同意）。

表 5 – 1　个体独特性需求测量量表（DUCP）

1. 我的确非常喜欢稀有的物品
2. 相比成为时尚的追随者，我更愿意成为时尚的领导者
3. 我非常愿意购买稀缺性的产品
4. 相比大规模的同质化的产品，我更喜欢定制化的产品
5. 我喜欢拥有别人无法拥有的物品
6. 我在购买产品时不会放过任何可以对产品进行定制改动的机会
7. 我喜欢比其他人更先尝试新产品和新服务
8. 我喜欢在出售不同于一般商品的场所进行购物

资料来源：Lynn M, Harris J. The Desire for Unique Consumer Products: A New Individual Differences Scale [J]. Psychology & Marketing, 1997, 14 (6): 601 – 616.

　　整个实验的过程采用的是被试自填问卷的方式，问卷包括三部分内容，第一部分是被试的独特性需求高低程度的测量。第二部分是刺激图片的展示以及被试的购买意向，参照李东进等（2013）的研究，用来确定消费者认真地观察了刺激的图片内容，包括两个问题，第一个问题是"您看到图片中的某个企业的商标，这个商标是圆形还是矩形？"，第二个问题是"你看到的图片中的图形是有缺口的还是没有缺口的？"。如果被试的答案与看到的图片之间是不吻合的，直接作为不合格的问卷予以删除。第三部分是被试的个人信息，包括年龄、性别等。

三、研究结果

首先,进行信度进行分析,采用 Cronbach's α 信度系数衡量。购买意向 α = 0.876,消费者独特性需求差异 α = 0.805,相似性感知 α = 0.865,独特性感知 α = 0.752,均大于 0.700 的标准,表明问卷具有良好的信度。

其次,分析商标标识形状类型对独特性推断和相似性推断之间的关系。方差分析表明,非闭合环形标识组的被试对相似性感知(M = 5.47,SD = 0.99)显著高于非闭合矩形组(M = 4.47,SD = 1.12),F(1,159) = 4.012,p = 0.02 < 0.050;非闭合矩形组中的被试对独特性感知(M = 5.17,SD = 1.04)显著高于非闭合环形组(M = 4.41,SD = 1.12),F(1,159) = 4.52,p = 0.017 < 0.050,再次验证了实验二的研究结果。另外,方差分析还表明,商标形状的主效应不显著,非闭合环形组的被试对产品的购买意向(M = 4.54,SD = 1.06)和非闭合矩形组的被试对产品的购买意向(M = 5.01,SD = 1.13)没有显著差异,F(1,159) = 1.13,p = 0.23,该结果说明商标标识形状的差别不会影响消费者对产品的购买意向。

最后,分析了商标标识形状(非闭合环形 = -1,非闭合矩形 = 1),独特性需求(中心平均值),以及两者间的交互效应对购买意向的影响。回归分析结果显示,商标标识形状对购买意向的影响不显著(= 0.17,t(159) = 0.34,p > 0.48),个体的独特性需求对购买意向的影响也不显著(= -0.31,t(159) = -2.68,p > 0.17)。但是,商标标识形状和个体的独特性需求的交互作用对购买意向的影响显著(= 0.73,t(159) = 4.72,p < 0.05)。如图 5 - 1 所示。对比分析显示,随着独特性需求程度的上升,被试对非闭合矩形标识的产品的购买意图显著增加(= 0.09,t(159) = 2.42,p < 0.05;$M_{(-1SD)}$ = 4.32 VS. $M_{(+1SD)}$ = 5.32);相反,随着独特性需求的上升减少了对非闭合环形标识的产品的购买意图(= -0.07,t(159) = -1.43,p < 0.05;$M_{(-1SD)}$ = 5.27 VS. $M_{(+1SD)}$ = 4.72)。与之对应,随着独特性需求程度的下降,被试对非闭合环形标识的产品的购买意向显著增加(= 0.08,t(159) = 2.34,p < 0.05;$M_{(-1SD)}$ = 5.32 VS. $M_{(+1SD)}$ = 4.11);相反,随着独特性需求程度的下降,被试对非闭合矩形标识的产品的购买意向显著下降(= -0.06,t(159) = -1.39,p < 0.05;$M_{(-1SD)}$ = 4.37 VS. $M_{(+1SD)}$ = 5.42)。结果再次验证了假设1和假设2。

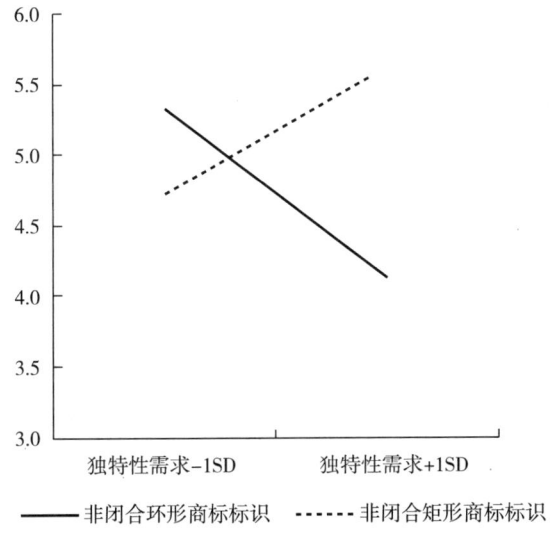

图 5-1　个体的身份角色的调节作用

资料来源：笔者研究整理。

四、讨论

从结果分析中可知，环形和方形的商标标识对消费者购买意向的影响的背后心理机制是不同的，方形商标标识满足消费者的独特性需求，圆形商标标识满足消费者的相似性需求。且实验结果证实，消费者个体的独特性需求程度的高低影响商标标识的形状对消费者的购买意向的影响。独特性需求程度高的消费者对方形商标标识的产品的购买意向显著高于对环形商标标识的产品的购买意向，独特性需求程度低的消费者对环形商标标识的产品的购买意向显著高于对方形商标标识的产品的购买意向。原因在于，独特性需求高的消费者个体非常看重自己的独特性，强调获得商品能够满足与众不同的需求，所以对代表着高度相似性的环形的产品的购买意向就会降低。反之，独特性需求低的消费者个体重视共享维度，希望自己能够和自己所处的环境之间建立高度的联结，而环形商标标识的产品所代表的归属维度正好能够满足这种需求。

第二节 研究二：个体调节聚焦的调节作用

一、研究目的

检验个体的调节聚焦在商标标识形状与消费者对产品的态度的调节作用，以及知觉流畅性对个体的调节聚焦调节作用的中介。即验证假设3和假设4。

假设3：个体的调节聚焦与商标标识形状发生交互作用共同影响消费者对产品的态度，促进聚焦的个体对方形商标标识的产品的态度较好，预防聚焦的个体对圆形商标标识的产品的态度较好。

假设4：直接流畅性中介个体调节聚焦和商标标识形状的交互作用。

二、实验设计与程序

本研究采用2（商标标识形状：圆形VS. 方形）×2（个体的调节聚焦：促进聚焦VS. 预防聚焦）的组间设计。自变量商标标识形状通过设计图片进行操纵，调节变量个体的调节聚焦通过关于产品的描述操纵，因变量是消费对商标标识形状的态度，态度通过两个题项（"你喜欢这样的商标标识形状吗？""你觉得这样的商标标识形状的吸引力强吗？"7分量表进行测量：1 = 非常没有吸引力，7 = 非常有吸引力），中介变量个体知觉流畅性的测量参照Lee和Aaker（2004）的研究，测量侧重信息加工的容易程度（ease of processing），两个题项（"你觉得你在对这些刺激信息进行加工的时候容易吗？""你觉得这些信息好理解吗？"7分量表进行测量：1 = 非常不好理解，7 = 非常好理解）。128名被试参加了实验，其中，女生92人，男生36人，平均年龄是20.3岁。

研究者告知被试此项目是关于一个葡萄酒品牌的调查，该品牌的葡萄酒为了能够更好地进入中国市场，需要在中国的不同区域确定消费者的不同偏好，从而制定有针对性的营销策略。该实验在实验室通过电脑来进行，该实验共分为两个阶段，第一个阶段是启动被试的个体调节聚焦，被试在电脑屏幕上可以看到关于该品牌的介绍，该介绍由两部分组成,第一部分文字介绍了该品牌的时间历史,第二部分文字是关于该产品的功效,两组被试看到的第一部分的文字是相同的,而第二部分的文字用于启动个体的调节聚焦差异。第二阶段是被试在阅读了关于该产品的描述之后,向被试再次展示该品牌拟采用的商标标识图案,然后让被试回答对产品的商标标识的态度。

在促进聚焦组的被试看到的关于产品的介绍信息如下:该品牌已经有300年的历史,这款葡萄酒非常有益于健康,最大的特点是保持了原材料的原有营养成分。依据病理研究发现,喝一点葡萄酒有助于个体产生更强的能量!越来越多的研究都证明,人体每天摄入丰富的维生素C和铁能够使个体的身体达到较高的能量水平。美国农业产品质量检测协会的检测结果显示,×××品牌是100%原汁原味的葡萄酒,由于其独特的酿造工艺维生素C和铁的含量远超过普通酿造工艺的葡萄酒。×××品牌的葡萄酒的原材料来自世界上葡萄质量最好的尼亚加拉,有独有的产生超能量的功效,具有超级美好的口感。所以,为了能更有力量就选择×××品牌的葡萄酒!我们非常肯定地说,×××品牌的葡萄酒能满足追求更好的口感、更好的质量和更健康的需求目标!

在预防聚焦组的被试看到的关于产品的介绍信息如下:该品牌已经存续了300年了,这款葡萄酒非常有益于健康,最大的特点是保持了原材料的原有营养成分。依据病理研究发现,喝一点葡萄酒有助于个体预防心血管疾病。越来越多的研究都证明,人体每天摄入丰富抗氧化剂都有助于降低患癌症和心脏病的概率,因为抗氧化剂能够降低人体的心脏大动脉的模糊程度从而使血液流通更顺畅,而研究发现葡萄汁中含有的类黄酮有助于人的身体产生抗氧化剂。美国农业产品质量检测协会的检测结果显示,×××品牌是100%原汁原味的葡萄酒,由于其独特的酿造工艺抗氧化剂的含量远超过普通酿造工艺的葡萄酒。所以,为了健康就选择×××品牌的葡萄酒!我们非常肯定地说,×××品牌的葡萄酒能满足追求更好的口感、更好的质量和更健康的需求目标!

三、研究结果

首先,进行信度检验和操纵检验。结果显示,消费者对营销策略的态度的可靠度系数为0.845,知觉流畅性的可靠度系数为0.900,达到可以接受的标准。为了验证个体的调节聚焦的启动效果,参照戴鑫等(2015)的研究,让被试回答

"在之前的试验中,您对增加个体的能量的关注是多大?"或"在之前的实验中,您对避免患心脏病的关注是多大?",让被试对感知程度进行打分,7分量表。进行 t 检验($M_{促进}$ = 5.52,t = 12.97,p < 0.05;$M_{预防}$ = 5.67,t = 14.25,p < 0.05),说明促进聚焦组的被试对获得的关注程度较高,预防聚焦组的被试对避免损失的关注程度较高,显示被试的调节聚焦较好地启动。

其次,检验商标标识形状和个体的调节聚焦的交互效应及知觉流畅性的中介效应。本研究将圆形商标标识赋值为1,方形商标标识赋值为 -1,将促进聚焦赋值为1,将预防聚焦赋值为 -1,对知觉流畅性进行中心化,为了检验个体的调节聚焦在商标标识形状和消费者对产品的态度之间的调节作用,以商标标识形状、个体的调节聚焦为自变量,以消费者对产品的态度为因变量进行方差分析,分析结果表明商标标识形状和个体的调节聚焦对消费者对产品的态度的交互效应显著,$F(1, 196) = 7.12$,$p = 0.008 < 0.05$,$\eta^2 = 0.035$,如图5-2所示。在个体处于促进聚焦的情况下,方形商标标识组的被试和圆形商标标识组的被试在对产品的态度上存在显著差异,方形商标标识组的被试比圆形商标标识组的被试对产品的态度更好,$M_{方形} = 5.13$,$M_{圆形} = 4.15$,$t(96) = 2.898$,$p = 0.005 < 0.05$,在个体处于预防聚焦的情况下,方形商标标识组的被试和圆形商标标识组的被试在对产品的态度上存在显著差异,圆形商标标识组的被试比方形商标标识组的被试对产品的态度更好,$M_{方形} = 4.26$,$M_{圆形} = 5.25$,$t(103) = 3.842$,$p = 0.002 < 0.05$。假设3得到验证。

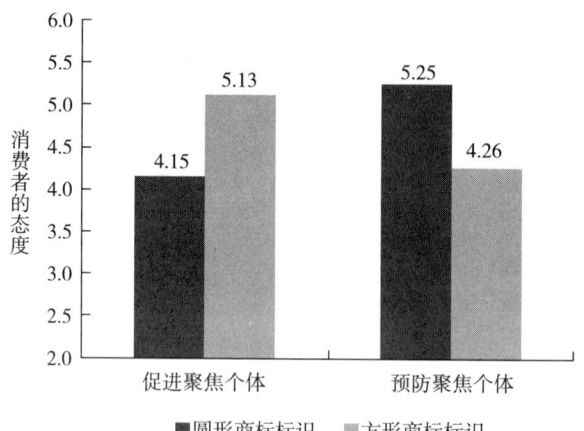

图 5-2 个体调节聚焦的调节作用

资料来源:笔者研究整理。

再次，商标标识形状对消费者对产品的态度的主效应不显著，$F(1, 196) = 2.237$，$p = 0.104 > 0.05$，$\eta^2 = 0.021$，$M_{圆} = 4.93$，$M_{方} = 4.39$，个体调节聚焦对消费者对产品的态度的主效应不显著，$F(1, 196) = 3.876$，$p = 0.051 > 0.05$，$\eta^2 = 0.031$，$M_{促进} = 4.85$，$M_{预防} = 5.27$。为了检验知觉流畅性对个体调节聚焦的调节作用的中介，根据 Muller, Judd 和 Yzerbyt（2005）的研究中对被中介的调节的检验步骤，将商标标识形状作为自变量，个体调节聚焦作为调节变量，中心化的知觉流畅性作为中介变量，相应的三个模型估计值如表 5 – 2 所示。①以商标标识形状（LS）、个体调节聚焦（RF）、商标标识形状和个体调节聚焦的交互项（LSRF）为自变量，消费者对产品的态度（CA）为因变量，进行回归分析，商标标识形状和个体调节聚焦的交互项与消费者对产品的态度的关系显著（$\beta = -0.286$，$t = -2.698$，$p = 0.008 < 0.05$）。②以商标标识形状（LS）、个体调节聚焦（RF）、商标标识形状和个体调节聚焦的交互项为自变量（LSRF），知觉流畅性为因变量（PF），进行回归分析，商标标识形状和个体调节聚焦的交互项与知觉流畅性的关系显著（$\beta = -0.273$，$t = -4.131$，$p = 0.001 < 0.05$）。③以商标标识形状（LS）、个体调节聚焦（RF）、商标标识形状和个体调节聚焦的交互项（LSRF）、知觉流畅性（PF）、知觉流畅性和个体调节聚焦的交互项（PFRF）为自变量，消费者对产品的态度（CA）为因变量，进行回归分析，分析结果表明，知觉流畅性与消费者对产品的态度的关系显著（$\beta = 0.701$，$t = 11.382$，$p < 0.001$），商标标识形状和个体调节聚焦的交互项的系数绝对值小于模型 1 中商标标识形状和个体调节聚焦的交互项的系数（$\beta = -0.039 > -0.286$，$t = -0.837$，$p = 0.379 > 0.05$），这说明知觉流畅性中介个体的调节聚焦对商标标识形状与消费者对产品的态度关系的调节作用。根据总间接效应公式，对于预防聚焦的个体（$PF = -1$），圆形商标标识通过知觉流畅性对消费者对产品的态度的总间接效应为 0.22，对于促进聚焦的个体（$PF = 1$），方形商标通过知觉流畅性对消费者对产品的态度的总间接效应为 0.19。这说明针对圆形商标标识，预防聚焦的个体通过知觉流畅性对产品的态度产生正面的影响，而针对方形商标标识，促进聚焦的个体通过知觉流畅性对产品的态度产生正面的影响。

表5-2 个体调节聚焦交互效应中介检验参数值

	MODEL1 (DV: CA)		MODEL 2 (DV: PF)		MODEL 3 (DV: CA)	
	b	t	b	t	b	t
X: LS	0.112	1.438	0.142	2.017*	0.107	0.451
MO: RF	0.126	1.679	0.192	2.342*	-0.179	-0.493
XMO: LSRF	-0.286	-2.698**	-0.273	-4.131**	-0.039	-0.837
ME: PF	—	—	—	—	0.701	11.382**
MEMO: PFRF	—	—	—	—	0.326	0.742

注：*表示p<0.05；**表示p<0.01。
资料来源：笔者研究整理。

最后，研究还借助了Bootstrapping技术进行了被中介的调节检验（Shrout和Bolger，2002；Preacher，Rucker和Hayes，2007），在1000次取样的情况下，检验结果显示商标标识形状和个体调节聚焦的交互效应的系数为-0.24，95%的置信区间[-0.3976，-0.1321]不包含0，这一结果表明知觉流畅性中介商标标识形状和个体调节聚焦的交互项对消费者对产品的态度的交互效应。条件间接效应结果显示，对预防聚焦的个体（PT=-1），圆形商标标识通过知觉流畅性对消费者对产品的态度的条件间接效应为0.37，95%的置信区间[0.1721，0.7080]不包含0，对于促进聚焦的个体（PT=1），方形商标标识通过知觉流畅性对消费者对产品的态度的条件间接效应为0.31，95%的置信区间[0.0461，0.3724]不包含0，也就是说，针对圆形商标标识，预防聚焦的个体通过知觉流畅性对产品的态度产生正面的影响，而针对方形商标标识，促进聚焦的个体通过知觉流畅性对产品的态度产生正面的影响，Bootstrapping技术得出的结果与Muller，Judd和Yzerbyt（2005）研究方法得出的结论基本上是一致的。假设4得到验证。

四、讨论

该研究通过对商标标识形状的操纵，对个体调节聚焦的情境操纵检验个体调节聚焦对个体对商标标识形状的态度关系的调节作用。当消费者处于预防聚焦的时候，圆形商标标识组的被试对商标标识的态度显著好于方形商标标识组的被试，当消费者处于促进聚焦的时候，方形商标标识组的被试对商标标识的态度显著好于圆形商标标识组的被试。也就是说，个体调节聚焦调节了商标标识形状与消费者对产品的态度间的关系，另外，研究结果表明知觉流畅性中介了商标标识形状与个体的调节聚焦之间的交互效应。

第三节 研究三：信息框架的再调节作用

一、研究目的

检验信息框架对个体调节聚焦与商标标识形状交互作用的再调节，以及知觉流畅性对信息框架、个体调节聚焦、商标标识形状三重交互作用的中介。即验证假设5和假设6。

假设5：广告信息的框架对个体调节聚焦对商标标识形状与消费者对产品的购买意向之间关系的调节作用进行再调节，当广告是获得框架时，促进调节聚焦个体调节商标标识形状与消费者对产品的购买意向之间的关系，当广告是损失框架时，预防调节聚焦个体调节商标标识形状与消费者对产品的购买意向之间的关系。

假设6：知觉流畅性中介广告信息的框架对个体调节聚焦对商标标识形状与消费者对产品的购买意向的调节的再调节。

二、实验设计与程序

研究采用2（商标标识形状：圆形 VS. 方形）×2（个体的调节聚焦：促进聚焦 VS. 预防聚焦）×2（信息框架：获得 VS. 损失）的混合设计，个体调节聚焦是组内因素，商标标识形状和信息框架是组间设计。个体调节聚焦作为个体心理动机特质，可以通过调节聚焦测量量表测量个体的长期调节聚焦类型，或者通过情境性启动特定的某种调节聚焦。研究表明，良好总方法得出的结论具有一致性。在上一个研究中个体的调节聚焦采用了情境临时启动的方法来操控被试的调节聚焦，那么本研究采用RFQ量表的方式来测量，RFQ测量量表如表5-3所示，为5分测量量表，对假设3和假设4进行再次验证；同时，商标标识形状和信息框架的广告信息策略通过广告描述呈献给被试，因变量是消费者对产品的购买意向，购买意向借鉴 Aggarwal 等（2011）和 Dodds 等（1991）的研究，通过 3 个题项进行测量（"购买可能性""会考虑购买的可能性""购买的意愿程度"的大小），测量均采用 Likert 5 点量表测量（1 表示完全不同意，5 表示完全同意）。

表 5-3　个体调节聚焦测量量表（RFQ）

1. 与大多数人相比，你无法从生活中得到你想要的				
1	2	3	4	5
从来没有/极少数		有时候		非常经常
2. 在成长的过程中，你是否做过超越红线，即做过父母无法容忍的事情				
1	2	3	4	5
从来没有/极少数		有时候		非常经常
3. 你多久会完成一次通过付出辛苦努力能够提升你的心智的事情				
1	2	3	4	5
从来没有/极少数		有几次		非常经常
4. 在你的成长过程中是否经常会做一些让你的父母神经紧张的事情				
1	2	3	4	5
从来没有/极少数		有时候		很多
5. 你是否会按照你父母建立的规矩或规则来做事情				
1	2	3	4	5
从来不		有时候		非常经常
6. 在你的成长过程中，你是否采取过你的父母觉得讨厌的方式来做事				
1	2	3	4	5
从来没有/极少数		有时候		非常经常
7. 你是否能够经常做好各种你必须努力才能做好的事情				
1	2	3	4	5
从来没有/极少数		有时候		非常经常
8. 你是否会因为没有特别小心或认真而被卷入麻烦中去				
1	2	3	4	5
从来没有/极少数		有时候		非常经常
9. 在实现目标的过程中，你的实际表现没有你想象的那么好				
1	2	3	4	5
非常不认同		有点认同		非常认同

续表

10. 你是否感觉正在逐步实现自己的目标				
1	2	3	4	5
完全错误				完全正确
11. 你的生活中基本没有能够引起兴趣并让你为之付出努力的活动或爱好				
1	2	3	4	5
完全错误				完全正确

资料来源:Higgins E T, Friedman R S, Harlow R E, et al. Achievement Orientations from Subjective Histories of Success: Promotion Pride Versus Prevention Pride. [J]. European Journal of Social Psychology, 2001, 31 (1): 3-23.

本书的程序是要求被试完成三个不相关的研究,第一个研究是通过调节聚焦测量量表测量个体的长期调节聚焦倾向,第二个研究是操纵商标标识形状和信息框架,测量被试对防晒霜的购买意向,第三个研究是关于被试的知觉流畅性的测量。第二个研究让被试阅读一则广告信息,在广告信息中呈现出产品的商标标识形状和不同框架的广告信息,然后让被试做出对产品的购买意向判断。第三个研究是在被试完成了第二个研究之后让被试完成一个知觉辨认任务,该研究借鉴 Lee 和 Aaker (2004) 的研究,判断被试对相应词汇的辨认效率。240 名本科生参与实验,女生 121 人,平均年龄 21.3 岁。

第一个研究中被试被随机分配进入"方形商标—获得框架组""方形商标—损失框架组""圆形商标—获得框架组"和"圆形商标—损失框架组"。被试阅读到的封面故事的前半部分描述如下,暑假来临,你和你的好朋友约好要去海边玩,海浪、沙滩、轻松的心情,你对这次旅行特别期待,开始慢慢准备旅行的必需物品,海边旅行肯定不能缺少防晒霜。BABA 防晒霜一直以它独有的纯植物萃取技术在市场上做推广。然后被试会看到的后半部分的信息是商标标识形状和广告信息框架的综合描述,广告产品的信息框架的描述借鉴(Lee 和 Aaker, 2004)的研究,整合的实验材料如表 5-4 所示,所有的广告语的结束语都是"让 BABA 成为你生活的一部分吧"。

表 5-4 广告信息实验材料

	获得框架	损失框架
方形商标	享受生活！BABA 有助于避免你的皮肤遭受海边阳光的伤害，能让你更好地享受海边的轻松假期	不要忘记享受生活，在海边不能很好地享受阳光就意味着你不能很好地享受快乐，BABA 为你海边度假保驾护航
圆形商标	注意安全，一定要有海边阳光对皮肤有伤害的意识，BABA 能让你避免伤害更轻松地度过海边的假期	不要忽略安全，没有对太阳晒伤的危险意识将会阻碍你享受海边的轻松生活，BABA 会提醒你不要忽略了皮肤的安全

资料来源：笔者研究整理。

第二个研究中被试坐在电脑前，先向被试呈现刺激信息，然后让被试点击电脑键盘的回车键进入知觉辨认行为，告知被试，电脑屏幕上会非常快速地呈现出一系列的词语，随着这些词语的是一系列的#符号，被试对看到的词语进行拼写，如果被试什么词语都没有看到，那么请拼写出你觉得应该的那个词语，每个词语都在被试确定了拼写之后再次点击键盘的回车键，会出现新的词语。被试一共看到 40 个词语，每次词语在屏幕上的持续时间为 50ms，50ms 后，电脑屏幕将会黑屏，直到被试点击回车键，下个词语会重现呈现，40 个词语中包含 8 个目标词语，32 个补充词语，8 个目标词语中有 4 个是与促进聚焦信息有关的（享受、高兴、轻松、有能量），4 个是与预防聚焦信息有关的（伤害、疼痛、危险、会阻碍）。被试看到的前 5 个单词使用补充单词是为了增强个体的适应性，余下的 8 个目标刺激词语和 27 个补充词汇的顺序随机排序。

三、研究结果

首先，进行信度检验和操纵检验。结果显示，消费者对产品的购买意向的可靠度系数为 0.857，个体调节聚焦的可靠度系数为 0.814，达到可以接受的标准。为检验自变量信息框架的分类引导是否有效，通过让被试回答"您认为这则广告是倾向于强调自己能够得到什么还是倾向于强调自己能够避免什么？"对感知程度进行 7 级打分，来检验广告信息框架分类的有效性。对于方形商标，$M_{获得} = 5.92$，$M_{损失} = 3.01$，$p < 0.05$，对于圆形商标，$M_{获得} = 5.62$，$M_{损失} = 4.12$，$p < 0.05$，因此实验材料中广告的信息框架的分类引导是成功的。

其次，将圆形商标标识赋值为 1，方形商标标识赋值为 -1，将促进聚焦赋值为 1，预防聚焦赋值为 -1，将收获信息框架赋值为 1，损失信息框架赋值为 -1，对知觉流畅性进行中心化,为了检验商标标识、个体调节聚焦和信息框架对消费者对产品购买意向的三重交互效应,分别以商标标识、个体调节聚焦和信息框架这三个变量中任意两变量的乘积和三变量乘积为自变量,以消费者对产品的购买意向为因变量进行回归分析,分析结果表明商标标识、个体调节聚焦和信息框架的三重交互项与消费者的产品购买意向的关系显著,β = −0.135,t = −2.233,p = 0.026 < 0.05,为了更清楚地了解商标标识、个体调节聚焦和信息框架三者之间是如何交互的,分别令信息框架取值 −1 或 1,用方差分析法考察商标标识、个体调节聚焦和消费者的产品购买意向之间的关系,如图 5 −3 和图 5 −4 所示。

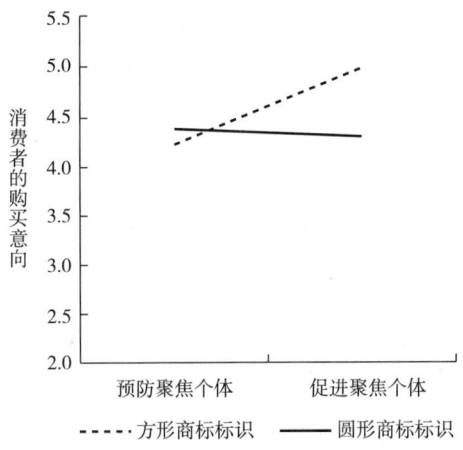

图 5 −3　获得信息框架的再调节作用

资料来源:笔者研究整理。

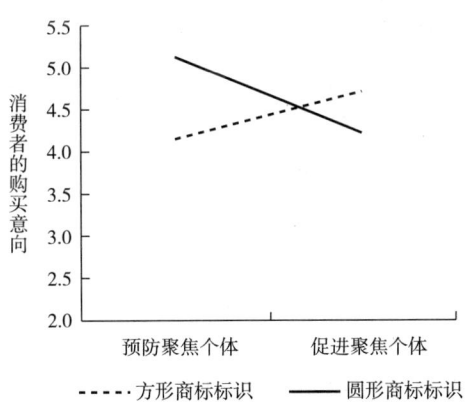

图 5 −4　损失信息框架的再调节作用

资料来源:笔者研究整理。

当信息框架呈现为收获框架时,商标标识和个体调节聚焦的交互效应显著,$F(1, 115) = 3.475$,$p < 0.05$,对于方形商标组,促进聚焦的被试比预防聚焦的被试对目标产品的购买意向更高,$t(48) = 6.09$,$p < 0.001$,对于圆形商标组,预防聚焦的被试比促进聚焦的被试对目标产品的购买意向更强,$t(55) = 2.17$,$p < 0.05$。商标标识的主效应显著,$F(1, 115) = 16.76$,$p < 0.001$,方形商标组的被试比圆形商标组的被试更可能购买产品,$M_{方形} = 4.68$,$M_{圆形} = 3.34$。个体的调节聚焦的主效应显著,$F(1, 115) = 7.84$,$p = 0.001 < 0.05$,促进聚焦的被试比预防聚焦的被试更可能选择目标产品 $M_{促进} = 5.06$,$M_{预防} = 4.01$。当信息框架呈现为损失框架时,商标标识和个体调节聚焦的交互效应显著,$F(1, 117) = 10.475$,$p < 0.05$,对于方形商标组,促进聚焦的被试与预防聚焦的被试购买意向差异边缘显著,$t(49) = 1.97$,$p = 0.048 < 0.05$,对于圆形商标组,预防聚焦的被试比促进聚焦的被试更愿意购买目标产品,$t(56) = 5.74$,$p < 0.001$。商标标识形状的主效应显著,$F(1, 117) = 3.27$,$p = 0.037 < 0.05$,圆形商标组的被试比方形商标组的被试更可能购买产品,$M_{圆形} = 5.12$,$M_{方形} = 4.15$。个体的调节聚焦的主效应显著,$F(1, 117) = 6.68$,$p = 0.011 < 0.05$,预防聚焦的被试比促进聚焦的被试更可能选择目标产品,$M_{预防} = 4.92$,$M_{促进} = 4.12$。假设5得到验证。

再次,为了检验知觉流畅性在商标标识形状、个体调节聚焦和信息框架三重交互中的中介作用,根据叶宝娟、温忠麟(2013)研究中对被中介的调节检验方法一的步骤,相应的三个模型估计值如表5-5所示。①以商标标识形状(LS),个体调节聚焦(RF),信息框架(IF),商标标识和个体调节聚焦的交互项(LSRF),商标标识和信息框架的交互项(LSIF),个体调节聚焦和信息框架的交互项(RFIF),商标标识、个体调节聚焦和信息框架的交互项(LSRFIF)为自变量,消费者的购买意向为因变量,进行回归分析,商标标识、个体调节聚焦和信息框架的交互项与消费者的购买意向的关系显著($\beta = -0.141$,$t = -2.732$,$p = 0.027 < 0.05$)。②以商标标识形状(LS),个体调节聚焦(RF),信息框架(IF),商标标识和个体调节聚焦的交互项(LSRF),商标标识和信息框架的交互项(LSIF),个体调节聚焦和信息框架的交互项(RFIF),商标标识、个体调节聚焦和信息框架的交互项(LSRFIF)为自变量,知觉流畅性(PF)为因变量,

进行回归分析，商标标识、个体调节聚焦和信息框架的交互项与知觉流畅性的关系显著（β = -0.237, t = -3.104, p = 0.021 < 0.05）。③以商标标识形状（LS），个体调节聚焦（RF），信息框架（IF），商标标识和个体调节聚焦的交互项（LSRF），商标标识和信息框架的交互项（LSIF），个体调节聚焦和信息框架的交互项（RFIF），商标标识、个体调节聚焦和信息框架的交互项（LSRFIF），中心化的知觉流畅性（CPF）为自变量，消费者的产品购买意向为因变量，进行回归分析，分析结果表明，加工流畅性与产品购买意向的关系显著（β = 0.572, t = 10.321, p < 0.001），商标标识、个体调节聚焦和信息框架的交互项系数绝对值小于模型 1 的系数（β = -0.052 > -0.135, t = -1.137, p = 0.274 > 0.05），这说明知觉流畅性中介商标标识、个体调节聚焦和信息框架的交互项与消费者的产品购买意向的关系。假设 6 得到验证。

表 5-5　信息框架再调节—知觉流畅性中介检验参数值

	MODEL1（DV：CA）		MODEL2（DV：PF）		MODEL3（DV：CA）	
	b	t	b	t	b	t
LS	0.274	4.725**	0.472	8.276**	0.012	0.067
RF	0.134	2.176*	0.137	2.672*	0.029	0.645
IF	0.201	2.473*	0.143	2.416*	0.036	1.047
LS × RF	-0.133	-2.107*	-0.156	-2.347*	-0.071	-1.127
LS × IF	-0.114	-1.704	-0.189	-3.378**	0.071	0.072
RF × IF	0.216	2.428*	0.140	2.402*	0.062	0.207
LS × RF × IF	-0.135	-2.233*	-0.139	-2.568*	-0.052	-1.137
CPF	—	—			0.572	10.321**

注：* 表示 $p < 0.05$；** 表示 $p < 0.01$。
资料来源：笔者研究整理。

最后，研究还借助了 Bootstrapping 技术进行了被中介的调节检验（Hayes, 2013），在 1000 次取样的情况下，检验结果显示商标标识、个体调节聚焦和信框架的交互效应系数为-0.24，95%的置信区间[-0.2796,-0.0321]不包含0，这一结果表明知觉流畅性中介商标标识、个体调节聚焦和信息框架对产品购买意向的交互效应。条件间接效应结果显示，对于促进聚焦的个体，在产品广告信息框架呈现为收获框架时，商标标识通过知觉流畅性对产品的购买意象的条件间接效应为0.57，95%的置信区间[0.3784,0.8756]不包含0，对于促进聚焦的个体，在产品广告信息框架呈现为损失框架时，商标标识通过知觉流畅性对产品的购买意象的条件间接效应为0.011，95%的置信区间[-0.2467,0.3294]包含0，对于预防聚焦的个体，在产品广告信息框架呈现为损失框架时，商标标识通过知觉流畅性对产品的购买意象的条件间接效应为0.47，95%的置信区间[0.3246,0.8776]不包含0，对于预防聚焦的个体，在产品广告信息框架呈现为收获框架时，商标标识通过知觉流畅性对产品的购买意象的条件间接效应为0.003，95%的置信区间[-0.1894,0.2011]包含0。也就是说，预防聚焦的个体在面临获得框架的广告信息时，商标标识不通过知觉流畅性对产品的购买意象产生影响，促进聚焦的个体在面临损失框架的广告信息时，商标标识不通过知觉流畅性对产品的购买意向产生影响；反之，对于预防聚焦的个体在面临损失框架的广告信息时，和促进聚焦的个体在面临收获框架的广告信息时，商标标识通过知觉流畅性对产品的购买意向产生正向影响。假设6得到验证。

四、讨论

该研究通过对商标标识和信息框架的操纵，个体调节聚焦水平的测量，检验了商标标识、个体调节聚焦和信息框架对产品购买意向的交互效应。当产品的广告信息呈现为收获框架时，个体的调节聚焦调节商标标识与产品购买意向之间的关系，促进聚焦的个体对方形商标标识的产品的购买意向较强，当产品的广告信息呈现为损失框架时，个体的调节聚焦调节商标标识与产品购买意向之间的关系，预防聚焦的个体对圆形商标标识的产品的购买意向较强。知觉流畅性中介了商标标识、个体调节聚焦和信息框架对产品购买意向的交互效应。

第四节 研究四：自我建构的调节作用

一、研究目的

检验个体的自我建构在商标标识形状与消费者对产品的态度之间的调节作用，以及知觉流畅性对个体的自我建构调节作用的中介。即验证假设7和假设8。

假设7：个体的自我建构调节商标标识形状与个体对产品态度的关系，独立型的自我对矩形的商标标识形状的产品的态度显著好于对圆形商标标识，依存型的自我对圆形标识形状的产品的态度显著好于对巨形商标标识。

假设8：个体自我建构对商标标识形状的调节作用被知觉流畅性中介。

二、实验设计与程序

本研究采用2（商标标识形状：圆形 VS. 方形）×2（个体的自我建构：独立型自我 VS. 依存型自我）的组间设计，商标标识形状通过设计图片进行操纵，个体的自我建构通过刺激材料操纵，因变量是消费者对商标设计的态度，参照以往研究，态度通过两个题项，7分量表进行测量（"你喜欢这样的商标标识形状吗？"（1=非常不喜欢，7=非常喜欢）；"你觉得这样的商标标识形状的吸引力强吗？"（1=非常没有吸引力，7=非常有吸引力），中介变量是知觉流畅性，参照 Lee 和 Aaker（2004）的研究，测量侧重加工的容易程度，两个题项，7分量表，（"你能容易地理解商标标识图片想要传递的信息吗？"（1=非常不容易，7=非常容易）；"你觉得商标标识图片传递的信息容易理解吗？"（1=非常不好理解，7=非常好理解）。191名被试参加了实验，其中女生108人，男生83人，平均年龄是19.3岁。

问卷共分为四个部分，第一部分是对个体自我建构的启动，包括启动材料和对自我建构启动操纵成功与否的测量，第二部分是向被试呈现商标标识形状的图片，让被试做出对该图片的评价，第三部分是关于知觉流畅性的测量，第四部分是询问了被试个体基本信息,包括年龄和性别。

自我建构的启动借鉴Ybarra和Trafimow(1998)的方法,要求被试阅读一段故事,故事包含两个版本,一个版本使用"我""我的"作为人称代词,另一个版本使用"我们""我们的"作为人称代词,阅读"我""我的"材料的被试被操控成独立型自我,而阅读"我们""我们的"材料的被试被操控成依存型自我。故事的内容如下:在中国古代,各个国家都为了扩大自己的领域而会不断地发生战争,与不同的对手作战会需要不同的征战将领,这些征战将领一般都来自大臣的推荐,研究发现,大臣们往往会推荐自己团队的成员,如杨家将的故事中,在国家遇到危险的时候,再次找到杨母让推荐一名善战的将领出兵打仗,杨母考虑再三,最终选择了自己的儿子杨六郎。为什么大家都偏爱于推荐自己团队中的成员?后来人们分析,推荐自己团队的成员的原因可能是因为(故事的前半部分):(独立型自我启动)选择自己团队的成员作为推荐人可以给我带来丰厚的回报,首先,能够稳固我在组织中的地位,其次,我推荐的人员的优秀其实更能增加我自己的优秀感,再次,对于被推荐人而言也增加了他的自我优秀的感觉,最后,如果被推荐的将领表现得好,我能够得到组织对我的奖励。(依存型自我启动)选择自己团队的成员作为推荐人可以给我们这个团队带来丰厚的回报,首先可以向我们的组织显示忠诚度,其次有利于向团队成员强调我们是个整体的概念,再次有利于增强被推荐人对我们这个团队的归属感,增强团队成员的自豪感,最后,如果被推荐的将领表现得好,我们这个团队会得到奖励,这个奖励同时会被大家共享。阅读完背景故事之后,进行自我建构的操纵检验,采用Mandel的方法,请被试写下10个以"我是……"开头的句子。

三、研究结果

首先,进行信度检验和操纵检验。信度进行分析采用Cronbach's α 信度系数衡量,消费者对产品广告的评价的可靠度系数 α = 0.845,知觉流畅性的可靠度系数 α = 0.805,达到可以接受的标准。对于自我建构的操纵进行检验,两个独立的编码员对关于自我建构的测量答案进行了编码,将答案分为三类认知:一是自我为中心的认知,这种类型的认知仅仅和消费者个体自身有关,如个体的特质、个体的态度、个体的信仰、个体的能力等,如"我是能干的";二是以群体为中心的认知,这种类型的认知是与人口统计类别或与自己所在同个组织或群体相关的认知,如"我是一个教师";三是以他人为中心的认知,这种类型的认知是指那些反应对他人的关系或对他人的反应的认知,比如"我是不愿意和他人发生冲突的人"。以自我为中心的认知是基于独立自我的认知,以群体为中心的认知是基于依存型自我的认知,以他人为中心的认知和本研究没有直接相关的关系,所以不做分析。两个编码员的一致系数为0.92,对编码不一致的答案通过讨论决定最后的编码。操纵检验的结果表明,依存型组的被试产生了更多关于以群体为中心的认知的句子,$M_{依存}=3.39$,$M_{独立}=2.69$,$F=5.83$,$p=0.026<0.05$;独立型组的被试产生了更多关于以自我为中心的认知的句子,$M_{依存}=2.76$,$M_{独立}=3.69$,$F=3.38$,$p=0.038<0.05$。这说明自我建构的操纵是成功的。

其次,检验假设。本书将圆形商标标识赋值为1,方形商标标识赋值为-1,将独立型自我建构赋值为1,将依存型自我建构赋值为-1,对知觉流畅性进行中心化。为了检验个体的自我建构在商标标识形状和消费者对广告的态度之间的调节作用,以商标标识形状、个体的自我建构为自变量,以消费者对广告的态度为因变量进行方差分析,分析结果表明商标标识形状和个体的自我建构对消费者对产品的态度的交互效应显著,$F(1,187)=6.02$,$p=0.012<0.05$,$\eta^2=0.045$,假设7得到验证。在个体处于独立型自我建构情境下,方形商标标识组的被试和圆形商标标识组的被试在对广告的态度上存在显著差异,方形商标标识组的被试比圆形商标标识组的被试对产品的态度更好,$M_{方形}=5.23$,$M_{圆形}=4.24$,$t(95)=3.064$,$p=0.005<0.05$,在个体处于依存型自我建构情境下,方形商标标识组的被试和圆形商标标识组的被试在对产品的态度上存在显著差异,圆形商标标识组的被试比方形商标标识组的被试对产品的态度更好,$M_{方形}=4.06$,$M_{圆形}=5.16$,$t(92)=3.002$,$p=0.011<0.05$,如图5-5所示。另外,商标标识形状对广告吸引力的评价的主效应不显著,$F(1,187)=2.007$,$p=0.124>0.05$,$\eta^2=0.011$,$M_{圆形}=4.34$,$M_{方形}=4.07$,个体自我建构对消费者对广告吸引力的评价的主效应不显著,$F(1,187)=2.024$,$p=0.132>0.05$,$\eta^2=0.020$,$M_{独立}=3.98$,$M_{依存}=4.27$。

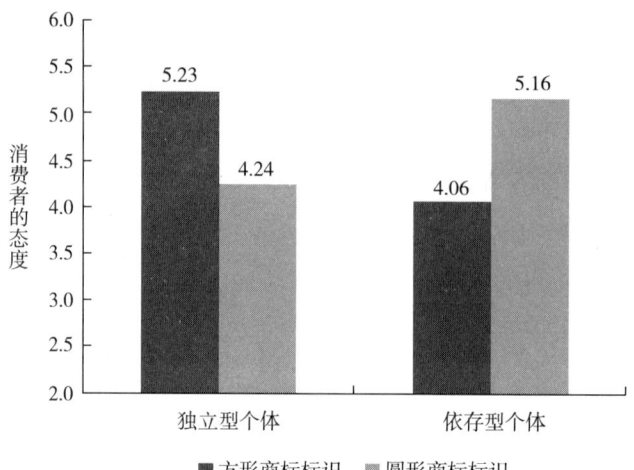

图 5-5 情境启动个体自我建构的调节作用

资料来源：笔者研究整理。

为了检验知觉流畅性对个体自我建构的调节作用的中介，根据 Muller、Judd 和 Yzerbyt（2005）的研究中对被中介的调节的检验步骤，将商标标识形状作为自变量，个体自我建构作为调节变量，中心化的知觉流畅性作为中介变量，相应的三个模型估计值如表 5-6 所示。①以商标标识形状（LP）、个体自我建构（IC）、商标标识形状和个体自我建构的交互项（LPIC）为自变量，产品广告的吸引力为因变量，进行回归分析，商标标识形状和个体自我建构的交互项（LPIC）与产品广告的吸引力的关系显著（$\beta = -0.205$，$t = -2.768$，$p = 0.010 < 0.05$）。②以商标标识形状（LP）、个体自我建构（IC）、商标标识形状和个体自我建构的交互项（LPIC）为自变量，知觉流畅性（PF）为因变量，进行回归分析，商标标识形状和个体自我建构的交互项与知觉流畅性（PF）的关系显著（$\beta = -0.247$，$t = -3.601$，$p = 0.001 < 0.05$）。③以商标标识形状（LP）、个体自我建构（IC）、商标标识形状和个体自我建构的交互项（LPIC）、知觉流畅性（PF）、知觉流畅性和个体自我建构的交互项（ICPF）为自变量，产品广告的吸引力为因变量，进行回归分析，分析结果表明，知觉流畅性（PF）与产品广告的吸引力的关系显著（$\beta = 0.579$，$t = 10.080$，$p < 0.001$），商标标识形状和个体自我建构的交互项的系数绝对值小于模型 1 中商标标识形状和个体自我建构的交互项的系数（$\beta = -0.032 > -0.205$，$t = -0.757$，$p = 0.471 > 0.05$），这说明知觉流畅性中介个体的自我建构对商标标识形状与消费者对产品的态度关系的调节作用。根据总间接效应公式，对于依存型的个体，圆形商标标识通过知觉流畅性对消费者对广告的吸引力的总间接效应为 0.27，对于独立型的个体，方形商标通过知觉流畅性对消费者对产品的态度的总间接效应为 0.32。这说明针对圆形商标标识，依存型的个体通过知觉流畅性对广告的吸引力产生正向的影响，而针对方形商标标识，独立型的个体通过知觉流畅性对产品的态度产生正向的影响。假设 8 得到验证。

另外，研究还借助了 Bootstrapping 技术进行了被中介的调节检验（Shrout，Bolger，2002；Preacher，Rucker 和 Hayes，2007），在 1000 次取样的情况下，检验结果显示商标标识形状和个体自我建构的交互效应的系数为 -0.31，95% 的置信区间 [-0.3478，-0.1054] 不包含 0，这一结果表明知觉流畅性中介商标标识形状和个体自我建构的交互项对产品广告的吸引力的交互效应。条件间接效应结果显示，对于依存型的个体，圆形商标标识通过知觉流畅性对消费者对产品的态度的条件间接效应为 0.42，95% 的置信区间 [0.1407，0.3989] 不包含 0，对于独立型的个体，方形商标标识通过知觉流畅性对消费者对产品的态度的条件间接效应为 0.37，95% 的置信区间 [0.1956，0.5759] 不包含 0，也就是说，对于依存型自我，圆形商标标识通过知觉流畅性对广告的吸引力产生正面的影响，而对于独立型自我，方形商标标识通过知觉流畅性对广告的吸引力产生正面的影响，Bootstrapping 技术得出的结果与 Muller，Judd 和 Yzerbyt（2005）研究方法得出的结论基本上是一致的。假设 8 得到验证。

表 5-6 自我建构交互效应中介检验参数值

	MODEL1（DV：DP）		MODEL2（DV：PF）		MODEL3（DV：DP）	
	b	t	b	t	b	t
LS	0.120	1.379	0.129	2.012*	0.031	0.502
IC	0.141	1.966	0.137	2.131*	-0.194	-0.649
LSIC	-0.205	-2.768**	-0.247	-3.601**	-0.032	-0.757
PF	—	—	—	—	0.579	10.080**
PFIC	—	—	—	—	0.251	0.830

注：* 表示 $p<0.05$；** 表示 $p<0.01$。

资料来源：笔者研究整理。

四、讨论

该研究通过对商标标识形状的操纵，对个体自我建构的情境操纵，检验个体自我建构对商标标识形状与产品广告吸引力评价关系的调节作用。当消费者处于依存型自我建构启动后，圆形商标标识组的被试比方形商标标识组的被试对广告吸引力的评价增加，当消费者处于独立型自我建构启动后，方形商标标识组的被试比圆形商标标识组的被试对广告的吸引力的评价增加。也就是说，个体自我建构调节了商标标识形状与广告的吸引力评价之间的关系，另外，研究结果表明加工流畅性中介了商标标识形状与个体的自我建构之间的交互效应。

第五节　研究五：信息调节聚焦的再调节作用

一、研究目的

检验广告信息调节聚焦对个体自我建构与商标标识形状交互作用的调节，以及知觉流畅性对广告信息调节聚焦、个体自我建构、商标标识形状三重交互作用的中介。即验证假设9和假设10。

假设9：广告信息的调节聚焦对个体自我建构对商标标识形状与消费者对产品的购买意向之间关系的调节作用进行再调节，当广告信息是促进性聚焦时，独立型的自我建构调节商标标识形状与消费者对产品的购买意向之间的关系，当广告信息是预防性聚焦时，依存型的自我建构调节商标标识形状与消费者对产品的购买意向之间的关系。

假设10：知觉流畅性中介广告信息的调节聚焦对个体的自我建构对商标标识形状与消费者对产品的购买意向调节作用的再调节。

二、实验设计与程序

研究采用2（商标标识形状：圆形 VS. 方形）×2（自我建构：独立型自我

VS. 依存型自我）×2（信息调节聚焦：促进聚焦 VS. 预防聚焦）的混合设计，个体自我建构是组内因素，商标标识形状和信息调节聚焦是组间设计。自变量商标形状和调节变量信息调节聚焦都采用操纵的方法，调节变量个体的自我建构通过量表进行测量，中介变量知觉流畅性通过 3 个题项进行测量，消费者的购买意向作为因变量。189 名在校本科学生参加了实验，其中男生 88 名，女生 101 名，平均年龄 22.6 岁。

该研究主要由三部分组成，第一部分，测量被试的自我建构倾向。第二部分是向被试展示刺激广告，该广告包括两部分的内容，由商标标识图案和关于产品的广告信息组成，然后让被试回答关于知觉流畅性的问题，关于知觉流畅性的测量，借鉴 Thompson 和 Hamilton（2006）的研究，测量个体的意象加工流畅感知，通过 3 个题项（"看完该广告非常容易产生心理意象""看完广告后脑海中产生的心理意象非常清晰""看了广告花费了很久的时间才能够想象到产品"。7 分量表，1 = 非常不同意；7 = 非常同意）进行测量，然后做出购买意向的决策。研究的第三部分是关于被试的个体信息的填写，包括性别和年龄。

自我建构作为个体的一种特质，本研究采用测量量表的方式进行，依据使用范围最广泛的 Singelis（1994）量表，大量的权威杂志和文献使用了该量表，该量表包含独立自我建构与相依自我建构两个维度，共 24 个测量题项，其中 12 个测项测量独立自我建构，另外 12 个测项测量相依自我建构，要求被试在 7 点量表上评估测项符合自身的程度（1 = 非常不同意，7 = 非常同意），如表 5 - 7、表 5 - 8 所示。但该量表在不少的文献中被发现，由于被试所在的文化环境和生活环境的不同可能对题项的理解存在比较大的差异性，量表的验证性分析发现，该量表的拟合度较差。基于该种考虑，在本研究中对该量表的题项进行了双向翻译，对一些题项的措辞进行反复修改。对于该量表的使用，借鉴以往的研究，两种自我建构的测量项目分别加总的均值即为被试的自我建构的指数，采用 Holland 等的方法，个体自我建构的指数是用独立自我测量的标准化指数减去依存型自我标准化指数，指数越大标识被试的独立自我的倾向较强，指数越小反映被试的依存型自我的倾向较强。

表 5-7 依存型自我测量

1. 我尊敬我周围的权威人物
2. 我非常看重和我周围的人保持融洽的关系
3. 我的快乐来自我周围人的快乐
4. 我愿意在公共交通工具上把我的座位让给我的老师
5. 我非常尊重谦虚的人
6. 我为了自己所在组织的利益愿意牺牲掉个人的利益
7. 我经常感觉到我和他人之间的关系比我自己取得成功重要
8. 我在作出求学或职业选择的决定时会认真考虑我父母的建议
9. 我非常重视团队做出的决定
10. 当组织需要我的时候,即使这个组织让我觉得不开心,我也会留在组织里
11. 当我的兄弟姐妹做错事了,我会自责
12. 我会尽量避免采用冲突的方法解决非常不赞成组织成员的某些做法的问题

资料来源：Singelis T M. The Measurement of Independent and Interdependent Self - Construals [J]. Personality and Social Psychology Bulletin, 1994, 20 (5): 580-591.

表 5-8 独立型自我测量

1. 我宁愿直接地拒绝,也不愿意承担被别人误解的风险
2. 在团队中大声地说话对我来讲不是一件难事
3. 拥有丰富的想象力对我而言非常重要
4. 我非常喜欢被当众表扬或奖励的感觉
5. 我在家里和在学校的表现一样
6. 当我和比我年长的人的名字重复时,我不会感到不自然
7. 我认为生活中最基本的关注点是要照顾好自己
8. 我喜欢和我周围的人交往的时候选择直接坦率的沟通方式
9. 无论沟通对象是谁,我喜欢采用一样的沟通方式
10. 我享受在各个方面都与众不同的感觉
11. 我非常看重我与他人在身份方面的独立性
12. 我认为自己的身体健康高于生活中的任何其他事情

资料来源：Singelis T M. The Measurement of Independent and Interdependent Self - Construals [J]. Personality and Social Psychology Bulletin, 1994, 20 (5): 580-591.

广告信息调节聚焦的操纵借鉴（Zhao 等，2013）的研究，促进聚焦的广告信息描述为："喝牛奶有助于你更好地成长！牛奶含有丰富的营养物质，比如维他命 B1、B2，依据营养成分分析报告，每天喝牛奶能够给你的身体提供更多的能量，强健你的身体素质，并且有助于阻碍你在老年之后身体的钙流失！"预防聚焦的广告信息描述为："喝牛奶能够帮助你预防疾病！牛奶含有丰富的营养物质，如维他命 B1、B2，依据营养成分分析报告，每天喝牛奶能够预防皮肤疾病、降低患癌的概率，并且能够降低老年人心脏病发病的可能性。"

三、研究结果

首先，进行信度检验和操纵检验。信度进行分析采用 Cronbach's α 信度系数衡量，消费者对产品的购买意向的可靠度系数购买 $\alpha = 0.0.827$，个体自我建构的可靠度系数 $\alpha = 0.881$，达到可以接受的标准。为检验自变量信息调节聚焦的操纵是否有效，类似于前面的研究分析，通过让被试回答"您认为这则广告是倾向于强调自己能够得到什么（避免什么）？"进行 7 级打分，对于促进聚焦的广告信息被试认为强调了个体能够"得到什么"，$M_{促进} = 5.64$，$M_{预防} = 4.15$，$F(1, 189) = 37.35$，$p < 0.001$，而对于预防聚焦的广告信息被试认为强调个体应该"避免什么"，$M_{预防} = 5.76$，$M_{促进} = 3.91$，$F(1, 189) = 51.75$，$p < 0.001$，由此证明操纵成功。

其次，验证假设。首先分析商标标识与个体的自我建构的交互作用会影响到被试的购买意向。双因素方差分析显示，商标标识形状因变量"消费者的购买意向"的影响不显著（$F(1, 185) = 0.031$，$p > 0.1$），个体的自我构建对因变量"消费者的购买意向"的影响也不显著（$F(1, 185) = 0.171$，$p > 0.1$），商标标识与个体的自我建构的交互作用对因变量"消费者的购买意向"的影响显著（$F(1, 185) = 23.171$，$p < 0.001$），如图 5-6 所示。其中，依存型的被试对于圆形商标标识的产品的购买意向显著性地高于对方形商标标识的产品的购买意向（$M_{圆形} = 4.65$，$SD = 1.55$；$M_{方形} = 3.57$，$SD = 1.46$，$F(1, 187) = 25.171$，$p < 0.001$），独立型的被试对于方形商标标识的产品的购买意向显著性地高于对圆形商标标识的产品的购买意向（$M_{方形} = 5.15$，$SD = 1.78$；$M_{圆形} = 3.97$，$SD = 1.41$，$F(1, 187) = 32.231$，$p < 0.001$）。假设 9 得到验证。

再次，检验知觉流畅性的中介作用。首先检验在独立型自我组中，知觉流畅性在商标标识形状和产品购买意向之间是否起到了中介作用。通过 Bootstrap 方法检验知觉流畅性的中介作用。自变量（商标标识形状）到因变量（产品的购买意向）的间接效应和间接效应的标准差通过 Bias – Corrected Bootstrap 方法（5000次）进行估计（Preacher，Rucker 和 Hayes，2007）。参照 Baron 和 Kenny（1986）的研究，Bootstrap 给出了中介检验的结果，从而得到了相应的系数 a、b、c 和 c'，如图 5 – 7 所示。商标标识形状通过知觉流畅性进而影响因变量的间接效应显著（95%，CI：LLCI = – 0.512，ULCI = – 0.162，不包括 0），同时，商标标识形状对产品购买意向的直接效应显著（β = – 0.202，SE = 0.076，p = 0.039 < 0.5），而系数 c' 比系数 c 有明显下降。由此可见，知觉流畅性部分中介了商标标识形状对消费者购买意向的影响。

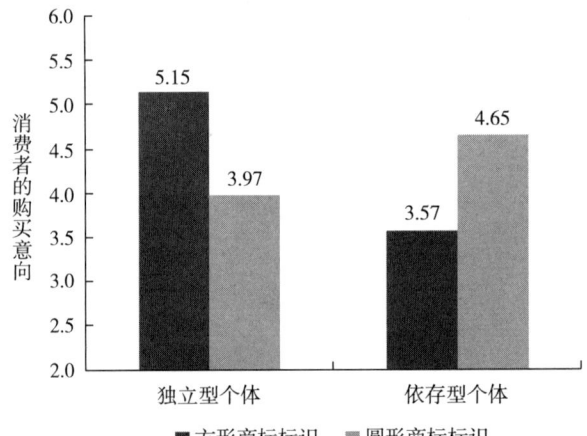

图 5 – 6　量表测量自我建构的调节作用

资料来源：笔者研究整理。

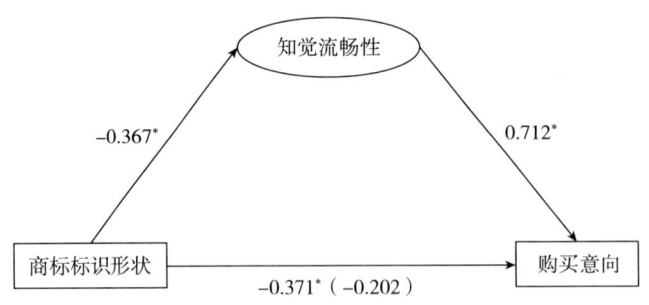

图 5 – 7　知觉流畅性对独立型自我的中介作用

注：* 表示 $p < 0.001$。

资料来源：笔者研究整理。

又次，检验在依存型自我组中，知觉流畅性在商标标识形状和产品购买意向之间是否起到了中介作用。通过 Bootstrap 方法检验加工流畅性的中介作用。自变量（商标标识形状）到因变量（产品的购买意向）的间接效应和间接效应的标准差通过 Bias – Corrected Bootstrap 方法（5000 次）进行估计（Preacher，Rucker 和 Hayes，2007）。参照 Baron 和 Kenny（1986）的研究，Bootstrap 给出了中介检验的结果，从而得到了相应的系数 a、b、c 和 c'，如图 5 – 8 所示。商标标识形状通过知觉流畅性进而影响因变量的间接效应显著（95%，CI：LLCI = 0.007，ULCI = 0.463，不包括 0），同时，商标标识形状对产品购买意向的直接效应显著（β = 0.196，SE = 0.079，p = 0.047 < 0.5），而系数 c' 比系数 c 有明显下降。由此可见，知觉流畅性部分中介了商标标识形状对消费者购买意向的影响。假设 10 得到验证。

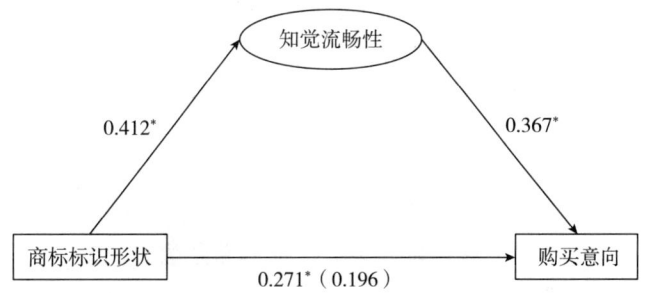

图 5 – 8　知觉流畅性对依存型自我的中介作用

注：＊表示 p < 0.001。

资料来源：笔者研究整理。

最后，检验商标标识形状、自我建构、信息调节聚焦的三重交互效应对因变量的影响。借鉴 Barone 和 Roy（2010b）的研究进行三重效应的检验，在他们的研究中的三个自变量包括两个分类变量和一个连续型的变量，而在本实验中，商标的标识形状和广告信息是两个分类变量，而个体的自我建构是通过量表的测量所得，是一个连续型的变量。本书通过分层回归的方法进行检验。由于个体的自我建构和消费者的购买意向是连续型变量，为了防止出现多重共线性的问题，需要对其进行中心化的处理（Aiken 和 West，1991；Cohen，West 和 Aiken，2003）。回归分析的第一个阶段验证所有的主效应，包括商标标识形状类型（LP）、个体的自我建构（IC）和广告信息（AR）对消费者的购买意向的影响；第二个阶段验证所有的自变量两者之间的交互效应，包括商标标识形状和个体的自我建构（LPIC）、商标标识和广告信息（LPAR）和个体的自我建构和广告信息（ICAR）对消费者的购买意向的影响；第三个阶段验证商标标识形状、个体的自我建构、商标广告信息（LPICAR）的三者交互效应对消费者的购买意向的影响。结果显示，R^2在二阶段模型和三阶段模型的变化是显著的（$p < 0.05$），并且三个自变量的三重交互作用对消费者的产品购买意向的影响是显著的（$\beta = -0.334$，$t = -2.216$，$p = 0.017 < 0.05$）。并且商标标识形状和个体的自我建构（LPIC）的交互效用对因变量的影响是显著的（$\beta = -0.479$，$t = -4.276$，$p = 0.013 < 0.05$），商标标识和广告信息（LPAR）的交互效用对因变量的影响是显著的（$\beta = 0.347$，$t = 2.918$，$p = 0.009 < 0.01$），个体的自我建构和广告信息（ICAR）的交互效用对因变量的影响是显著的（$\beta = 0.297$，$t = 2.276$，$p = 0.033 < 0.05$）。上述结果说明商标标识形状、个体的自我建构、商标广告信息（LPICAR）的三者交互效应对消费者的购买意向的影响是显著的。

为了更清楚地了解商标标识、个体的自我建构和信息调节聚焦三者之间是如何交互的，借鉴Barone和Roy（2010b）的研究，把个体的自我建构作为一个二分变量进行方差分析，以考察商标标识、个体调节聚焦和消费者的产品购买意向之间的关系，如图5-9和图5-10所示。当信息呈现为促进聚焦时，商标标识和个体自我建构的交互效应显著，$F(1, 92) = 4.105$，$p < 0.05$，商标标识的主效应显著，$F(1, 92) = 19.76$，$p < 0.001$，$M_{方形} = 4.74$，$M_{圆形} = 3.45$。对于方形商标组，独立型的被试比依存型的被试对目标产品的购买意向更高，$t(42) = 3.79$，$p < 0.01$，对于圆形商标组，依存型的被试和独立型的被试对目标产品的购买意向差异不显著，$t(48) = 1.57$，$p = 0.372 > 0.05$。个体的自我建构的主效应显著，$F(1, 89) = 11.84$，$p = 0.001 < 0.05$，$M_{独立} = 5.16$，$M_{依存} = 4.05$。对于独立型的被试，方形商标的产品购买意向要显著性地高于对圆形商标的产品的购买意向，$t(41) = 2.99$，$p < 0.01$，对于依存型的被试，圆形商标的产品购买意向和方形商标的产品的购买意向差异不显著，$t(46) = 1.26$，$p = 0.276 > 0.05$。当信息呈现为预防聚焦时，商标标识和个体自我建构的交互效应显著，$F(1, 89) = 10.475$，$p < 0.05$，商标标识形状的主效应显著，$F(1, 89) = 4.01$，$p = 0.048 < 0.05$，$M_{圆形} = 4.84$，$M_{方形} = 4.25$。对于圆形商标组，依存型的被

试的购买意象高于独立型的被试，t（39）=3.71，p<0.05，对于方形商标组，独立型的被试和依存型的被试的购买意向差异不显著，t（43）=0.89，p=1.32>0.05。个体的自我建构的主效应显著，F（1，89）=6.69，p=0.011<0.05，$M_{依存}$=4.92，$M_{独立}$=4.01，对于依存型的被试，圆形产品的购买意向显著高于对方形产品的购买意向，t（39）=4.71，p<0.05，对于独立型的被试，圆形产品的购买意向和方形产品的购买意向的差异不显著，t（43）=1.19，p=0.92>0.05。

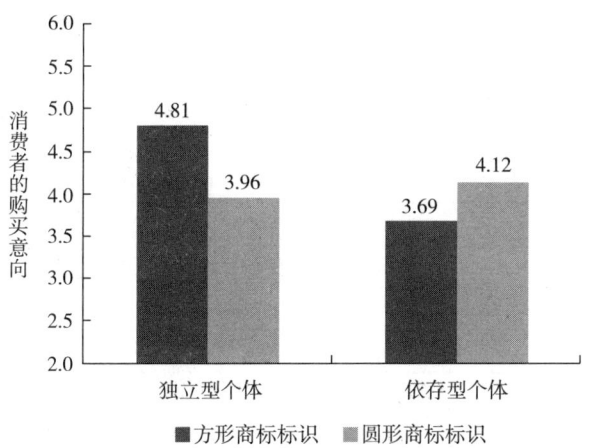

图5－9　促进聚焦信息的再调节作用

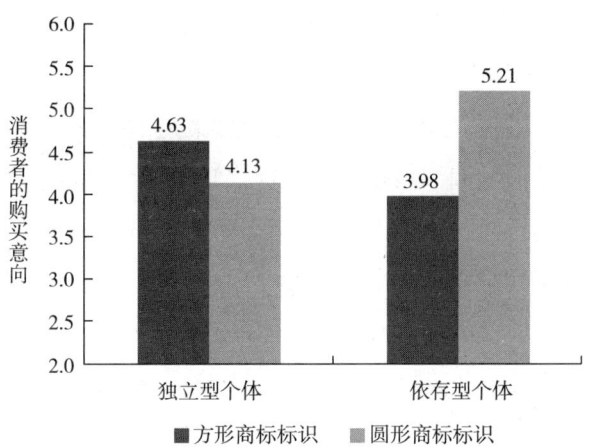

图5－10　预防聚焦信息的再调节作用

资料来源：笔者研究整理。

为了检验知觉流畅性在商标标识形状、个体调节聚焦和信息框架三重交互中的中介作用，根据叶宝娟和温忠麟（2013）研究中对被中介的调节检验方法一的步骤，相应的三个模型估计值如表 5-9 所示。

表 5-9　信息调节聚焦再调节—知觉流畅性中介检验参数值

	MODEL1（DV：CA）		MODEL2（DV：PF）		MODEL3（DV：CA）	
	b	t	b	t	b	t
LP	0.238	3.972**	0.438	7.952**	0.011	0.047
IC	0.119	2.127*	0.207	2.671*	0.031	0.682
AR	0.141	2.431*	0.151	2.650*	0.047	1.103
LC×IC	-0.201	-3.007*	-0.139	-2.199*	-0.061	-1.102
LC×AR	-0.131	-1.742	-0.212	-4.201**	0.002	0.001
IC×AR	0.103	1.629	0.127	2.425*	0.031	0.213
LC×IC×AR	-0.235	-3.233*	-0.239	-2.341*	-0.039	-1.233
CPF	—	—	—	—	0.480	10.265**

注：*表示 p<0.05；**表示 p<0.01。

资料来源：笔者研究整理。

①以商标标识形状类型（LP）、个体的自我建构（IC）和广告信息聚焦（AR）、商标标识和个体自我建构的交互项（LPIC）、商标标识和广告信息聚焦的交互项（LPAR）、个体自我建构和广告信息聚焦的交互项（ICAR）、商标标识、个体自我建构和信息调节聚焦的交互项（LPICAR）为自变量，消费者的购买意向为因变量，进行回归分析，商标标识、个体自我建构和信息调节聚焦的交互项与消费者的购买意向的关系显著（β=-0.235，t=-3.233，p=0.006<0.05）。②商标标识形状类型（LP）、个体的自我建构（IC）和广告信息聚焦（AR）商标标识和个体自我建构的交互项（LPIC）、商标标识和广告信息聚焦的交互项（LPAR）、个体自我建构和广告信息聚焦的交互项（ICAR）、商标标识、个体自我建构和信息调节聚焦的交互项（LPICAR）为自变量，知觉流畅性为因变量，进行回归分析，商标标识、个体自我建构和信息调节聚焦的交互项与知觉流畅性的关系显著（β=-0.239，t=-2.196，p=0.013<0.05）。③以商标标

识形状类型（LP）、个体的自我建构（IC）和广告信息聚焦（AR）、商标标识和个体自我建构的交互项（LPIC）、商标标识和广告信息聚焦的交互项（LPAR）、个体自我建构和广告信息聚焦的交互项（ICAR）、商标标识、个体自我建构和信息调节聚焦的交互项（LPICAR）、中心化的知觉流畅性（CPF）为自变量，消费者的产品购买意向为因变量，进行回归分析，分析结果表明，知觉流畅性与产品购买意向的关系显著（$\beta = 0.480$，$t = 10.265$，$p < 0.001$），商标标识、个体自我建构和信息调节聚焦的交互项系数绝对值小于模型1的系数（$\beta = -0.039 > -0.135$，$t = -1.233$，$p = 0.303 > 0.05$），这说明知觉流畅性中介商标标识、个体调节聚焦和信息框架的交互项与消费者的产品购买意向的关系。

另外，研究还借助了 Bootstrapping 技术进行了被中介的调节检验（Hayes,2013），在1000次取样的情况下，检验结果显示商标标识、个体自我建构和信息调节聚焦的交互效应系数为-0.21，95%的置信区间[-0.4576，-0.0339]不包含0，这一结果表明知觉流畅性中介商标标识、个体自我建构和信息调节聚焦对产品购买意向的交互效应。条件间接效应结果显示，对于独立型自我建构的个体，在产品广告信息呈现为促进聚焦时，商标标识通过知觉流畅性对产品的购买意象的条件间接效应为0.66，95%的置信区间[0.3978，0.8672]不包含0，在产品广告信息呈现为预防聚焦时，商标标识通过知觉流畅性对产品的购买意象的条件间接效应为0.007，95%的置信区间[-0.1734，0.6572]包含0。条件间接效应结果显示，对于依存型自我构建的个体，在产品广告信息呈现为预防聚焦时，商标标识通过知觉流畅性对产品的购买意象的条件间接效应为0.67，95%的置信区间[0.3871，0.9646]不包含0，在产品广告信息呈现为促进聚焦时，商标标识通过知觉流畅性对产品的购买意象的条件间接效应为0.004，95%的置信区间[-0.2016，0.1966]包含0。也就是说，依存型的个体在面临促进聚焦的广告信息时，商标标识不通过知觉流畅性对产品的购买意象产生影响，独立型的个体在面临预防聚焦的广告信息时，商标标识不通过知觉流畅性对产品的购买意向产生影响；反之，对于依存型的个体在面临预防聚焦的广告信息时，商标标识通过知觉流畅性对产品的购买意向产生正向影响，独立型的个体在面临促进聚焦的广告信息时，商标标识通过知觉流畅性对产品的购买意向产生正向影响。

四、讨论

本书通过对商标标识和信息调节聚焦的操纵，个体自我建构的测量，检验了商标标识、个体自我建构和信息调节聚焦对产品购买意向的交互效应。当产品的广告信息呈现为促进聚焦时，个体的自我建构调节商标标识与产品购买意向之间的关系，独立型的个体对方形商标标识的产品的购买意向较强，当产品的广告信息呈现为预防聚焦时，个体的自我建构调节商标标识与产品购买意向之间的关系，依存型的个体对圆形商标标识的产品的购买意向较强。知觉流畅性中介了商标标识、个体自我建构和信息的调节聚焦对产品的购买意向的交互效应。

第六节 研究六：品牌的调节作用

一、研究目的

检验品牌类型在商标标识形状与购买意向之间的调节作用，以及知觉流畅性对品牌类型的调节作用的中介作用。即验证假设11和假设12。

假设11：品牌类型调节商标标识形状与消费者购买意向之间的关系，当品牌是温暖型时，消费者对圆形商标标识的产品的购买意向高于方形商标标识，当品牌是能力型时，消费者对方形商标标识的产品的购买意向高于圆形商标标识。

假设12：知觉流畅性中介品牌类型对商标标识形状与消费者购买意向之间关系的调节作用。

二、实验设计与程序

本研究采用2（商标标识形状：圆形 VS. 方形）×2（品牌类型：温暖型品牌 VS. 能力型品牌）的组间设计，商标标识形状通过设计图片进行操纵，品牌类型通过关于品牌的描述操纵，因变量是消费者的购买意向，参照以往研究，购买意向通过三个题项，7分量表进行测量（"你有多大可能会购买这个产品？"

(1 = 非常不可能,7 = 非常可能);"你有购买这个产品的意向吗?"(1 = 完全没有,7 = 极有可能);"你有考虑购买这个产品吗?"(1 = 完全没有考虑,7 = 完全有考虑),中介变量是知觉流畅性,通过三个题项("看完该品牌介绍和商标标识非常容易产生使用旅行箱过程的心理意象","看完该品牌介绍和商标标识后脑海中产生关于旅行箱的心理意象非常清晰"和"看完该品牌介绍和商标标识花费了很久的时间才能够想象到使用产品的样子"。7分量表,1 = 完全不同意,7 = 完全同意)。184名被试参加了实验,其中女生107人,男生87人,平均年龄是22.3岁。

本研究的问卷包括四个部分,第一部分是商标标识与品牌的描述,第二部分是关于知觉流畅性的测量,第三部分是购买意向的测量,第四部分是被试的个人信息,包括性别和年龄。商标标识形状的操纵借鉴Jiang、Gorn和MariaGalli(2016)的研究,品牌类型的操纵借鉴Aaker、Vohs和Mogilner(2010)的研究,温暖型的品牌描述为:CGYU品牌在10年的时间内共向社会捐赠价值120万件的物品,10所希望小学,向社会提供工作岗位1203个。能力型的品牌的描述为:CGYU品牌在10年间的产品质量投诉率在行业内最低,并且投诉率在逐年下降,目前企业1203个岗位中拥有本科以上学历的员工比重达到78%,其中,硕士以上的员工比重为34%。

三、研究结果

首先,进行量表信度分析和操纵检验。信度进行分析采用Cronbach's α 信度系数衡量,知觉流畅性的信度系数 α = 0.837,购买意向的信度系数 α = 0.879,满足可靠性的检验标准。对调节变量品牌类型的操纵进行检验,温暖感知和能力感知的判断均通过3个题项,7分量表进行,1 = 完全不同意,7 = 完全同意,关于温暖感知的测量题项("CGYU品牌是个有爱心的品牌""CGYU品牌能带来温暖""CGYU品牌有友好的感觉",α = 0.878),关于能力感知的测量题项("CGYU品牌的产品质量让人放心""CGYU品牌的生产效率很高""CGYU品牌的产品使用时间比较长",α = 0.837)。独立样本t检验显示,温暖型的品牌描述的温暖感知显著高于能力型的品牌描述,$M_{温暖}$ = 5.38,$M_{能力}$ = 4.05,t(28) = 16.67,$p < 0.001$。反之,能力型的品牌描述的能力感知显著高于温暖型的品牌描述,$M_{能力}$ = 5.41,$M_{能力}$ = 3.62,t(28) = 22.67,$p < 0.001$,说明品牌类型的操纵是成功的。

其次,检验自变量商标标识形状和品牌类型的交互效应及知觉流畅性的中介效应。本书将圆形商标标识赋值为1，方形商标标识赋值为 -1，将温暖型品牌赋值为1，将能力型品牌赋值为 -1，对知觉流畅性进行中心化，为了检验品牌类型在商标标识形状和消费者对产品的态度之间的调节作用，以商标标识形状、品牌类型为自变量，以消费者对产品的购买意向为因变量进行方差分析，双因素方差分析结果表明，商标标识形状和品牌类型对消费者对产品的购买意向的交互效应显著，$F(1, 182) = 6.12$，$p = 0.012 < 0.05$，$\eta^2 = 0.035$，如图5-11所示。对比分析显示，商标标识形状对消费者的购买意向的主效应不显著，$F(1, 182) = 1.147$，$p = 0.107 > 0.05$，$\eta^2 = 0.011$，$M_{圆形} = 4.09$，$M_{方形} = 3.51$，品牌类型对消费者的购买意向的主效应不显著，$F(1, 182) = 2.605$，$p = 0.067 > 0.050$，$\eta^2 = 0.020$，$M_{温暖} = 4.15$，$M_{能力} = 4.60$。品牌类型不同，方形商标标识组的被试和圆形商标标识组的被试在对产品的态度上存在显著差异，当品牌类型是能力型时，方形商标标识组的被试比圆形商标标识组的被试对产品的购买意向更高，$M_{方形} = 5.03$，$M_{圆形} = 4.11$，$t(96) = 3.153$，$p = 0.013 < 0.05$，当品牌类型是温暖型时，圆形商标标识组的被试比方形商标标识组的被试对产品的购买意向更高，$M_{圆形} = 5.35$，$M_{方形} = 4.19$，$t(88) = 6.842$，$p = 0.001 < 0.05$。假设11得到验证。

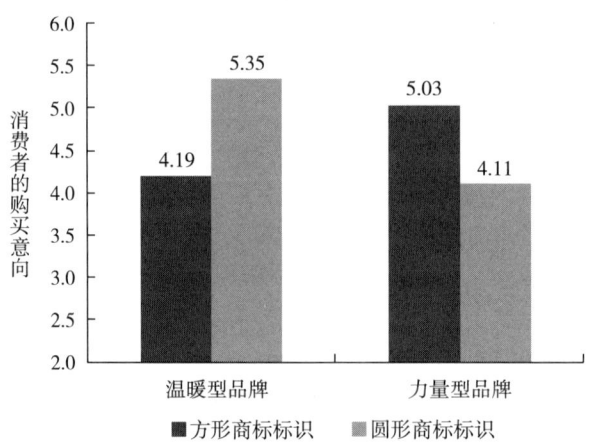

图5-11 品牌类型的调节作用

资料来源：笔者研究整理。

为了检验知觉流畅性品牌类型的调节作用的中介，根据 Muller、Judd 和 Yzerbyt（2005）的研究中对被中介的调节的检验步骤，将商标标识形状作为自变量，品牌类型作为调节变量，中心化的知觉流畅性作为中介变量，相应的三个模型估计值，如表5-10所示。①以商标标识形状、品牌类型、商标标识形状和品牌类型焦的交互项为自变量，消费者对产品的购买意向为因变量，进行回归分析，商标标识形状和品牌类型的交互项与消费者对产品的购买意向的关系显著（β=-0.205，t=-3.108，p=0.008<0.05）。②以商标标识形状、品牌类型、商标标识形状和品牌类型的交互项为自变量，知觉流畅性为因变量，进行回归分析，商标标识形状和品牌类型的交互项与加工流畅性的关系显著（β=-0.284，t=-3.401，p=0.001<0.05）。③以商标标识形状、品牌类型、商标标识形状和品牌类型的交互项、加工流畅性、知觉流畅性和品牌类型的交互项为自变量，消费者对产品的购买意向为因变量，进行回归分析，分析结果表明，知觉流畅性与消费者对产品的购买意向的关系显著（β=0.589，t=8.609，p<0.001），商标标识形状和品牌类型的交互项的系数绝对值小于模型1中商标标识形状和品牌类型的交互项的系数（β=-0.047>-0.205，t=-0.801，p=0.349>0.05），这说明知觉流畅性中介个体的调节聚焦对商标标识形状与消费者对产品的态度关系的调节作用。根据总间接效应公式，对于温暖型的品牌（SB=-1），圆形商标标识通过知觉流畅性对消费者对产品的购买意向的总间接效应为0.27，对于能力型的品牌（SB=1），方形商标通过知觉流畅性对消费者对产品的态度的总间接效应为0.21。这说明针对温暖型的品牌，圆形商标标识通过知觉流畅性对产品的购买意向产生正面的影响，而针对能力型的品牌，方形商标标识通过知觉流畅性对产品的态度产生正面的影响。假设12得到验证。

表5-10 品牌类型交互效应中介检验参数值

	MODEL1（DV：CA）		MODEL2（DV：PF）		MODEL3（DV：CA）	
	b	t	b	t	b	t
LS	0.097	1.312	0.127	2.001*	0.019	0.523
SB	0.141	1.867	0.143	2.174*	-0.187	-0.721
LSSB	-0.205	-3.108**	-0.284	-3.401**	-0.047	-0.801
PF	—	—	—	—	0.589	8.609**
PFSB					0.196	1.037

注：*表示p<0.05；**表示p<0.01。
资料来源：笔者研究整理。

另外，研究还借助了 Bootstrapping 技术进行了被中介的调节检验（Shrout, Bolger, 2002; Preacher, Rucker, Hayes, 2007），在1000次取样的情况下，检验结果显示商标标识形状和品牌类型的交互效应的系数为 -0.41, 95% 的置信区间 [-0.3987, -0.0721] 不包含0，这一结果表明知觉流畅性中介商标标识形状和品牌类型的交互项对消费者对产品的购买意向的交互效应。条件间接效应结果显示，对于温暖型的品牌，圆形商标标识通过知觉流畅性对消费者对产品的购买意向的条件间接效应为 0.47, 95% 的置信区间 [0.1621, 0.7047] 不包含0。对于能力型的品牌，方形商标标识通过知觉流畅性对消费者对产品的态度的条件间接效应为 0.37, 95% 的置信区间 [0.0867, 0.4721] 不包含0，也就是说，针对温暖型的品牌，圆形商标标识通过知觉流畅性对产品的购买意向产生正面的影响，而针对能力型的品牌，方形商标标识通过知觉流畅性对产品的购买意向产生正面的影响。由此可见，Bootstrapping 技术得出的结果与 Muller、Judd 和 Yzerbyt（2005）研究方法得出的结论基本上是一致的。假设12得到验证。

四、讨论

该研究通过对商标标识形状和品牌类型的操纵，检验品牌类型对商标标识形状与消费者对产品的购买意向关系的调节作用。在温暖型的品牌下，圆形商标标识组的被试比方形商标标识组的被试对产品的购买意向显著性增加，在能力型的品牌下，方形商标标识组的被试比圆形商标标识组的被试对产品的购买意向显著性增加。也就是说，品牌类型调节了商标标识形状与消费者对产品的购买意向之间的关系，另外，研究结果表明知觉流畅性中介了商标标识形状与品牌类型之间的交互效应。

第七节 研究七：个体的解释水平的调节作用

一、研究目的

研究目的是通过测量个体的解释水平在商标标识形状与产品属性判断之间的

调节作用,以及个体的解释水平对知觉流畅性在商标标识形状与购买意向关系中所起到的中介作用的调节。本研究包括两个实验,实验一用于验证假设13,实验二用于验证假设14。

假设13:知觉流畅性对商标标识形状与个体对产品的行为反应之间的关系的中介作用受到个体解释水平高低的调节,当个体的解释水平比较低时,知觉流畅性不中介商标标识形状与个体对产品的购买意向之间的关系,当个体的解释水平比较高时,知觉流畅性中介商标标识形状与个体对产品的购买意向之间的关系。

假设14:解释水平调节商标标识形状与消费者对产品的属性判断之间的关系。

二、实验一的实验设计与程序

实验一的研究设计过程如下,由于研究的理论分析中关于知觉流畅性的分析来自调节匹配,所以本研究的实验刺激材料包括了关于产品描述的广告信息的内容,采用2(商标标识形状和广告信息匹配程度:高 VS. 低)×2(解释水平:高 VS. 低)的混合实验设计,商标标识形状和广告信息匹配程度为组间设计,通过操纵获得,个体的解释水平为组内设计,通过行为识别量表测量(见表5-11),因变量是消费者的购买意向,知觉流畅性为中介变量。由于该研究中关于个体解释水平的测量题项有关于小孩子的问项,在校本科生不是非常合适的被试对象,所以选择了网络调查的方法。参与实验的被试有205名,其中,男生95名,女生110名,年龄是19~54岁,文化程度高中及以下的有14人,专科学历的有64人,本科学历的有99人,硕士及以上学历的有28人。

表5-11 行为识别量表(BIF)

1. 列清单	
A 把事物组织起来[a]	B 写下事物的名字
2. 读书	
A 一行一行读字	B 学习知识[a]

续表

3. 参军		
	A 保卫国家安全[a]	B 写下事物的名字
4. 洗衣服		
	A 把衣服上的怪气味清洗干净[a]	B 把衣服放进洗衣机
5. 摘苹果		
	A 取东西吃[a]	B 把苹果从树枝上取下
6. 砍树		
	A 挥舞斧子	B 获取木柴[a]
7. 测量房间用于修剪地毯		
	A 改变地毯的形状	B 作为修剪的标准[a]
8. 清理房间		
	A 彰显某人的整洁程度[a]	B 把地面打扫干净
9. 给房间喷漆		
	A 使用画笔描边	B 使房间更清新[a]
10. 支付租金		
	A 保留居住的地方[a]	B 把钱给他人
11. 照顾家里的植物		
	A 给植物浇水	B 美化房间[a]
12. 锁门		
	A 把钥匙放进锁孔里	B 保护家里的财产[a]
13. 投票		
	A 影响选举[a]	B 把选票放进投票箱
14. 爬树		
	A 看更好的风景[a]	B 抱着树干向上移动
15. 填写人格特质测试量表		
	A 回答问题	B 提高对自己的认知[a]
16. 刷牙		
	A 预防牙齿变坏[a]	B 在嘴巴里晃动牙刷
17. 参加考试		
	A 回答问题	B 展示自己的知识的机会[a]
18. 问候		
	A 打招呼	B 表示友好[a]

续表

19. 抵制诱惑	
A 拒绝	B 显示道德勇气[a]
20. 吃饭	
A 获取营养物质[a]	B 咀嚼和下咽
21. 种植菜园	
A 撒下种子	B 获得新鲜的蔬菜[a]
22. 自驾游	
A 跟着地图走	B 看看外面的世界[a]
23. 补牙洞	
A 保护牙齿[a]	B 看牙医
24. 和小孩子沟通	
A 给小孩子讲道理[a]	B 使用简单的词汇
25. 按门铃	
A 手指用力	B 参观别人的家[a]

注：a 表示高解释水平选项。

资料来源：Vallacher R R, Wegner D M. Levels of Personal Agency: Individual Variation in Action Identification. [J]. Cognitive Linguistics, 1989, 57 (4): 660 – 671.

在进行正式实验前，先进行了预测试，由于在前面的研究分析中得出结论，刺激信息匹配程度越高，个体对产品的态度和购买意向越强，所以，本实验的刺激图片包括了商标和对应的广告信息，本实验的刺激物是羽绒服，借鉴 Yuwei Jiang 等（2016）的研究，与方形商标标识匹配的产品广告语是"经久耐穿，一直保暖"，与圆形商标匹配的广告是"柔软舒服，一直保暖""经久耐穿，一直保暖"与圆形商标标识不匹配，"柔软舒服，一直保暖"与方形商标不匹配。在预测试中，让被试对这四种刺激材料进行匹配程度判断，通过两个题项（"你觉得该广告语和商标的形状表达的意思一样吗？""你觉得该广告表达了商标标识想要传递的信息了吗？"7 分量表，1 = 完全不同意，7 = 完全同意）。64 名在校本科生参加了被试，实验结果显示，独立样本 t 检验，方形商标与"经久耐穿"的匹配程度显著高于与"柔软舒服"的匹配程度，$M_{经久} = 5.14$，$M_{柔软} = 4.21$，t (32) = 4.871，$p < 0.001$；圆形商标与"柔软舒服"的匹配程度显著高于与

"经久耐穿"的匹配程度,$M_{柔软}=5.47$,$M_{经久}=3.98$,t(32)=7.769,$p<0.001$;进一步对比分析,方形商标与"柔软舒服"的匹配度显著低于圆形商标与"柔软舒服"的匹配度,$M_{方形}=4.21$,$M_{圆形}=5.47$,t(32)=10.769,$p<0.001$,圆形商标与"经久耐穿"的匹配程度显著低于方形商标与"经久耐穿"的匹配程度,$M_{圆形}=3.98$,$M_{方形}=5.14$,t(32)=22.219,$p<0.001$。所以,本实试验中刺激图片是包含了两种商标标识和"柔软舒服,一直保暖"的广告语的组合。

正式实验中的问卷包含五个部分,第一部分测量被试的解释水平,解释水平的个体差异采用广泛被采用的 Vallacher 和 Wegner(1989)的行为识别量表(BIF)进行测量,该量表中包含了 25 个测试条目,是关于 25 种行为的两种解释,一种解释是实现目标的具体动作或具体行为,另一种解释是实现目标的意义或原因。例如,锁门这个行为,一种解释是把钥匙插进钥匙孔里,另一种解释是保护财产安全,前者的解释就是低水平解释,后者是高水平解释。被试完成这 25 种行为的解释描述,参照以往研究,每个被试选中的高解释描述的个数作为个体解释水平的得分,根据被试的 BIF 的分数分为高低解释水平条件,在本研究中按照被试的 BIF 得分,依据中位数进行分组,选择高解释水平的描述大于 8 的定义为高解释水平,小于 8 的定义为低解释水平。第二部分是向被试呈现刺激图片,即带有广告信息的商标标识。第三部分是让被试回答对于刺激图片信息加工的容易程度,采用 3 个题项进行测量。第四部分是让被试回答对该产品的购买意向。第五部分是关于被试的个人基本的描述,包括性别、年龄、学历三项。

三、研究结果

首先,进行量表的信度分析和自变量的操纵检验。信度进行分析采用 Cronbach's α 信度系数衡量,因变量购买意向的可靠度系数为 $α=0.849$,中介变量知觉流畅性的可靠度系数 $α=0.817$,符合可以接受的标准。自变量的操纵的检验,通过让被试回答"你觉得广告的吸引力如何"来测量,结果显示,圆形商标标识的图片的吸引力高于方形商标标识的图片($M_{圆形}=5.01$,SD=1.67;$M_{方形}=4.39$,SD=1.84;F(1,203)=2.97,$p=0.037<0.05$),说明两个实验材料呈现的信息有差异。对解释水平高低的独立样本 t 检验的结果表明,高解

释水平组的 BIF 的得分显著高于低解释水平组的 BIF 的得分，$M_{低}=5.421$，$M_{高}=8.698$，$t(1,203)=13.165$，$p<0.001$。

其次，调节效应的分析，本研究将方形商标的刺激物赋值为 -1，圆形商标的刺激物赋值为 1，低解释水平赋值为 -1，高解释水平赋值为 1。为了检验解释水平在商标标识与购买意向关系中的调节作用，以商标标识和解释水平为自变量，购买意向为因变量进行方差分析，分析结果表明商标标识与解释水平对购买意向的交互效应显著，$F(1,202)=3.94$，$p=0.027<0.05$，$\eta^2=0.030$，如图 5-12 所示。商标标识对消费者购买意向的主效应显著，$F(1,202)=3.74$，$p=0.006<0.05$，$\eta^2=0.040$，$M_{方形}=4.37$，$M_{圆形}=5.25$，个体的解释水平对消费者的购买意向的主效应不显著 $F(1,202)=1.129$，$p=0.476>0.05$，$\eta^2=0.006$，$M_{高}=4.95$，$M_{低}=5.09$。在高解释水平的情况下，圆形商标组的被试比方形商标组的被试在购买意向有显著差异，$M_{圆形}=5.05$，$M_{方形}=3.97$，$t(93)=3.242$，$p=0.021<0.05$，在低解释水平的情况下，圆形商标组的被试和方形商标组的被试在购买意向上有显著差异，$M_{圆形}=3.67$，$M_{方形}=4.23$，$t(80)=4.282$，$p<0.001$。假设 13 得到验证。

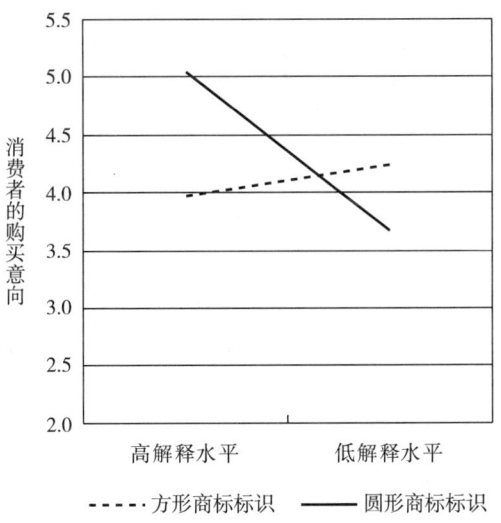

图 5-12 个体的解释水平对购买意向的调节作用

资料来源：笔者研究整理。

最后，分析被调节的中介效应，本研究采用了两个步骤检验知觉流畅性被调节的中介作用。第一个步骤是将知觉流畅性这一中介变量中心化，在解释水平取不同值的情况下检验知觉流畅性的中介作用。在低解释水平下，知觉流畅性没有中介商标标识与购买意向之间的关系，因为知觉流畅性与购买意向之间的关系不显著，$\beta = 0.154$，$t = 1.372$，$p = 0.216 > 0.05$，当回归模型中同时纳入商标标识和知觉流畅性作为自变量时，商标标识和购买意向的关系不显著，$\beta = -0.102$，$t = -0.712$，$p = 0.483 > 0.05$，知觉流畅性与购买意向的关系也不显著，$\beta = 0.184$，$t = 1.434$，$p = 0.253 > 0.05$，这说明知觉流畅性不满足中介检验的标准。而在高解释水平下，知觉流畅性中介了商标标识与购买意向之间的关系，因为商标标识与购买意向之间的关系显著，$\beta = 0.573$，$t = 3.812$，$p < 0.001$，知觉流畅性与购买意向之间的关系显著，$\beta = 0.523$，$t = 6.334$，$p < 0.001$，商标标识与知觉流畅性之间的关系显著，$\beta = 0.832$，$t = 10.576$，$p < 0.001$，当在以商标标识为自变量，购买意向为因变量的线性回归模型中加入知觉流畅性作为另一个自变量时，知觉流畅性与购买意向之间的关系显著，$\beta = 0.367$，$t = 3.301$，$p = 0.014 < 0.05$，而商标标识与购买意向之间的关系变得不显著，$\beta = 0.137$，$t = 1.207$，$p = 0.218 > 0.05$，这说明知觉流畅性完全满足中介检验的四个标准。

第二个步骤是利用 Bootstrapping 方法检验知觉流畅性被调节的中介作用，在 1000 次取样的情况下，分析结果表明知觉流畅性的间接效应系数为 0.59，在 95% 的置信区间 [0.2191, 0.7383] 不包含 0。条件间接效应结果表明，在低解释水平下，知觉流畅性的间接效应系数为 0.27，在 95% 的置信区间 [-0.1714, 0.3741] 包含 0，在高解释水平下，知觉流畅性的间接效应系数为 0.77，在 95% 的置信区间 [0.1498, 0.8176] 不包含 0。这一结果同样表明在低解释水平下，知觉流畅性没有中介商标标识与购买意向之间的关系，但是在高解释水平下，知觉流畅性中介了商标标识与产品购买意向之间的关系。假设 13 得到验证。

在现实生活中，有的企业的商标标识是由圆滑的角和尖锐的角的两者的结合，如大众轿车的商标形状就是外部是圆形内部包含着尖锐的角等，服装品牌探路者是外部是方形内部包含着圆滑的角，对于这样的组合型的商标会被如何解读，补充实验以验证个体的解释水平的调节作用。

四、实验二的实验设计与程序

采用2(组合型商标标识:外方内圆 VS. 外圆内方)×2(解释水平:高 VS. 低)的组间设计,组合型商标标识通过图片刺激进行操纵,个体的解释水平通过地图辨析进行操纵,因变量是被试对产品的属性的判断。145名在校本科生参加了被试,女生98名,男生47名,平均年龄21.4岁。

该研究共分为三个部分,第一部分是关于被试的解释水平的操纵,借鉴 Forster,Liberman 和 Kuschel(2008)的研究,通过被试观察一个国家的地图去操纵,在低解释水平组的被试要求去尽可能关注地图中的细节内容,并且告知后面的任务是要求他们回答地图中细节问题,在高解释水平组的被试要求尽可能地关注地图中城市的框架信息,对地图的整体进行把控,同样告知被试后面的任务是要求他们从整体的角度回答问题。第二部分是向被试呈现组合商标标识的刺激图片,该刺激图片是一个产品的商标标识的形状,刺激图片有两种,一种是外轮廓是圆形,包含着一些尖锐的角,另一种是外轮廓是方形,包含着一些圆滑的角。第三部分是因变量测量,测量被试对产品属性的判断。

预测试,为了检验自变量的操纵是否成功,38名在校本科生参加了预测试,分为两组分别呈现实验刺激图片中的一种,让被试对图片的吸引力进行打分,由两个题项构成($\alpha = 0.82$),采用7分量表,从1(非常不喜欢,非常不美观)到7(非常喜欢,非常美观),包含"你是否喜欢这个商标设计""你觉得这个商标设计的美观感知怎么样"。独立样本 t 检验的结果表明,两组刺激图片的吸引力的得分没有显著差异,$M_{外圆内方} = 5.421$,$M_{外方内圆} = 5.698$,$t(1, 36) = 1.135$,NS。证明自变量的图片操纵是成功的。

五、研究结果

本研究将外方内圆的商标的刺激物赋值为 -1,外圆内方的商标的刺激物赋值为1,低解释水平赋值为 -1,高解释水平赋值为1。为了检验解释水平在商标标识与产品属性关系中的调节作用,以商标标识和解释水平为自变量,产品属性感知为因变量进行方差分析。首先,分析商标标识和解释水平的交互作用对产品的柔软属性感知的影响。结果表明商标标识对产品的柔软属性的主效应不显著

（F（1，143）＝1.61，p＝0.116＞0.05）。解释水平对因变量的主效应不显著（F（1，143）＝1.129，p＝0.476＞0.05）。商标标识与解释水平对产品柔软属性感知的交互效应显著（F（1，143）＝4.63，p＝0.007＜0.05），如图5－13所示。对比分析，在高解释水平的情况下，被试认为外圆内方的商标标识的柔软属性感知（M＝5.12，SD＝1.35）显著高于外方内圆的商标标识（M＝4.19，SD＝1.69）（F（1，71）＝10.11，p＜0.001），在低解释水平的情况下，被试认为外方内圆的商标标识的柔软属性感知（M＝5.34，SD＝1.76）显著高于外圆内方的商标标识（（M＝4.21，SD＝1.09）（F（1，71）＝6.34，p＜0.001）。

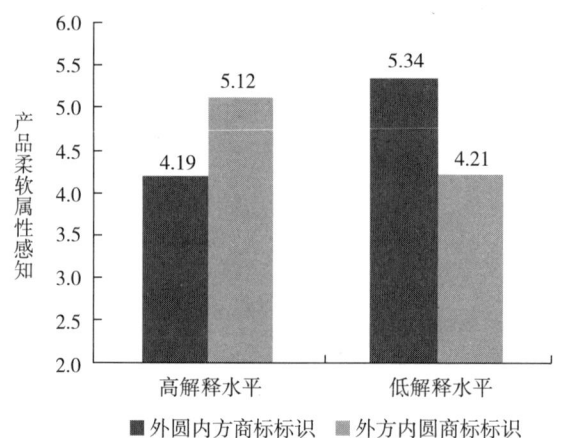

图5－13 解释水平对产品柔软属性感知的调节作用

资料来源：笔者研究整理。

其次，分析商标标识和解释水平的交互作用对产品的耐用属性感知的影响。结果表明商标标识对产品的耐用属性的主效应不显著（F（1，143）＝0.79，p＞0.1），解释水平对因变量的主效应不显著（F（1，143）＝1.651，p＝0.476＞0.05）。商标标识与解释水平对产品耐用属性感知的交互效应显著（F（1，143）＝16.73，p＜0.001），如图5－14所示。对比分析，在高解释水平的情况下，被试认为外方内圆的商标标识的耐用属性感知（M＝4.98，SD＝1.37）显著高于外圆内方的商标标识（M＝3.76，SD＝1.45）（F（1，72）＝17.11，p＜0.001），在低解释水平的情况下，被试认为外圆内方的商标标识的耐用属性感知（M＝5.07，SD＝1.11）显著高于外方内圆的商标标识（（M＝4.12，SD＝1.35）（F（1，72）＝17.04，p＜0.001）。假设14得到验证。

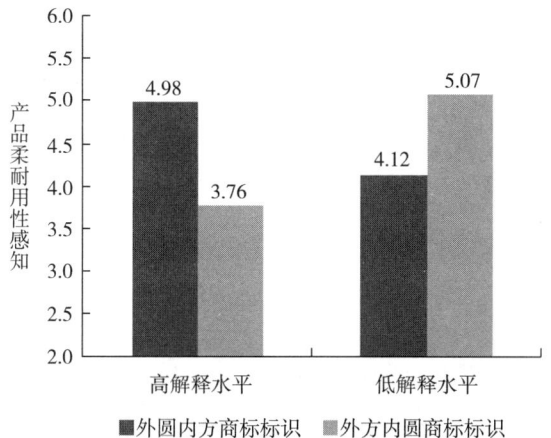

图 5-14　解释水平对产品耐用属性感知的调节作用

资料来源：笔者研究整理。

六、讨论

实验结果表明，解释水平的高低会对消费者的知觉加工流畅性的影响产生调节作用。在高解释水平下，商标形状与其他因素的匹配程度越高，消费者对产品的评价和购买意象越强，因为匹配程度越高会提高消费者对信息加工的容易程度，而信息之间的匹配程度取决于不同信息的核心内容的相似性，也就是对不同刺激信息的本质特征进行提炼后所反映的内容的一致性程度，而这种对信息的提炼就是对信息的高解释水平的解读，那么在被试处于高解释水平对信息进行理解时会显著性提高被试对产品的评价。而在低解释水平下，被试更倾向于从细节、具体的刺激信息特征入手去判断刺激信息，信息的匹配程度越高，所产生的加工流畅性是关注于各种刺激信息的抽象的、本质的特征，那么与低解释水平对于信息流畅性的加工过程或产生弱化的作用。

在研究中还分析了两种商标组合情况下解释水平的调节作用。在高解释水平下，被试关注刺激对象的架构特征，外方内圆的商标标识会比外圆内方的商标标识产生更强的产品耐用性的属性特征，而外圆内方的商标标识会比外方内圆的商标标识产生更强的产品柔软性的属性特征。在低解释水平下，被试关注刺激对象的细节特征，外方内圆的商标标识会比外圆内方的商标标识产生更强的产品柔软性的属性特征，而外圆内方的商标标识会比外方内圆的商标产生更强的产品耐用性的属性特征。

第八节 研究八：个体结构化需求的调节作用

一、研究目的

检验个体的结构化需求差异在商标标识形状与支付意愿之间的调节作用，以及个体的结构化需求对知觉流畅性在商标标识形状与购买意向关系中所起到的中介作用的调节。即验证假设15。

假设15：知觉流畅性对商标标识形状与消费者的购买意向之间的关系的中介作用受到个体结构化需求高低的调节，当个体的结构化需求比较低时，知觉流畅性不中介商标标识形状与消费者的购买意向之间的关系，当个体的结构化需求比较高时，知觉流畅性中介商标标识形状与消费者的购买意向之间的关系。

二、实验设计与程序

由于研究的理论分析中关于加工流畅性的分析来自调节匹配，所以本研究的实验刺激材料包括了关于产品描述的广告信息的内容，采用2（商标标识形状和广告信息匹配程度：高 VS. 低）×2（个体结构化需求：高 VS. 低）的混合实验设计，商标标识形状和广告信息匹配程度为组间设计，个体的结构化需求为组内设计，通过个体结构化需求量表测量，因变量是消费者的支付意愿，加工流畅性为中介变量，通过三个题项进行测量。参与实验的被试有147名，其中，男生65名，女生82名，平均年龄21.3岁，本科生103人，硕士生44人。

本研究包括两个独立的研究，第一个研究测量被试的个体结构化需求，个体结构化需求差异采用 Neuberg 和 Newsom（1993）的个体结构化需求测量量表，该量表中包含了12个测试条目，其中第2、5、6、11题项的得分要进行反转（7分量表，1＝非常不同意，7＝非常同意），如表5-12所示。第二个研究向被试呈现刺激广告材料，依据上个研究（解释水平），本研究的自变量选择了两种商标标识和"经久耐穿，柔软保暖"的广告组合（见附录），在认真看完刺激广告后让被试做出对刺激信息加工的容易程度的判断,最后完成关于对目标产品的支付意愿的测量。

表 5-12 个体结构化需求量表

1. 当我进入一个我一无所知的环境时,我会觉得很不舒服
2. 我能够心平气和地接受打乱我日常生活节奏的事件
3. 我不能够心平气和地接受打乱我日常生活节奏的事件
4. 我非常享受井井有条的生活节奏
5. 我享受顺其自然的过程
6. 我认为按部就班的生活非常单调和乏味
7. 我不喜欢生活中的不确定性的安排
8. 我不喜欢在最后时刻去调整原有计划
9. 我讨厌和捉摸不透的人在一起
10. 我更喜欢提前安排好有序的生活节奏
11. 我非常享受未知的环境带给我的惊喜的感觉
12. 面对模棱两可的安排我会觉得很不安

资料来源:Neuberg S L, Newsom J T. Personal Need for Structure:Individual Bifferences in the Desire for Simple Structure [J]. Journal of Personality & Social Psychology, 1993, 65 (1):113-131.

三、研究结果

首先,进行量表的信度分析和操纵检验。个体的结构化需求的信度系数 α = 0.876,加工流畅性的信度系数 α = 0.922,满足量表可靠度的要求。刺激广告的操纵检验在上个研究中已经获得证实,本研究不再进行重述。

其次,分析两种商标标识广告与个体的结构化需求的交互作用。由于个体化的结构化需求是连续性变量,所以将该变量进行中心化处理,将标准化处理过的个体结构化需求与两种商标标识做乘积项,并把商标标识形状类型、个体的结构化需求、标准化处理过的个体的结构化需求和商标标识乘积同时纳入回归模型,验证每种因素对因变量支付意愿的影响是否显著。多元回归分析显示,商标标识类型对消费者的支付意愿的影响显著(β = 0.441, t = 3.125, p = 0.008 < 0.01),个体的结构化需求和商标标识的乘积项对支付意愿的影响显著(β = -0.374, t = −2.175，p = 0.019 < 0.05）。为了检验在不同的商标标识形状下个体的结构化需求影响因变量支付意愿的交互效应，本研究借鉴（李研等，2014）的研究，检验在不同的商标标识形状下个体结构化需求影响支付意愿的斜率。把"商标标识形状"设置为 Y，连续性变量"个体的结构化需求"设置为 X，把"方形商标（0）或圆形商标（1）"设置为哑变量 Z。首先得到回归方程：

$$Y = 0.400X - 0.032Z - 0.414XZ + 0.005 \quad (5-1)$$

当 Z = 0 时，

$$Y = 0.400X + 0.005 \quad (5-2)$$

当 Z = 1 时，

$$Y = -0.014X - 0.027 \quad (5-3)$$

数据分析显示，在圆形商标标识下，被试个体的结构化需求对支付意愿的影响斜率为 −0.014，未达到显著水平（p > 0.1），在方形商标标识下，被试个体的结构化需求对支付意愿的影响斜率为 0.400，达到显著水平（p < 0.05）。即在圆形商标标识下，个体的结构化需求与支付意愿之间的关系不显著，而在方形商标标识下，个体的结构化需求与支付意愿之间呈正相关关系。如图 5 – 15 所示。

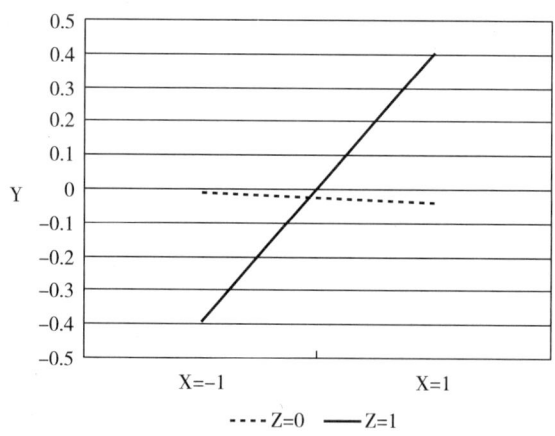

图 5 – 15 中心化的个体的结构化需求的调节作用

注：Z = 0 表示方形商标，Z = 1 表示圆形商标；X = −1 表示个体的结构化需求比较低，X = 1 表示个体的结构化需求比较高。

资料来源：笔者研究整理。

下面通过 Spotlight 分析个体结构化需求的调节作用，在结构化需求的均值上增加一个标准差或减少一个标准差，通过使个体的结构化需求的数据的平均值漂移增加或降低，即通过对结构化需求增加一个常数，从而使平均值上下漂移。在个体的结构化需求的均值上增加或减少一个标准差检验在回归方程中自变量商标标识形状是否显著影响了消费者的支付意愿。被标准化处理后的"个体的结构化需求"的均值为 0，标准差为 1，因此，构建以下三个回归方程：

当个体的结构化需求比较低 X = -1 时，

$$Y = 0.382Z - 0.395 \tag{5-4}$$

当个体的结构化需求处于均值 X = 0 时，

$$Y = -0.032Z + 0.005 \tag{5-5}$$

当个体的结构化需求比较高 X = 1 时，

$$Y = -0.446Z + 0.405 \tag{5-6}$$

根据以上三个回归方程构建个体的结构化需求与商标标识形状的交互效应示意图，如图 5-16 所示。

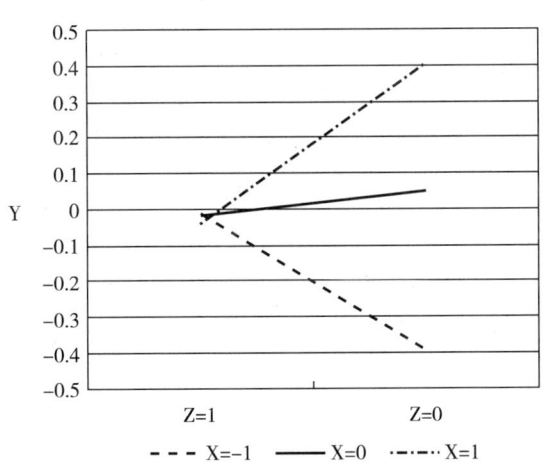

图 5-16 Spotlight 分析个体的结构化需求的调节作用

注：Z=0 表示方形商标，Z=1 表示圆形商标；X=-1 表示个体的结构化需求比较低，X=0 表示个体的结构化需求处于均值，X=1 表示个体的结构化需求比较高。

资料来源：笔者研究整理。

再次，检验加工流畅性被调节的中介效应。分析在个体的结构化需求这一调节变量不同的取值情况下加工流畅性的中介作用。当个体的结构化需求比较低时，加工流畅性没有在商标标识和支付意愿的关系中发挥中介作用，因为中介变量加工流畅性与因变量支付意愿之间的关系不显著，$\beta = -0.137$，$t = -1.534$，$p = 0.143 > 0.05$，当回归模型中包含了自变量商标标识形状的广告和中介变量加工流畅性作为自变量时，自变量商标标识形状对因变量支付意愿的影响不显著，$\beta = -0.219$，$t = -1.658$，$p = 0.073 > 0.05$，加工流畅性与被试的支付意愿的关系也不显著，$\beta = 0.113$，$t = 0.871$，$p = 0.826 > 0.05$，这说明加工流畅性不满足中介检验的条件。而当个体的结构化需求比较高时，加工流畅性在商标标识形状与支付意愿的关系中发挥了中介作用，因为商标标识形状与支付意愿之间的关系显著，$\beta = 0.319$，$t = 3.217$，$p = 0.009 < 0.05$，加工流畅性与支付意愿之间的关系显著，$\beta = 0.601$，$t = 5.582$，$p < 0.001$，商标标识形状与加工流畅性的关系显著，$\beta = 0.496$，$t = 6.136$，$p < 0.001$，并且在以商标标识形状作为自变量，支付意愿作为因变量的线性回归模型中加入加工流畅性作为另一个自变量时，加工流畅性与支付意愿的关系显著，$\beta = 0.523$，$t = 5.464$，$p < 0.001$，而商标标识形状与支付意愿的关系变得不再显著，$\beta = 0.173$，$t = 0.461$，$p = 0.483 > 0.05$，这说明加工流畅性完全满足中介检验的四个标准。

最后，利用 Bootstrapping 方法检验加工流畅性被调节的中介作用，在 1000 次取样的情况下，分析结果表明加工流畅性的间接效应系数为 0.61，在 95% 的置信区间 [0.3271, 0.8649] 不包含 0。条件间接效应结果表明，在个体的结构化需求比较低时，加工流畅性的间接效应系数为 -0.19，在 95% 的置信区间 [-0.2174, 0.4846] 包含 0，在个体的结构化需求比较高时，加工流畅性的间接效应系数为 0.42，在 95% 的置信区间 [0.2101, 0.7864] 不包含 0。这一结果同样表明当个体的结构化需求比较低时，加工流畅性没有中介商标标识与支付意愿之间的关系，但是当个体的结构化需求比较高时，加工流畅性中介了商标标识与支付意愿之间的关系。假设 15 得到验证。

四、讨论

实验结果表明，个体的结构化需求是加工流畅性的一个边界条件，当个体的结构化需求比较高时,加工流畅性会提升个体对目标刺激物的支付意愿,而当个体的结构化需求比较低时,加工流畅性会弱化个体对目标刺激物的支付意愿。这个研究结论从另一个角度说明,产品的刺激信息匹配度高与产品的刺激信息匹配度低时,结构化需求低的个体对目标产品的支付意愿并没有显著性的差异,这就很好地解释了,为什么反差较大的信息,反而能够获得消费者的青睐。

第六章 结论

本章共包含四个部分,第一部分是对整个研究的总结,提炼阐述本书研究的思路框架;第二部分是研究的主要结论,包括研究假设的提出和对应的检验结果;第三部分是研究的理论贡献和实践价值;第四部分是研究局限和未来研究方向。

第一节 研究总结

在消费者行为研究领域,感官营销的研究越来越得到理论界和实践界的重视,占据信息总量一半以上的视觉刺激信息的视觉营销获得了研究学者的极大关注(如 Krishna,2012)。在视觉营销的研究中,大多数研究关注于视觉刺激因素具有的象征意义对产品属性判断的影响(Bar 和 Neta,2006;钟科等,2015),或对品牌属性判断的影响(Spence 和 Deroy,2012;Hanson-Vaux,Crisinel 和 Spence,2013),而对构成品牌视觉刺激因素的商标标识形状的研究很少。消费者所处环境中的所有因素都会影响到消费者的心理和行为,无论是 3D 的立体空间形状还是 2D 的平面形状,包括动态的 2D 形状和静态的 2D 形状都会影响到消费者对信息的解读(Bowyer,Chang 和 Flynn,2006)。那么消费者会如何解读企业商标标识形状特征,以及消费者的解读过程会受到哪些因素再次影响,商标标识形状最终如何影响消费者的行为的心理机制等问题亟待分析。因此,本书主要关注商标标识形状的角的特征对消费者的购买意向的影响。

第六章 结论

本书研究内容共有五章，第一章是关于整个研究的背景介绍，为什么研究该主题，计划如何来研究该主题，包括研究的方法、研究的技术路线和本书的整体架构安排。

第二章是关于商标标识研究领域文献的梳理，基于视觉营销在理论研究领域和实践领域的重要性以及品牌战略的重要性，商标作为品牌战略中重要的视觉刺激组成部分，梳理商标标识形状作为品牌商标的重要的、具体的构成因素的象征意义。

第三章是关于视觉刺激效应的基础心理认知理论分析，通过对感官营销理论和心理意象理论文献梳理，首先提出个体解读图片信息的能力具有差异性，个体长期形成的信息加工方式倾向即动机强度也不相同，其次确认个体对图片刺激信息的解读来自刺激信息的象征意义，而刺激信息的象征意义来自后天个体习得的心理意象。那么，从逻辑上分析，个体特质会影响个体对图片刺激信息的理解，又由于个体的特质会受到情境因素的影响，所以，调节匹配理论作为确定分析因素之间的关系理论基础最为合适，为研究假设的调节作用做铺垫。基于个体加工信息的难易程度会有力地影响个体的态度和行为，所以加工流畅性成为研究的又一理论基础，为研究假设的中介作用做铺垫。

第四章基于第三章的文献梳理和理论分析，归纳总结影响商标标识形状对消费者态度和行为之间关系的变量，并提出相应的假设。个体的自我建构、个体的调节聚焦、品牌类型和个体的身份角色会调节影响商标标识形状的效应，并且自我建构的调节作用被信息调节聚焦再调节，个体的调节聚焦的调节作用被信息框架再调节，上述调节变量和商标标识形状的交互作用被知觉流畅性中介，知觉流畅性的中介效应又被个体的结构化需求和个体的解释水平调节。

第五章通过实验法，进行了8个实证研究，借鉴以往的研究，对同样的变量采用了不同的测量或操纵方法，选择多样化的分析方法重复验证第三章提出的假设。

第二节 主要结论

本书基于心理意象理论和感官营销理论探讨分析了矩形和环形商标标识形状的不同象征意义,从个体的特质的视角分析不同特质的个体对矩形和环形商标标识的态度和行为反应,且基于调节匹配理论,分析不同类型的广告信息对不同特质的个体和不同形状的商标标识之间关系的再调节作用。研究又基于加工流畅性的视角探讨分析了上述因素之间相互作用的中介作用,以及分析了影响个体知觉流畅性的调节因素。

基于商标标识的形状的角的特征对商标标识形状进行分类,商标标识分为矩形商标标识和圆形商标标识,矩形商标标识包含有尖锐的角,圆形商标标识包含有圆润的角。依据心理意象理论的研究,尖锐的角意味着对抗、强硬、坚强、独特、进攻、冷酷、高贵,圆润的角意味着温和、协调、温柔、舒服、包容、和谐、同理心、平和。依据进化心理学的研究,尖锐的角意味着力量,圆润的角意味着温柔。依据感官营销的研究,个体对视角刺激因素的象征意义的解读会影响到个体对产品的态度和行为。

依据社会身份理论和社会分类学理论,个体的身份角色有两个,分别是社会身份角色和自我身份角色,社会身份角色强调个体和他人之间的融合性和相似性,自我身份角色强调个体和他人之间的差异性和独立性。据此,研究提出假设1和假设2,矩形和圆形商标标识会启动个体的基本需求,个体的身份角色调节商标标识形状和消费者的态度之间的关系。该假设在研究一中得到验证,研究结果显示,矩形的商标标识会启动个体的独特性需求,圆形的商标标识会启动个体的归属性需求。重视自我身份角色的个体偏爱于矩形的商标标识的产品,重视社会身份角色的个体偏爱于圆形的商标标识的产品。

依据个体调节聚焦理论,个体分为促进聚焦个体和预防聚焦个体,促进聚焦个体强调实现"理想的自我",追求个人发展和自我实现的目标,预防聚焦的个体强调实现"应该的自我",追求责任义务和满足他人的目标。据此,研究提出假设3，个体的调节聚焦调节商标标识形状和消费者的态度之间的关系。该假设在研究二中得到验证，研究结果显示，促进聚焦的个体偏爱于矩形的商标标识的产品，预防聚焦的个体偏爱于圆形的商标标识的产品。

依据框架效应，广告信息的表达方式分为获得框架和损失框架，获得框架强调个体从事某种活动能够获得的收益，亏损框架强调个体不从事某种活动带来的损失。依据调节匹配理论，个体更倾向于采取有助于实现自己的目标的策略。据此，研究提出假设5，广告信息框架对个体调节聚焦的调节作用再调节。该假设在研究三中得到验证，研究结果显示，当信息框架为获得框架时，促进聚焦调节商标标识和消费者的态度之间的关系，当信息框架为损失框架时，预防聚焦调节商标标识和消费者的态度之间的关系。

依据自我建构理论，个体可以分为独立型的自我和依存型的自我，独立型的自我更关注于自身的发展，强调个体的内部化和私人化属性，依存型的自我更关注建立和维持与他人的关系，强调个体的外部化和公共化属性。据此，研究提出假设7，个体的自我建构调节商标标识形状和消费者的态度之间的关系。该假设在研究四中得到验证，研究结果显示，独立型的自我偏爱于矩形的商标标识的产品，依存型的自我偏爱于圆形的商标标识的产品。

依据信息调节聚焦理论，广告信息可以分为促进聚焦信息和预防聚焦信息，促进聚焦信息诉求的重点是追求积极目标；反之，预防聚焦信息诉求的重点是预防消极结果的出现。依据调节匹配理论，个体更倾向于采取有助于实现自己的目标的策略。据此，研究提出假设9，广告信息调节聚焦对个体的自我建构的调节作用再调节。该假设在研究五中得到验证，研究结果显示，当广告信息为促进聚焦时，独立型自我调节商标标识和消费者的态度之间的关系，当广告信息为预防聚焦时，依存型自我调节商标标识和消费者的态度之间的关系。

依据品牌的意图能动框架，从社会—文化视角，品牌分为温暖型品牌和力量型品牌，温暖型的品牌强调善意性、亲社会性、信赖度和真诚度，力量型的品牌强调实现目标的能力和效能。据此，研究提出假设11，品牌类型调节商标标识形状和消费者的态度之间的关系。该假设在研究六中得到验证，研究结果显示，当力量型的品牌描述匹配矩形的商标标识时，消费者的购买意向显著高于对圆形商标标识的产品，当温暖型的品牌描述匹配圆形的商标标识时，消费者的购买意向显著高于对矩形商标标识的产品。

依据加工流畅性理论,个体在面对多重信息进行加工时,信息加工过程的容易程度产生的积极情绪会显著提高个体对刺激信息的偏好和感知,而信息加工过程的难易程度与不同信息之间的一致性程度正相关。据此,研究提出假设4,即加工流畅性中介个体的调节聚焦对商标标识形状的调节作用;假设6,即加工流畅性中介广告信息框架、个体调节聚焦和商标标识形状三者之间的交互作用;假设8,即加工流畅性中介个体的自我建构对商标标识形状的调节作用;假设10,即加工流畅性中介信息调节聚焦、个体自我建构和商标标识形状三者之间的交互作用;假设12,即加工流畅性中介品牌类型对商标标识形状的调节作用。加工流畅性的中介作用在研究中一一得到验证,假设2在研究一种得到验证,假设4在研究二中得到验证,假设8在研究四中得到验证,假设10在研究五中得到验证,假设12在研究六中得到验证。以上总结是关于知觉流畅性的中介调节变量的研究结论总结,下面总结调节知觉流畅性的中介作用的调节变量的研究结论。

基于解释水平理论,个体对客观事件的心理表征可以分为两种,高解释水平和低解释水平,高解释水平关注客观事件的首要特征,即关注本质的、结构化的和核心化的特征,低解释水平关注客观事件的次要特征,即关注从属性的、次要的和情景化的特征。基于此,研究提出假设13和假设14,假设13是指个体的解释水平调节知觉流畅性的中介作用,假设14是指个体解释水平的高低调节外方内圆或内圆外方的商标标识对产品属性的判断。假设13在研究七的第一个试验中得到证实,即解释水平调节加工流畅性的中介作用,当个体处于高解释水平时,加工流畅性的中介效应显著,当个体处于低解释水平时,加工流畅性的中介效应不显著。假设14在研究七的第二个试验中得到证实,即高解释水平的个体对外圆内方的商标标识倾向于采用圆形的象征意义对产品进行判断,对外方内圆的商标标识倾向于采用方形的象征意义对产品进行判断,低解释水平的个体对外圆内方的商标标识倾向于采用方形的象征意义对产品进行判断,对外方内圆的商标标识倾向于采用圆形的象征意义对产品进行判断。

基于个体结构化需求理论,结构化需求高的个体对于简单的、边界清晰的事物的偏好较高,而对于多重的、复杂的、综合性的事物的偏好较低。基于此,研究提出假设15,个体的结构化需求调节加工流畅性的中介作用。该假设在研究八中得到验证,即当个体的结构化需求比较低时,加工流畅性中介商标标识形状与个体对产品的行为反应之间的关系,当个体的结构化需求比较高时,加工流畅性中介商标标识形状与个体对产品的行为反应之间的关系。

在对假设进行验证的过程中,自变量、调节变量、中介变量都采用了不同的测量或操纵方法,以求得研究结论的外部效度,测量及操纵总结如表6-1所示。在研究中采用了卡方检验、方差分析、Boorstrap分析、回归分析和Spolight分析多种分析方法。

表6-1 调节变量测量方式及来源

变量名称	应用	方式	借鉴来源	验证结果
个体的身份角色	研究一	DUCP量表	Lynn 和 Harris（1997）	假设1、2成立
个体调节聚焦	研究二	操纵	—	假设3、4成立
	研究三	RFQ量表	Higgins 等 2001	假设5、6成立
信息框架	研究三	操纵	Lee 和 Aaker（2004）	
个体自我建构	研究四	操纵	Ybarra 和 Trafimow（1998）	假设7、8成立
	研究五	测量	Singelis（1994）	假设9、10成立
信息调节聚焦	研究五	操纵	Zhao 等（2013）	
品牌类型	研究六	操纵	Aaker 等（2010）	假设11、12成立
解释水平	研究七	BIF量表	Vallacher 和 Wegner（1989）	假设13成立
		操纵	Forster 等（2008）	假设14成立
个体结构化需求	研究八	测量	Neuberg 和 Newsom（1993）	假设15成立

资料来源：笔者研究整理。

第三节 理论贡献和实践价值

一、理论贡献

视觉刺激因素在营销中占据着非常重要的地位,商标标识又是企业品牌战略中非常重要的一个组成部分,关于商标标识的研究以往都集中在标识的色彩、表示中的文字的字体等方面,而对于标识形状的研究还很少,从心理意象的视角,以角的特征区分的商标标识形状,分析角的象征意义对消费者的影响基本没有。基于感官营销研究,个体所处环境中的任何一个微小的因素都会影响个体的态度和行为。因此,本书从角的尖锐与否的象征意义为研究的出发点,系统地分析了消费者个体特质、情境因素和标识形状的象征意义之间的关系,有助于更好地理解商标标识形状这一视觉刺激因素如何对消费者的态度和行为产生影响。从理论角度看,本书的研究意义体现在以下四个方面:

首先,拓展了商标标识形状研究的视角,丰富了商标标识形状研究的内容。以往的研究只关注两方面,一方面是从个体的认知偏差的视角,研究商标标识中的线条对产品质量的判断,另一方面是从隐喻表征的视角,研究商标标识形状对产品属性的感知。本书的研究结论证明,角的特征具备不同的象征意义,该象征意义会影响不同的个体对产品的购买意向。

其次,验证了商标标识形状会启动个体的身份角色。以往的视觉营销研究发现,个体所处的空间的特征会启动个体的自我建构,本书把立体空间对个体特质的启动,引申到平面视觉形状对个体特质的启动。研究发现圆形的标识会启动个体对社会身份角色的唤醒,矩形的商标标识会启动个体对个体身份角色的唤醒,这个结论也符合已经证实的情境因素对个体自我判断的影响的结论。

再次,提出了更完整的商标标识形状研究的框架,融合了不同特质的个体在不同类型的广告信息的条件下对不同形状的商标标识的偏好。基于调节匹配理论,个体特质、信息类型和商标标识形状三者共同构成了比较完整的研究框架。从动机视角出发,广告信息分为促进聚焦信息和预防聚焦信息,信息调节聚焦和个体自我建构、信息调节聚焦和商标标识形状之间存在匹配关系。从信息框架视角出发,广告信息分为获得框架信息和损失框架信息,信息框架和个体的调节聚焦、信息框架和商标标识形状之间存在匹配关系。

最后,归纳总结了影响上述信息综合作用的内在心理机制和边界条件。个体对刺激信息解读的难易程度会影响个体对产品的判断,所以本书认为个体的知觉流畅性是商标标识形状、个体特质和信息类型相互作用与个体的态度或行为之间关系的中介变量,假设得到验证。多重信息之间的相关性或相似性并不一定都能够带来积极的判断,这说明加工流畅性是有边界条件的,本书从个体特质的角度,证实个体的结构化需求和解释水平会影响到知觉流畅性的中介作用。

二、实践价值

企业越来越重视感官营销的作用,依据跨形态感官一致性模型,一种感官的刺激体验会影响另一种感官对刺激的判断,一种刺激信息会被不同的感官感受。所以,企业应该非常重视视觉刺激对个体的影响。本书在如何提高商标标识形状视觉刺激的效应上有以下三方面的启示。

首先,企业应该提升对商标标识设计的重视。现有研究指出,个体会对所处环境的任何微小的刺激因素做出反应,企业的商标标识无处不在,这种大规模、大频率出现的视觉刺激因素肯定会对消费者造成影响,消费者的行为或态度会无意识地发生改变。商标标识的设计应该重视设计的具体因素的象征意义,因为刺激因素的象征意义是消费者个体在后天习得的,同样的设计因素在不同的情境下有不同的象征意义。例如,在中国这个集体文化主导下的环境里,消费者个体更看重于个体的归属性需求,那么企业应该多采用圆形的商标标识。

其次,企业应该重视刺激信息表征意义的一致性。消费者个体自身的特质、企业的品牌商标、产品的广告信息这些因素的综合会形成消费者对企业的态度,或消费者对企业产品的判断。不同的刺激信息传达的内容相似性或差异性会影响消费者信息加工的难易程度,相似性越高,意味着不同的刺激信息表达的信息内容的一致性越高,个体越容易理解信息,容易理解的信息会形成个体对产品或企业有一个清晰的印象,清晰的印象会有助于消费者形成积极的态度。例如,企业设计了方形轮廓的商标标识,那么在企业进行广告信息宣传的时候采用促进聚焦、获得框架的方式肯定由于采用预防聚焦、损失框架的方式,相应地,企业的品牌描述应该强调企业的能力维度而不是企业的人文关怀维度。

最后,企业可以采用倒推的方法来设计商标标识的形状。现在企业大都是先确定企业的商标标识,做企业宣传,然后向市场推广产品,那么逻辑分析,有的时候会发生产品向市场提供的时候的目标群体不清晰从而会导致商标标识的效应无法发挥。如果采用倒推的方式,先分析产品的目标消费者群体的特质,然后确定商标标识因素的设计,最大化实现商标标识形状和个体特质之间的匹配,一方面有助于建立消费者和企业之间的关系,另一方面根据确定的、清晰的目标消费者,制定更有针对性、有效的广告信息。总之,视觉刺激的效应最终依赖于目标消费者的个体特质,因为虽然消费者是被动接受信息,但是消费者却是主动加工自己感兴趣的信息,只有向目标消费者传递了消费者感兴趣的信息才能真正的提升信息的沟通效果,消费者不感兴趣,设计再好营销手段都无法发挥作用。

第四节 研究局限和未来研究方向

本书采用实验法研究了商标标识形状对消费者的购买意向的影响,参加实验的对象大多数是在校大学生,实验对象比较单一。本书仅关注了商标标识的形状的角的特征的象征意义,而未关注构成商标标识的其他视觉刺激因素的象征意义的效应。本书中采用的商标标识形状的刺激物,大多是基于研究的需要,从标识形状的轮廓的视角进行的分析,而在现实生活中大多数的商标标识都具有比较复杂的结构,例如,大多数的商标标识都包含具体的文字,那么不同的文字的字体、文字本身代表的内涵,都会极大地影响消费者对产品的态度和购买意向。

基于感官营销理论提出的感官刺激的象征意义的一致性模型,视觉刺激未来的研究方向可以关注以下四个方面:

首先,参考商品的多维度测量模型,采用一定的方法,建立不同情境下的感官维度测量模型,如以行业作为情境分类维度,确定不同的感官体验在消费者的判断中所占的比重,制定感官营销的行业属性模型,然后企业据此制定不同的感官营销策略。例如,在有形产品制造业,产品的质量判断来自触觉所占的比重应该大于其他感官刺激;而在无形产品的服务业,产品的质量判断对于触觉的依赖性会大大降低,而对于视觉的依赖性会显著提升。那么,企业就可以依据占比最大的感官体验制定有针对性地采取感官刺激营销策略。

其次,本书仅从动机和文化的视角对个体进行了分类,但并未分析个体启动文化视角的自我归类,或动机视角的自我归类的情境。例如,个体在自己的国家可能不会启动文化视角的自我特质归来,那么基于自我建构来进行视觉刺激信息的传递就发挥不了显著的效应。而当个体到了其他国家会启动文化视角的自我特质归类，那么基于自我建构来进行视觉刺激信息的传递就有可能会发挥显著的效应。但是，也有可能20世纪60年代出生的个体到80年代出生的群体中生活时，会有文化视角的自我建构归类。那么未来的研究应该探索分析个体特质启动的情境条件是什么？即在什么样的情况下，个体会从哪个视角启动个体特质归类。

再次，商标标识是一个由多种视觉刺激因素组成的整体，那么消费者对不同的视觉刺激因素，是否都会基于心理意象的视角，对刺激因素的象征意义进行信息加工，是将来可以研究的一个方向。视觉刺激因素构成的商标标识整体，消费者在进行信息加工的时候，个体采取的信息加工方式是否会存在差异性，并且该信息加工过程又会受到哪些个体特质和情境因素的影响都是将来需要探讨分析的问题。例如，哪种类型的个体会采用自上而下的信息加工方式，一是关注商标标识整体，二是关注商标标识的具体组成因素。哪种类型的个体会采用自下而上的信息加工方式，一是关注商标标识的具体组成因素，二是关注商标标识整体。

最后，可以从情感的视角探讨分析商标标识形状中角的特征对消费者的影响。情感是影响消费判断和认知的一个非常重要的因素，很多的研究都基于刺激带来的正面或负面的情感对消费者的态度或行为的影响。例如，本书中提及的知觉流畅性的情绪联结模型就指出，信息加工过程的容易程度会带来的情绪是一种积极的情绪，而这种积极的情绪是诱导消费者对刺激信息产生积极判断的重要原因。那么在以往的研究中发现线条会让人产生情感反应，那么逻辑推理，角作为类似于线条的视觉刺激信息应该也会让个体产生情感反应，不同特征的角会产生什么样的情感反应，这种情感反应在不同特质的个体身上会产生什么样的影响都是将来的重要研究方向。

附 录

附录 A 研究一：个体身份角色的调节作用
——矩形商标标识

您好！

非常感谢您参与此次调查！恳请您根据自己的实际感觉填写问卷，答案没有对错之分。衷心感谢您的支持！本问卷调查仅用于学术研究使用！

本问卷包括三部分内容，第一部分是关于大学生个体特征的测量，第二部分是场景描述及个体的产品态度，第三部分是个人信息。

第一部分：大学生个体特征的测量

请根据个体的真实情况对下列选项进行选择。（1 = 完全不同意，7 = 完全同意）

1. 我的确非常喜欢稀有的物品。						
1	2	3	4	5	6	7
2. 相比成为时尚的追随者，我更愿意成为时尚的领导者。						
1	2	3	4	5	6	7
3. 我非常愿意购买稀缺性的产品。						
1	2	3	4	5	6	7

续表

4. 相比大规模的同质化的产品，我更喜欢定制化的产品。

| 1 | 2 | 3 | 4 | 5 | 6 | 7 |

5. 我喜欢拥有别人无法拥有的物品。

| 1 | 2 | 3 | 4 | 5 | 6 | 7 |

6. 我在购买产品时不会放过任何可以对产品进行定制改动的机会。

| 1 | 2 | 3 | 4 | 5 | 6 | 7 |

7. 我喜欢比其他人更先尝试新产品和新服务。

| 1 | 2 | 3 | 4 | 5 | 6 | 7 |

8. 我喜欢在出售不同于一般商品的场所进行购物。

| 1 | 2 | 3 | 4 | 5 | 6 | 7 |

第二部分：场景描述及个体的产品态度

下面是某种产品的商标标识，请根据自己的真实感受做出判断和选择。

1. 你看到的商标标识的图片是圆形还是矩形？

   A. 圆形　　　　　B. 矩形

2. 你看到的商标标识的图片是闭合的图形还是非闭合的图形？

   A. 闭合　　　　　B. 非闭合

3. 根据以下描述选择符合你的答案。（1 = 完全不同意，7 = 完全同意）

1. 我极有可能购买 BABA 产品。

| 1 | 2 | 3 | 4 | 5 | 6 | 7 |

2. 我一定会考虑购买 BABA 产品。

| 1 | 2 | 3 | 4 | 5 | 6 | 7 |

3. 我购买 BABA 产品的意愿程度非常高。

| 1 | 2 | 3 | 4 | 5 | 6 | 7 |

第三部分：个人信息

您的性别：男＿＿＿＿ 女＿＿＿＿　您的年龄：＿＿＿＿

附录 B　研究二：个体调节聚焦的调节作用
——促进聚焦组

您好！

非常感谢您参与此次调查！此项目是关于一个葡萄酒品牌的调查，该品牌的葡萄酒为了能够更好地进入中国市场，需要在中国的不同区域确定消费者的不同偏好，从而制定有针对性的营销策略。答案没有对错之分，恳请您根据自己的实际感觉填写问卷，衷心感谢您的支持！

本问卷包括三部分内容，第一部分是关于×××葡萄酒品牌和产品的介绍，第二部分是您对该葡萄酒商标标识的喜好判断和对广告信息的理解程度，第三部分是您的个人信息。

第一部分：×××葡萄酒品牌和产品的介绍

该品牌已有300年的历史，这款葡萄酒非常有益于健康，最大的特点是保持了原材料的原有营养成分。依据病理研究发现，喝一点葡萄酒有助于个体产生更强的能量！越来越多的研究都证明，人体每天摄入丰富的维生素C和铁能够使个体的身体达到较高的能量水平。美国农业产品质量检测协会的检测结果显示，×××品牌是100%原汁原味的葡萄酒由于其独特的酿造工艺维生素C和铁的含量远远超过普通酿造工艺的葡萄酒。×××品牌的葡萄酒的原材料来自世界上葡萄质量最好的尼亚加拉，有独有的产生超能量的功效，具有超级美好的口感。所以，为了更有力量就选择×××品牌的葡萄酒！我们非常肯定地说，×××品牌的葡萄酒能满足您追求更好的口感、更好的质量和更健康的需求目标！

第二部分：您对该葡萄酒商标标识的喜好判断和对广告信息的理解程度

下面是该葡萄酒公司提供的产品商标标识，请根据你的真实感觉做出选择。

1. 你喜欢这样的商标标识形状吗？（1 = 非常不喜欢，7 = 非常喜欢）

1	2	3	4	5	6	7

2. 你觉得这样的商标标识形状的吸引力强吗？（1 = 非常没有吸引力，7 = 非常有吸引力）

1	2	3	4	5	6	7

3. 你觉得你在对产品的介绍信息和图片刺激信息进行加工的时候容易吗？（1 = 非常不容易，7 = 非常容易）

1	2	3	4	5	6	7

4. 你觉得产品的介绍信息和图片刺激信息好理解吗？（1 = 非常不好理解，7 = 非常好理解）

1	2	3	4	5	6	7

第三部分：个人基本信息

您的性别：男＿＿＿＿＿＿＿＿女＿＿＿＿＿＿＿＿　　您的年龄：＿＿＿＿＿＿＿

附录 C　研究三：信息框架的再调节
——损失框架下的圆形商标组

您好！

非常感谢您参与此次调查！本次调查只为学术研究，答案没有对错之分，恳请您根据自己的实际感觉填写问卷。衷心感谢您的支持！

本问卷包括三部分内容，第一部分是关于大学生个体特征的测量，第二部分是场景假设，第三部分是个人信息。

第一部分：大学生个体特征的测量

1. 与大多数人相比，你无法从生活中得到你想要的。

1	2	3	4	5
从来没有/极少数		有时候		非常经常

2. 在成长的过程中，你是否做过超越红线，即做过父母无法容忍的事情。

1	2	3	4	5
从来没有/极少数		有时候		非常经常

3. 你多久会完成一次通过付出辛苦努力能够提升你的心智的事情？

1	2	3	4	5
从来没有/极少数		有几次		非常经常

4. 在你的成长过程中是否经常会做一些让你的父母神经紧张的事情？

1	2	3	4	5
从来没有/极少数		有时候		很多

5. 你是否会按照你父母建立的规矩或规则来做事情？

1	2	3	4	5
从来不		有时候		非常经常

6. 在你的成长过程中，你是否采取过你的父母觉得讨厌的方式来做事？

1	2	3	4	5
从来没有/极少数		有时候		非常经常

7. 你是否能够经常做好各种你必须努力才能做好的事情？

1	2	3	4	5
从来没有/极少数		有时候		非常经常

8. 你是否会因为没有特别小心或认真而被卷入麻烦中去。

1	2	3	4	5
从来没有/极少数		有时候		非常经常

9. 在实现目标的过程中，你的实际表现没有你想象的那么好。

1	2	3	4	5
非常不认同		有点认同		非常认同

10. 你是否感觉正在逐步实现自己的目标。

1	2	3	4	5
完全错误		有点认同		完全正确

11. 你的生活中基本没有能够引起兴趣并让你为之付出努力的活动或爱好。

1	2	3	4	5
完全错误		有点认同		完全正确

第二部分：场景假设

暑假来临，你和你的好朋友约好要去海边玩，海浪、沙滩、轻松的心情，你对这次旅行特别期待，开始慢慢准备旅行的必需物品，海边旅行肯定不能缺少防晒霜。BABA 防晒霜一直以它独有的纯植物萃取技术在市场上做推广。下面是关于该防晒霜的信息描述以及防晒霜的商标标识。

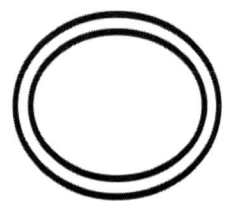

不要忽略安全，没有对太阳晒伤的危险意识将会阻碍你享受海边的轻松生活，BABA 会提醒你不要忽略了皮肤的安全。让 BABA 成为你生活的一部分吧！

请回答下列问题。（1 = 完全不同意，7 = 完全同意）

1. 我极有可能购买 BABA 产品。

1	2	3	4	5	6	7

2. 我一定会考虑购买 BABA 产品。

1	2	3	4	5	6	7

3. 我购买 BABA 产品的意愿程度非常高。

1	2	3	4	5	6	7

第三部分：个人信息

您的性别：男_____ 女_____   您的年龄：_____

附录D 研究四：个体自我建构的调节作用
——依存型自我

您好！

非常感谢您参与此次调查！恳请您根据自己的实际感觉填写问卷，答案没有对错之分。衷心感谢您的支持！本问卷调查仅用于学术研究使用！

本问卷包括两个研究的内容，第一部分是阅读封面故事并回答问题，第二部分是给某个企业选择商标标识的图片。

第一部分：阅读封面故事并回答问题

在中国古代，各个国家都为了扩大自己的领域而不断地发生战争，征战将领一般都来自大臣们的推荐，研究发现，大臣们往往会推荐自己团队的成员，例如，在杨家将的故事中，在国家遇到危险的时候，再次找到杨母让推荐一名善战的将领出兵打仗，杨母考虑再三，最终选择了自己的儿子杨六郎。为什么大家都偏爱于推荐自己团队中的成员？后来人们分析，推荐自己团队的成员的原因可能是：

推荐自己团队的成员可以给团队带来丰厚的回报，首先可以向我们的组织显示忠诚度，其次有利于向团队成员强调我们是个整体的概念，再次有利于增强被推荐人对我们这个团队的归属感，增强团队成员的自豪感，最后，如果被推荐的将领表现得好，我们这个团队会得到奖励，这个奖励同时会被大家共享。

阅读完上述故事，请造句：

1. 我是_____
2. 我是_____
3. 我是_____
4. 我是_____
5. 我是_____

6. 我是＿＿＿＿＿＿＿＿＿＿＿＿＿＿

7. 我是＿＿＿＿＿＿＿＿＿＿＿＿＿＿

8. 我是＿＿＿＿＿＿＿＿＿＿＿＿＿＿

9. 我是＿＿＿＿＿＿＿＿＿＿＿＿＿＿

10. 我是＿＿＿＿＿＿＿＿＿＿＿＿＿＿

第二部分：请帮助某个企业选择商标标识图片

您认为该企业的商标标识图片是：

1. 你喜欢这样的商标标识形状吗？（1 = 非常不喜欢，7 = 非常喜欢）							
1	2	3	4	5	6	7	
2. 你觉得这样的商标标识形状的吸引力强吗？（1 = 非常没有吸引力，7 = 非常有吸引力）							
1	2	3	4	5	6	7	
3. 你能容易地理解商标图片想要传递的信息吗？（1 = 非常不容易，7 = 非常容易）							
1	2	3	4	5	6	7	
4. 你觉得商标标识图片想要传递的信息容易理解吗？（1 = 非常不好理解，7 = 非常好理解）							
1	2	3	4	5	6	7	

第三部分：个人信息

您的性别：男＿＿＿＿＿＿ 女＿＿＿＿＿＿   您的年龄：＿＿＿＿＿＿＿＿

附录E 研究五：信息调节聚焦的再调节
——促进聚焦信息

您好！

非常感谢您参与此次调查！本问卷调查仅用于学术研究使用！答案没有对错之分，恳请您根据自己的实际感觉填写问卷。衷心感谢您的支持！

本问卷包括三个部分的内容，第一部分是关于个体的特征的测量，第二部分是阅读一则广告信息，做出自己的购买意向判断，第三部分是个人信息。

第一部分：个体的特征的测量

请根据个人的真实情况对下列两个表中的描述做出选择。（1 = 非常不同意；7 = 非常同意）

1. 我尊敬我周围的权威人物。

1	2	3	4	5	6	7

2. 我非常看重和我周围的人保持融洽的关系。

1	2	3	4	5	6	7

3. 我的快乐来自我周围人的快乐。

1	2	3	4	5	6	7

4. 我愿意在公共交通工具上把我的座位让给我的老师。

1	2	3	4	5	6	7

5. 我非常尊重谦虚的人。

1	2	3	4	5	6	7

6. 我为了自己所在组织的利益愿意牺牲掉个人的利益。

1	2	3	4	5	6	7

7. 我经常感觉到我和他人之间的关系比我自己取得成功重要。

1	2	3	4	5	6	7

8. 我在作出求学或职业选择的决定时会认真考虑我父母的建议。

1	2	3	4	5	6	7

续表

9. 我非常重视团队作出的决定。						
1	2	3	4	5	6	7

10. 当组织需要我的时候，即使这个组织让我觉得不开心，我也会留在组织里。						
1	2	3	4	5	6	7

11. 当我的兄弟姐妹做错事了，我会自责。						
1	2	3	4	5	6	7

12. 我会尽量避免采用冲突的方法解决非常不赞成组织成员的某些做法的问题。						
1	2	3	4	5	6	7

1. 我宁愿直接拒绝，也不愿意承担被别人误解的风险。						
1	2	3	4	5	6	7

2. 在团队中大声地说话对我来讲不是一件难事。						
1	2	3	4	5	6	7

3. 拥有丰富的想象力对我而言非常重要。						
1	2	3	4	5	6	7

4. 我非常喜欢被当众表扬或奖励的感觉。						
1	2	3	4	5	6	7

5. 我在家里和在学校的表现一样。						
1	2	3	4	5	6	7

6. 当我和比我年长的人的名字重复时，我不会感到不自然。						
1	2	3	4	5	6	7

7. 我认为生活中最基本的关注点是要照顾好自己。						
1	2	3	4	5	6	7

8. 我喜欢和我周围的人交往的时候选择直接坦率的沟通方式。						
1	2	3	4	5	6	7

9. 无论沟通对象是谁，我喜欢采用一样的沟通方式。						
1	2	3	4	5	6	7

10. 我享受在各个方面都与众不同的感觉。						
1	2	3	4	5	6	7

11. 我非常看重我与他人在身份方面的独立性。						
1	2	3	4	5	6	7

续表

12. 我认为自己的身体健康高于生活中的任何其他事情。						
1	2	3	4	5	6	7

第二部分：阅读一则广告信息，做出自己的购买意向判断

牛奶现在已经成为我们日常生活的必需品，下面是关于牛奶的一则广告，假设你现在准备购买牛奶，请依据下面的广告做出你的购买意向的判断。

商标标识：

促进聚焦的广告信息："喝牛奶有助于你更好地成长！牛奶含有丰富的营养物质，如维他命 B1、B2，依据营养成分分析报告，每天喝牛奶能够给你的身体提供更多的能量，强健你的身体素质，并且有助于阻碍你在老年之后身体的钙流失！"

针对该广告请对下列问题做出您的回答。（1 = 非常不同意；7 = 非常同意）

1. 我极有可能购买该品牌的牛奶。						
1	2	3	4	5	6	7
2. 我一定会考虑购买该品牌的牛奶。						
1	2	3	4	5	6	7
3. 我购买该品牌牛奶的意愿程度非常高。						
1	2	3	4	5	6	7

续表

4. 看完该广告非常容易产生牛奶的心理意象。						
1	2	3	4	5	6	7
5. 看完广告后脑海中产生牛奶的心理意象非常清晰。						
1	2	3	4	5	6	7
6. 看了广告花费了很久的时间才能够想象到产品的样子。						
1	2	3	4	5	6	7

第三部分：个人信息

您的性别：男_____ 女_____　　您的年龄：_____

附录F　研究六：品牌的调节作用
——能力型

您好！

非常感谢您参与此次调查！恳请您根据自己的实际感觉填写问卷，答案没有对错之分。衷心感谢您的支持！本问卷调查仅用于学术研究使用！

本问卷包括两个部分的内容，第一部分是购买情境假设，根据对企业的背景故事描述，做出对企业产品的购买意向的判断，第二部分是个人信息。

第一部分：购买情境假设

大学临近毕业，你投递了很多的求职简历，你也得到了一些公司的面试通知，并且面试成功，考虑到因为工作岗位的性质，需要经常出差，你需要买一个大小适中的旅行箱，来到商场，你看到CGYU的箱子正在展销，你查阅了CGYU品牌的介绍。

品牌标识：

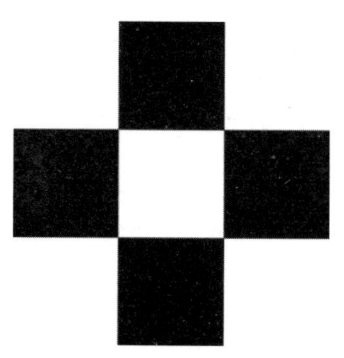

CGYU 品牌 10 年间的产品质量投诉率在行业内最低,并且投诉率在逐年下降,目前企业 1203 个岗位中拥有本科以上学历的员工比重达到 78%,其中硕士以上的员工比重占比 34%。

请根据你的真实感觉对下面的问题做出回答。

1. 你有多大可能购买 CGYU 的旅行箱?(1 = 完全不可能,7 = 非常可能)						
1	2	3	4	5	6	7

2. 你有购买 CGYU 旅行箱的意向吗?(1 = 完全没有,7 = 非常有可能)						
1	2	3	4	5	6	7

3. 你有考虑购买 CGYU 旅行箱吗?(1 = 完全没有,7 = 极有可能)						
1	2	3	4	5	6	7

4. 看完该品牌介绍和商标标识非常容易产生使用箱子过程的心理意象。(1 = 完全不同意,7 = 完全同意)						
1	2	3	4	5	6	7

5. 看完该品牌介绍和商标标识后脑海中产生关于箱子的心理意象非常清晰。(1 = 完全不同意,7 = 完全同意)						
1	2	3	4	5	6	7

6. 看完该品牌介绍和商标标识花费了很久的时间才想象到使用产品的样子。(1 = 完全不同意,7 = 完全同意)						
1	2	3	4	5	6	7

第二部分:个人信息

您的性别:男_____女_____   您的年龄:_____

附录 G 研究七：解释水平的调节作用
——实验一：圆形商标组

您好！

非常感谢您参与此次调查！恳请您根据自己的实际感觉填写问卷，答案没有对错之分。衷心感谢您的支持！本问卷调查仅用于学术研究使用！

本问卷包括三个部分的内容，第一部分是个体特征的测量，第二部分是购物情境描述，被试做出购买意向判断，第三部分是个人信息。

第一部分：个体特征的测量

请根据你的真实情况对以下的描述进行 A 项或 B 项选择

1. 列清单	
A 把事物组织起来[a]	B 写下事物的名字
2. 读书	
A 一行一行读字	B 学习知识[a]
3. 参军	
A 保卫国家安全[a]	B 写下事物的名字
4. 洗衣服	
A 把衣服上的怪气味清洗干净[a]	B 把衣服放进洗衣机
5. 摘苹果	
A 取东西吃[a]	B 把苹果从树枝上取下
6. 砍树	
A 挥舞斧子	B 获取木柴[a]
7. 测量房间用于修剪地毯	
A 改变地毯的形状	B 作为修剪的标准[a]
8. 清理房间	
A 彰显某人的整洁程度[a]	B 把地面打扫干净
9. 给房间喷漆	
A 使用画笔描边	B 使房间更清新[a]

续表

10. 支付租金	
A 保留居住的地方[a]	B 把钱给他人
11. 照顾家里的植物	
A 给植物浇水	B 美化房间[a]
12. 锁门	
A 把钥匙放进锁孔里	B 保护家里的财产[a]
13. 投票	
A 影响选举[a]	B 把选票放进投票箱
14. 爬树	
A 看更好的风景[a]	B 抱着树干向上移动
15. 填写人格特质测试量表	
A 回答问题	B 提高对自己的认知[a]
16. 刷牙	
A 预防牙齿变坏[a]	B 在嘴巴里晃动牙刷
17. 参加考试	
A 回答问题	B 展示自己的知识的机会[a]
18. 问候	
A 打招呼	B 表示友好[a]
19. 抵制诱惑	
A 拒绝	B 显示道德勇气[a]
20. 吃饭	
A 获取营养物质[a]	B 咀嚼和下咽
21. 种植菜园	
A 撒下种子	B 获得新鲜的蔬菜[a]
22. 自驾游	
A 跟着地图走	B 看看外面的世界[a]
23. 补牙洞	
A 保护牙齿[a]	B 看牙医
24. 和小孩子沟通	
A 给小孩子讲道理[a]	B 使用简单的词汇
25. 按门铃	
A 手指用力	B 参观别人的家[a]

注：a 表示高解释水平选项。

第二部分：购物情境描述

冬天来临，你考虑买一件羽绒服，在网上，你看到一款挺喜欢的羽绒服，该羽绒服的广告宣传语和衣服的商标标识如下：

柔软舒服，一直保暖！
为你的整个冬天保驾护航！

请在阅读上述广告信息的基础上给出判断。

1. 我有多大可能购买这款羽绒服？（1 = 完全不可能，7 = 非常可能）

| 1 | 2 | 3 | 4 | 5 | 6 | 7 |

2. 我有购买这款羽绒服的意向吗？（1 = 完全没有，7 = 非常有可能）

| 1 | 2 | 3 | 4 | 5 | 6 | 7 |

3. 我有考虑购买这款羽绒服吗？（1 = 完全没有，7 = 极有可能）

| 1 | 2 | 3 | 4 | 5 | 6 | 7 |

4. 我看完该广告非常容易产生穿上这款羽绒服的图片。（1 = 完全不同意，7 = 完全同意）

| 1 | 2 | 3 | 4 | 5 | 6 | 7 |

5. 我看完该广告后脑海中产生的关于这款羽绒服的图片非常清晰。（1 = 完全不同意，7 = 完全同意）

| 1 | 2 | 3 | 4 | 5 | 6 | 7 |

6. 看完该广告，用了很长时间才能够想象到我穿上这款羽绒服的样子。（1 = 完全不同意，7 = 完全同意）

| 1 | 2 | 3 | 4 | 5 | 6 | 7 |

第三部分：个人信息

您的性别：男_____ 女_____

您的年龄：_____ 您的学历：_____

附录 H 研究八：解释水平的调节作用
——实验二：外方内圆方组

春天来了，又到了户外活动的季节，你想要买一双舒服的休闲鞋，来到商场，你看到一款鞋子觉得还不错，如下图所示：

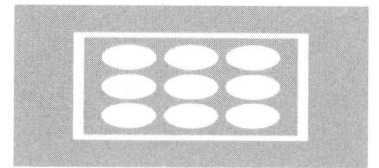

请根据你的真实感受，对产品的舒适性和耐穿性做出判断：

1. 你认为这双鞋子耐穿吗？（1 = 非常不耐穿；7 = 非常耐穿）						
1	2	3	4	5	6	7

2. 你认为这双鞋子柔软吗？（1 = 非常不柔软；7 = 非常柔软）						
1	2	3	4	5	6	7

3. 你认为这双鞋子更舒适还是更耐穿？（1 = 更舒适；7 = 更耐穿）						
1	2	3	4	5	6	7

个人信息

您的性别：男_____ 女_____   您的年龄：_____

附录 I 研究九：个体结构化需求的调节作用
——方形商标组

您好！

非常感谢您参与此次调查！本问卷调查仅用于学术研究使用！答案没有对错之分，恳请您根据自己的实际感觉填写问卷。衷心感谢您的支持！

本问卷包括三个部分的内容，第一部分是个体特征的测量，第二部分是购物情境描述，被试做出购买意向判断，第三部分是个人信息。

第一部分：个体特征的测量

阅读下列描述，依据你的认同程度给出判断。（① = 非常不同意；⑦ = 非常同意）

1. 当我进入一个我一无所知的环境时，我会觉得很不舒服。	1 2 3 4 5 6 7
2. 我能够心平气和地接受打乱我日常生活节奏的事件。	1 2 3 4 5 6 7
3. 我不能够心平气和地接受打乱我日常生活节奏的事件。	1 2 3 4 5 6 7
4. 我非常享受井井有条的生活节奏。	1 2 3 4 5 6 7
5. 我享受顺其自然的过程。	1 2 3 4 5 6 7
6. 我认为按部就班的生活非常单调和乏味。	1 2 3 4 5 6 7
7. 我不喜欢生活中的不确定性的安排。	1 2 3 4 5 6 7
8. 我不喜欢在最后时刻去调整原有计划。	1 2 3 4 5 6 7
9. 我讨厌和捉摸不透的人在一起。	1 2 3 4 5 6 7
10. 我更喜欢提前安排好有序的生活节奏。	1 2 3 4 5 6 7
11. 我非常享受未知的环境带给我的惊喜的感觉。	1 2 3 4 5 6 7
12. 面对模棱两可的安排我会觉得很不安。	1 2 3 4 5 6 7

第二部分：购物情境描述

冬天来临，你考虑买一件羽绒服，在网上，你看到一款挺喜欢的羽绒服，该羽绒服的广告宣传语和衣服的商标标识如下：

经久耐穿、一直保暖
为你的整个冬天保驾护航

请在阅读上述广告信息的基础上给出判断。

1. 我有多大可能购买这款羽绒服？（1 = 完全不可能，7 = 非常可能）

1	2	3	4	5	6	7

2. 我有购买这款羽绒服的意向吗？（1 = 完全没有，7 = 非常有可能）

1	2	3	4	5	6	7

3. 我有考虑购买这款羽绒服吗？（1 = 完全没有，7 = 极有可能）

1	2	3	4	5	6	7

4. 我看完该广告非常容易产生穿上这款羽绒服的图片。（1 = 完全不同意，7 = 完全同意）

1	2	3	4	5	6	7

5. 我看完该广告后脑海中产生的关于这款羽绒服的图片非常清晰。（1 = 完全不同意，7 = 完全同意）

1	2	3	4	5	6	7

6. 看完该广告后，用了很长时间才能够想象到我穿上这款羽绒服的样子。（1 = 完全不同意，7 = 完全同意）

1	2	3	4	5	6	7

第三部分：个人信息

您的性别：男_____ 女_____   您的年龄：_____

参考文献

［1］柴方圆，喻丰，彭凯平．审美愉悦与加工流畅性［J］．心理学探析，2016，36（2）：101-106．

［2］陈华娇．调节匹配的加工机制：解释水平的调节作用［D］．浙江大学博士学位论文，2014．

［3］戴伟青．感知接触对消费者购买行为的影响：理论探讨与实证研究［D］．中国人民大学硕士学位论文，2008．

［4］戴鑫，周文容，曾一帆．广告信息框架与信息目标对受众亲社会行为的影响研究［J］．管理学报，2015，12（6）：880-887．

［5］丁姣姣．自我建构对低碳消费决策的影响［D］．山东财经大学硕士学位论文，2013．

［6］何云，吴水龙，张媛等．时间距离与解释水平对赞助评价的影响研究［J］．管理评论，2013，25（10）．

［7］黄静，郭昱琅，王诚等．"你摸过，我放心！"在线评论中触觉线索对消费者购买意愿的影响研究［J］．营销科学学报，2015，11（1）：133-151．

［8］黄俊，李晔，张宏伟．解释水平理论的应用及发展［J］．心理科学进展，2015，23（1）：110-119．

［9］黄元娜．从调节定向角度探究框架效应的转换机制［D］．苏州大学硕士学位论文，2016．

［10］李东进，李研，吴波．脱销诱因与品牌概念对产品感知与购买的影响［C］//jms中国营销科学学术年会暨博士生论坛，2013．

［11］李纯．调节聚焦与解释水平对消费者网购意愿影响的研究［D］．西南财经大学硕士学位论文，2012．

[12] 李东进,张亚佩,郑军. 稀缺感知对购买意向的影响——基于预期后悔的视角 [J]. 系统工程, 2015 (11): 75-80.

[13] 李研,李东进,马明龙. 促销购买限制的情境适用性研究——限时促销与限量促销的对比分析 [J]. 营销科学学报, 2016, 12 (2): 58-74.

[14] 林国耀,莫雷,王穗苹等. 加工流畅性的作用机制:双系统模型及其应用 [J]. 心理学探新, 2014, 34 (4): 301-305.

[15] 刘龙犇,胡赛全,赵小华等. 决策过程后悔还是结果后悔?——调节聚焦对后悔类型的影响 [J]. 中国软科学, 2013 (12): 173-184.

[16] 刘扬,孙彦. 行为决策中框架效应研究新思路——从风险决策到跨期决策,从言语框架到图形框架 [J]. 心理科学进展, 2014, 22 (8): 1205-1217.

[17] 马云飞. 错过购买后不行动后悔的形成机制及影响研究 [D]. 南开大学博士学位论文, 2012.

[18] 潘欣. 主动担责行为对工作绩效影响:基于权力距离与职位任期的调节效应研究 [D]. 华中科技大学硕士学位论文, 2015.

[19] 束定芳. 隐喻学研究 [M]. 上海:上海外语教育出版社, 2000.

[20] 宋艳,曲折,管益杰等. 视知觉学习的认知与神经机制研究 [J]. 心理科学进展, 2006, 14 (3): 334-339.

[21] 孙彦,黄莉,刘扬. 决策中的图形框架效应 [J]. 心理科学进展, 2012, 20 (11): 14-22.

[22] 唐桂梅. 集体主义文化背景下大学生自我构念特点研究 [D]. 西南大学硕士学位论文, 2010.

[23] 王鹏,庄贵军,周英超. 爱国主义和民族主义对中国消费者国货意识影响的研究 [J]. 管理学报, 2012, 9 (4): 548-554.

[24] 吴波. 道德认同与绿色消费——环保自我担当的中介作用 [D]. 南开大学博士学位论文, 2014.

[25] 吴波,李东进,杜立婷. 消费者品牌感知研究——对品牌意图能动框架的延伸 [J]. 管理评论, 2015, 27 (2): 87-98.

[26] 王怀勇,刘永芳. 决策过程中的调节匹配效应及其机制 [C] // 全国心理学学术会议, 2013.

[27] 吴波,李东进,张初兵. 他人的利益重要吗?道德认同与解释水平对绿色消费的交互影响[J]. 营销科学学报,2015,11(2).

[28] 杨晓莉,刘力,张笑笑. 双文化个体的文化框架转换:影响因素与结果[J]. 心理科学进展,2010,18(5):840-848.

[29] 尹非凡,王詠. 消费行为领域中的调节定向[J]. 心理科学进展,2013,21(2):347-357.

[30] 张腾霄,韩布新. 红色的心理效应:现象与机制研究述评[J]. 心理科学进展,2013,21(3):398-406.

[31] 曾世强,陈健,吕巍等. 独立自我"啬于人",相依自我"啬于己"——为自己消费还是为他人消费与自我建构对储蓄和消费选择的影响[J]. 管理评论,2016,28(6):119-130.

[32] 张兆辉. 自我建构、产品类型及自我概念对自我形象—品牌形象一致性的影响[D]. 湖南师范大学硕士学位论文,2012.

[33] 郑静. 大学生文化取向对自我建构影响的研究[D]. 重庆师范大学硕士学位论文,2013.

[34] 钟科,王海忠. 品牌拉伸效应:标识形状对产品时间属性评估和品牌评价的影响[J]. 南开管理评论,2015,18(1):64-76.

[35] 钟科,王海忠,杨晨. 感官营销研究综述与展望[J]. 外国经济与管理,2016,38(5):69-85.

[36] 周治金,赵晓川,刘昌. 直觉研究述评[J]. 心理科学进展,2005,13(6):745-751.

[37] 祝帼豪,张积家,陈俊. 解释水平理论视角下的心理距离[J]. 社会心理科学,2012(7):6-11.

[38] 朱丽叶,卢泰宏. 消费者自我建构研究述评[J]. 外国经济与管理,2008,30(2):42-50.

[39] 朱至文,张黎. 自我建构对消费者品牌延伸评价的影响[J]. 软科学,2013,27(3):125-128.

[40] Aaker J. L. , Lee A. Y. "I" Seek Pleasures and "We" Avoid Pains: The Role of Self-Regulatory Goals in Information Processing and Persuasion[J]. Journal

of Consumer Research, 2001, 28 (1): 33-49.

[41] Aaker J. L. Dimensions of Brand Personality [J]. Journal of Marketing Research, 1997, 34 (3): 347-356.

[42] Aaker J., Vohs K. D., Mogilner C. Nonprofits Are Seen as Warm and For-Profits as Competent: Firm Stereotypes Matter [J]. Journal of Consumer Research, 2010, 37 (2): 224-237.

[43] Abele A. E., Cuddy A. J. C., Judd C. M., et al. Fundamental Dimensions of Social Judgment [J]. European Journal of Social Psychology, 2008, 38 (7): 1063-1065.

[44] Abele A. E., Wojciszke B. Agency and Communion from the Perspective of self Versus Others [J]. Journal of Personality & Social Psychology, 2007, 93 (5): 751-763.

[45] Abelson R. P. Psychological Status of the Script Concept. [J]. American Psychologist, 1981, 36 (7): 715-729.

[46] Ahuvia A. C. Beyond the Extended Self: Loved Objects and Consumers' Identity Narratives [J]. Journal of Consumer Research, 2005, 32 (1): 171-184.

[47] Ailawadi K. L., Gedenk K., Neslin S. Understanding Competition between Retailers and Manufacturers: An Integrated Analysis of Store Brand and National Brand Deal Usage [J]. Ssrn Electronic Journal, 2003.

[48] Alario F. X., Ferrand L., Laganaro M., et al. Predictors of Picture Naming Speed [J]. Behavior Research Methods, 2004, 36 (1): 140.

[49] Albert N. Passion for the Brand and Consumer Brand Relationships [J]. Journal of Consumer Marketing, 2010, 34 (7): 661-674.

[50] Alesandrini K. L. Imagery-eliciting Strategies and Meaningful Learning. [J]. Journal of Mental Imagery, 1982, 6 (1): 125-140.

[51] Allanpaivio. Mental Representations [M]. Oxford University Press, 1986.

[52] Alter A. L., Oppenheimer D. M., Epley N., et al. Overcoming Intuition: Metacognitive Difficulty Activates Analytic Reasoning. [J]. Journal of Experimental Psychology General, 2007, 136 (4): 569.

[53] Alvin C. Burns, Abhijit Biswas, Laurie A. Babin. The Operation of Visual Imagery as a Mediator of Advertising Effects [J]. Journal of Advertising, 1993, 22 (2): 71–85.

[54] Anderson R. C., Hidde J. L. Imagery and Sentence Learning. [J]. Journal of Educational Psychology, 1971, 62 (62): 526–530.

[55] Andrea Heintz Tangari, Judith Anne Garretson Folse, Scot Burton, et al. The Moderating Influence of Consumers' Temporal Orientation on the Framing of Societal Needs and Corporate Responses in Cause – Related Marketing Campaigns [J]. Journal of Advertising, 2010, 39 (2): 35–50.

[56] Aradhnakrishna, Maureenmorrin. Does Touch Affect Taste? The Perceptual Transfer of Product Container Haptic Cues [J]. Journal of Consumer Research, 2008, 34 (6): 807–818.

[57] Argo J. J., Dahl D. W., Morales A. C. Consumer Contamination: How Consumers React to Products Touched by Others [J]. Journal of Marketing, 2013, 70 (2): 81–94.

[58] Ariely D., Zakay D. A Timely Account of the Role of Duration in Decision Making. [J]. Acta Psychologica, 2001, 108 (2): 187–207.

[59] Arnheim R. Art and Visual Perception [J]. Perception, 2001, 44 (1): 1.

[60] Ashcraft M. H., Kirk E. P. The Relationships among Working Memory, Math Anxiety, and Performance [J]. Journal of Experimental Psychology General, 2001, 130 (2): 224–237.

[61] Baddeley A. D., Andrade J. Working Memory and the Vividness of Imagery [J]. Journal of Experimental Psychology General, 2000, 129 (1): 126–145.

[62] Baddeley A. Working memory: The Interface between Memory and Cognition [J]. Journal of Cognitive Neuroscience, 1992, 4 (3): 281–288.

[63] Baker J., Cameron M. The Effects of the Service Environment on Affect and Consumer Perception of Waiting Time: An Integrative Review and Research Propositions [J]. Journal of the Academy of Marketing Science, 1996, 24 (4): 338–349.

[64] Baker M. J. , Balmer J. M. T. Visual Identity: Trappings or Substance? [J]. European Journal of Marketing, 1997, 31 (5/6): 366 - 382.

[65] Banks S. M. , Salovey P. , Greener S. , et al. The Effects of Message Framing on Mammography Utilization. [J]. Health Psychology Official Journal of the Division of Health Psychology American Psychological Association, 1995, 14 (2): 178.

[66] Bar M. , Neta M. Visual Elements of Subjective Preference Modulate Amygdala Activation [J]. Neuropsychologia, 2007, 45 (10): 2191 - 2200.

[67] Baranan Y. , Liberman N. , Trope Y. , et al. Automatic Processing of Psychological Distance: Evidence from a Stroop Task. [J]. Journal of Experimental Psychology General, 2007, 136 (4): 610.

[68] Baranan Y. , Liberman N. , Trope Y. The Association between Psychological Distance and Construal Level: Evidence from an Implicit Association test [J]. Journal of Experimental Psychology General, 2006, 135 (4): 609.

[69] Bargh J. A. , Ferguson M. J. Beyond Behaviorism: On the Automaticity of higher Mental Processes. [J]. Psychological Bulletin, 2000, 126 (6): 925 - 945.

[70] Bargh J. A. , Pratto F. Individual Construct Accessibility and Perceptual Selection [J]. Journal of Experimental Social Psychology, 1986, 22 (4): 293 - 311.

[71] Bartels R. D. , Kelly K. M. , Rothman A. J. Moving Beyond the Function of the Health Behaviour: The Effect of Message Frame on Behavioural Decision - making [J]. Psychology & Health, 2010, 25 (7): 821 - 838.

[72] Begg I. M. , Anas A. , Farinacci S. Dissociation of Processes in Belief: Source Recollection, Statement Familiarity, and the Illusion of Truth. [J]. Journal of Experimental Psychology, 1992, 121 (4): 446 - 458.

[73] Berger J. , Fitzsimons G. Dogs on the Street, Pumas on Your Feet: How Cues in the Environment In. [J]. Journal of Marketing Research, 2008, 45 (1): 1 - 14.

[74] Biron J. , Mckelvie S. J. Effects of Interactive and Noninteractive Imagery on Recall of Advertisements. [J]. Perceptual and Motor Skills, 1984, 59 (3): 799 - 805.

[75] 泽丝曼尔, 等. 服务营销（第四版）[M]. 张金成译. 北京: 机械工业出版社, 2011.

[76] Blais A. R., Thompson M. M., Baranski J. V. Individual Differences in Decision Processing and Confidence Judgments in Comparative Judgment Tasks: The role of Cognitive Styles [J]. Personality & Individual Differences, 2005, 38 (7): 1701 – 1713.

[77] Blissmoreau E., Barrett L. F., Owren M. J. I Like the Sound of Your Voice: Affective Learning about Vocal Signals [J]. Journal of Experimental Social Psychology, 2010, 46 (3): 557 – 563.

[78] Bloch P. H. Seeking the Ideal Form: Product Design and Consumer Response [J]. Journal of Marketing, 1995, 59 (3): 16 – 29.

[79] Bolte A., Goschke T., Kuhl J. Emotion and Intuition: Effects of Positive and Negative Mood on Implicit Judgments of Semantic Coherence [J]. 2003, 14 (5): 416 – 421.

[80] Bornstein R. F., D'agostino P. R. The Attribution and Discounting of Perceptual Fluency: Preliminary Tests of a Perceptual Fluency/Attributional Model of the Mere Exposure Effect [J]. Social Cognition, 1994, 12 (2): 103 – 128.

[81] Borovoi L., Liberman N., Trope Y. The Effects of Attractive but Unattainable Alternatives on the Attractiveness of Near and Distant Future Menus [J]. Judgment and Decision Making, 2010, 5 (2): 102 – 109.

[82] Bowyer K. W., Chang K., Flynn P. A Survey of Approaches and Challenges in 3D and Multi – modal 3D + 2D face Recognition [J]. Computer Vision & Image Understanding, 2006, 101 (1): 1 – 15.

[83] Bratanova B., Kervyn N., Klein O. Tasteful Brands: Products of Brands Perceived to be Warm and Competent Taste Subjectively Better [J]. Psychologica Belgica, 2015, 55 (2): 57 – 70.

[84] Brewer M. B. The Social Self: On Being the Same and Different at the Same Time [J]. Personality and Social Psychology Bulletin, 1991, 17 (5): 475 – 482.

[85] Brinkmann H., Commare L., Leder H., et al. Abstract Art as a Universal Language? [J]. Leonardo, 2014, 47 (3): 256 – 257.

[86] Buchanan L., Simmons C. J., Bickart B. A. Brand Equity Dilution: Retailer Display and Context Brand Effects [J]. Journal of Marketing Research, 1999, 36 (3): 345 – 355.

[87] Bullard O., Manchanda R. V. How Goal Progress Influences Regulatory Focus in Goal Pursuit [J]. Journal of Consumer Psychology, 2017.

[88] Burke R. R. Technology and the Customer Interface: What Consumers Want in the Physical and Virtual Store [J]. Journal of the Academy of Marketing Science, 2002, 30 (4): 411 – 432.

[89] Burns A. C., Biswas A. The Operation of Visual Imagery as a Mediator of Advertising Effects [J]. Journal of Advertising, 1993, 22 (2): 71 – 85.

[90] C. R. Snyder. Product Scarcity by Need for Uniqueness Interaction: A Consumer Catch – 22 Carousel? [J]. Basic and Applied Social Psychology, 1992, 13 (1): 9 – 24.

[91] Cacioppo J. T., Petty R. E., Sidera J. A. The Effects of a Salient Self – schema on the Evaluation of Proattitudinal Editorials: Top – down Versus Bottom – up Message Processing [J]. Journal of Experimental Social Psychology, 1982, 18 (18): 324 – 338.

[92] Cacioppo J. T., Petty R. E. The Need for Cognition. [J]. Journal of Personality & Social Psychology, 1982, 42 (1): 116 – 131.

[93] Carey K. Mindset: The New Psychology of Success [J]. Inventors Digest, 2012.

[94] Carver C. S., White T. L. Behavioral Inhibition, Behavioral Activation, and Affective Responses to Impending Reward and Punishment: The BIS/BAS Scales. [J]. Journal of Personality & Social Psychology, 1994, 67 (2): 319 – 333.

[95] Cassiemogilner, Aaker J. L., Pennington G. L. Time Will Tell: The Distant Appeal of Promotion and Imminent Appeal of Prevention [J]. Journal of Consumer Research, 2008, 34 (5): 670 – 681.

[96] Cavazos J. T., Campbell N. J. Cognitive Style Revisited: The Structure X Cognition Interaction [J]. Personality & Individual Differences, 2008, 45 (6): 498 – 502.

[97] Cavazos J. T., Judice – Campbell N., Ditzfeld C. P. Differing Emotional Sensitivities in the two Factors of Personal need for Structure [J]. Journal of Research in Personality, 2012, 46 (46): 49 – 54.

[98] Cesario J., Higgins E. T. Making Message Recipients "Feel Right" [J]. Psychological Science, 2008, 19 (5): 415 – 420.

[99] Chaiken S. Attitude Formation: Function and Structure [J]. International Encyclopedia of the Social & Behavioral Sciences, 2001: 899 – 905.

[100] Chen J., Hui E., Wang Z. More Promotion – focused, More Happy? Regulatory Focus, Post – purchase Evaluations and Regret in the real Estate Market [J]. Urban Studies, 2017 (5): 541 – 557.

[101] Chernev A. Goal Orientation and Consumer Preference for the Status Quo [J]. Journal of Consumer Research, 2006, 31 (3): 557 – 565.

[102] Childers T. L., Houston M. J., Heckler S. E. Measurement of Individual Differences in Visual Versus Verbal Information Processing [J]. Journal of Consumer Research, 1985, 12 (2): 125 – 134.

[103] Childers T. L., Jass J. All Dressed Up with Something to Say: Effects of Typeface Semantic Associations on Brand Perceptions and Consumer Memory [J]. Journal of Consumer Psychology, 2002, 12 (2): 93 – 106.

[104] Cian L. The Conceptual Effects of Verticality in Design [J]. Social Science Electronic Publishing, 2015 (3): 126 – 137.

[105] Clay Routledge, Jacob Juhl, Matthew Vess. Divergent Reactions to the Terror of Terrorism: Personal Need for Structure Moderates the Effects of Terrorism Salience on Worldview – Related Attitudinal Rigidity [J]. Basic and Applied Social Psychology, 2010, 32 (3): 243 – 249.

[106] Claypool H. M., Carlston D. E. The Effects of Verbal and Visual Interference on Impressions: An Associated – systems Approach [J]. Journal of Experimental Social Psychology, 2002, 38 (4): 425 – 433.

[107] Clow K. A., Esses V. M. The Development of Group Stereotypes from Descriptions of Group Members: An Individual Difference Approach [J]. Group Proces-

ses & Intergroup Relations, 2005, 8 (4): 429 - 445.

[108] Cornoldi C., Beni R. D., Giusberti F. Memory and Processing of Visual and Spatial Information [R]. 1996.

[109] Cross S. E., Bacon P. L., Morris M. L. The Relational - interdependent Self - construal and Relationships. [J]. Journal of Personality & Social Psychology, 2000, 78 (4): 791 - 808.

[110] Cross S. E., Gore J. S., Morris M. L. The Relational - interdependent Self - construal, Self - concept Consistency, and Well - being. [J]. Journal of Personality & Social Psychology, 2003, 85 (5): 933.

[111] Cross S. E., Hardin E. E., Gerckswing B. The What, How, Why, and Where of Self - construal. [J]. Personality and Social Psychology Review, 2011, 15 (2): 142.

[112] Cross S. E., Morris M. L., Gore J. S. Thinking about Oneself and others: The Relational - interdependent Self - construal and Social Cognition. [J]. Journal of Personality & Social Psychology, 2002, 82 (3): 399.

[113] Crowe E., Higgins E. T. Regulatory Focus and Strategic Inclinations: Promotion and Prevention in Decision - Making [J]. Organizational Behavior & Human Decision Processes, 1997, 69 (2): 117 - 132.

[114] Crowson H. M., Debacker T. K. Belief, Motivational, and Ideological Correlates of Human Rights Attitudes [J]. The Journal of Social Psychology, 2008, 148 (3): 293 - 310.

[115] Cuddy A. J. C., Fiske S. T., Glick P. The BIAS map: Behaviors from Intergroup Affect and Stereotypes. [J]. Journal of Personality & Social Psychology, 2007, 92 (4): 631 - 648.

[116] Cuddy A. J. C., Fiske S. T., Glick P. When Professionals Become Mothers, Warmth Doesn't Cut the Ice [J]. Journal of Social Issues, 2004, 60 (4): 701 - 718.

[117] Cutright K. M. The Beauty of Boundaries: When and Why We Seek Structure in Consumption [J]. Journal of Consumer Research, 2012, 38 (5): 775 - 790.

[118] Dan A., Loewenstein G., Prelec D. Tom Sawyer and the construction of

value [J]. Journal of Economic Behavior & Organization, 2005, 60 (1): 1 – 10.

[119] Dan Southard, Thomas Higgins. Changing Movement Patterns: Effects of Demonstration and Practice [J]. Research Quarterly for Exercise and Sport, 1987, 58 (1): 77 – 80.

[120] Darke P. R., Chattopadhyay A., Ashworth L. The Importance and Functional Significance of Affective Cues in Consumer Choice [J]. Journal of Consumer Research, 2006, 33 (3): 322 – 328.

[121] Davis J. V., Kulis B., Jain P., et al. Information – theoretic metric learning [C] // Machine Learning, Proceedings of the Twenty – Fourth International Conference. DBLP, 2007: 209 – 216.

[122] Demarree K. G., Wheeler S. C., Petty R. E. Priming a New Identity: Self – Monitoring Moderates the Effects of Nonself Primes on Self – Judgments and Behavior. [J]. Journal of Personality & Social Psychology, 2005, 89 (5): 657 – 671.

[123] Dematté M. L., Österbauer R., Spence C. Olfactory Cues Modulate Facial Attractiveness [J]. Chemical Senses, 2007, 32 (6): 603 – 610.

[124] Deroy O., Crisinel A. S., Spence C. Crossmodal Correspondences between Odors and Contingent Features: Odors, Musical Notes, and Geometrical Shapes [J]. Psychonomic Bulletin & Review, 2013, 20 (5): 878 – 896.

[125] Deroy O., Valentin D. Tasting Liquid Shapes: Investigating the Sensory Basis of Cross – modal Correspondences [J]. Chemosensory Perception, 2011, 4 (3): 80 – 90.

[126] Detweiler J. B., Bedell B. T., Salovey P., et al. Message framing and sunscreen use: Gain – framed messages motivate beach – goers. [J]. Health Psychology Official Journal of the Division of Health Psychology American Psychological Association, 1999, 18 (2): 189.

[127] Dobni D., Zinkhan G. M. In Search of Brand Image: A Foundation Analysis [J]. Advances in Consumer Research, 1990, 17 (1): 110 – 119.

[128] Dong P., Huang X., Zhong C. B. Ray of Hope: Hopelessness Increases Preferences for Brighter Lighting [J]. Social Psychological & Personality Science,

2015 (6): 84-91.

[129] Dubose C. N., Cardello A. V., Maller O. Effects of Colorants and Flavorants on Identification, Perceived Flavor Intensity, and Hedonic Quality of Fruit-flavored Beverages and Cake [J]. Journal of Food Science, 2006, 45 (5): 1393-1399.

[130] Edell J. A., Staelin R. The Information Processing of Pictures in Print Advertisements [J]. Journal of Consumer Research, 1983, 10 (1): 45-61.

[131] Eibach R. P., Purdie-Vaughns V. How to Keep on Keeping on: Framing civil Rights Accomplishments to Bolster Support for Egalitarian Policies [J]. Journal of Experimental Social Psychology, 2011, 47 (1): 274-277.

[132] Elder R. S., Krishna A. The Effects of Advertising Copy on Sensory Thoughts and Perceived Taste [J]. Journal of Consumer Research, 2010, 36 (5): 748-756.

[133] Ellen P. S., Bone P. F. Measuring Communication-evoked Imagery Processing [J]. Advances in Consumer Research, 1991 (18): 806-812.

[134] Elliot A. J., Maier M. A. Color Psychology: Effects of Perceiving Color on Psychological Functioning in Humans. [J]. Annual Review of Psychology, 2014, 65 (65): 95.

[135] Elovainio M., Kivimäki M. Personal Need for Structure and Occupational Strain: An Investigation of Structural Models and Interaction with Job Complexity [J]. Personality & Individual Differences, 1998, 26 (2): 209-222.

[136] ErdelYi M. H., Kleinbard J. Has Ebbinghaus Decayed with Time? The Growth of Recall (hypermnesia) over days. [J]. Journal of Experimental Psychology Human Learning & Memory, 1978, 4 (4): 275-289.

[137] Ericyorkston, Geetamenon. A Sound Idea: Phonetic Effects of Brand Names on Consumer Judgments [J]. Journal of Consumer Research, 2004, 31 (1): 43-51.

[138] Escalas J. E., Bettman J. R. Self-construal, Reference Groups, and Brand meaning [J]. Journal of Consumer Research, 2005, 32 (3): 378-389.

[139] Etcoff N. L. Survival of the prettiest: The Science of Beauty [R]. Aesthet-

ic Cognition, 1999.

[140] Feng S., Zhang T., Huang X., et al. The Effects of Construal Level and Event Value on the Temporal Distance of Activity Enactment [J]. Psychological Science, 2008, 8 (2): 171-179.

[141] Fenigstein A., Scheier M. F., Buss A. H. Public and Private Self-Consciousness: Assessment and Theory. [J]. Journal of Consulting & Clinical Psychology, 1975, 43 (4): 522-527.

[142] Fennis B. M., Pruyn A. T. H. You are What You Wear: Brand Personality Influences on Consumer Impression Formation [J]. Journal of Business Research, 2007, 60 (6): 634-639.

[143] Fischer R., Dreisbach G., Goschke T. Context-sensitive Adjustments of Cognitive Control: Conflict-adaptation Effects are Modulated by Processing Demands of the Ongoing Task [J]. Journal of Experimental Psychology Learning Memory & Cognition, 2008, 34 (3): 712-728.

[144] Fiske S. T., Malone C., Kervyn N. Brands as Intentional Agents: Our Response to Commentaries [J]. Journal of Consumer Psychology, 2012, 22 (2): 205-207.

[145] Fiske S. T., Neuberg S. L. A Continuum of Impression Formation, from Category-Based to Individuating Processes: Influences of Information and Motivation on Attention and Interpretation [J]. Advances in Experimental Social Psychology, 1990, 23 (1): 1-74.

[146] Förster J., Higgins E. T., Idson L. C. Approach and Avoidance Strength during goal attainment: Regulatory Focus and the "goal looms larger" Effect [J]. Journal of Personality & Social Psychology, 1998, 75 (5): 1115-1131.

[147] Förster J., Higgins E. T. How Global Versus Local Perception Fits Regulatory Focus. [J]. Psychological Science, 2005, 16 (8): 631-636.

[148] Förster J., Liberman N., Shapira O. Preparing for Novel Versus Familiar Events: Shifts in Global and Local Processing. [J]. Journal of Experimental Psychology General, 2009, 138 (3): 383-399.

[149] Förster J. Relations between Perceptual and Conceptual Scope: How Global Versus Local Processing Fits a Focus on Similarity Versus Dissimilarity [J]. Journal of Experimental Psychology General, 2009, 138 (1): 88-111.

[150] Fournier S. Consumers and Their Brands: Developing Relationship Theory in Consumer Research [J]. Journal of Consumer Research, 1998, 24 (4): 343-353.

[151] Freitas A. L., Langsam K. L., Clark S., et al. Seeing Oneself in One's choices: Construal Level and Self-pertinence of Electoral and Consumer Decisions [J]. Journal of Experimental Social Psychology, 2008, 44 (4): 1174-1179.

[152] Fromkin H. L., Snyder C. R. The Search for Uniqueness and Valuation of Scarcity [M] // Social Exchange, 1980: 57-75.

[153] Fu T., Jacob D. J., Wittrock F., et al. Global Budgets of Atmospheric Glyoxal and Methylglyoxal, and Implications for Formation of Secondary Organic Aerosols [J]. Journal of Geophysical Research-Atmospheres, 2008, 113 (D15): 596-598.

[154] Fujita K., Trope Y., Liberman N, et al. Construal Levels and Self-control [J]. Journal of Personality & Social Psychology, 2006, 90 (3): 351-367.

[155] Furnham A., Radley S. Sex differences in the perception of Male and Female Body Shapes [J]. Personality & Individual Differences, 1989, 10 (6): 653-662.

[156] Gardner W. L., Gabriel S., Lee A. Y. "I" Value Freedom, but "we" Value Relationships: Self-construal Priming Mirrors Cultural Differences in Judgment. [J]. Psychological Science, 1999, 10 (4): 321-326.

[157] Gasper K., Clore G. L. Attending to the Big Picture: Mood and Global Versus Local Processing of Visual Information. [J]. Psychological Science, 2002, 13 (1): 34-40.

[158] Gerardo G. P., Enric M., Marcos N. Preference for Curvature: A Historical and Conceptual Framework [J]. Frontiers in Human Neuroscience, 2015 (9).

[159] Gerend M. A., Sias T. Message framing and color priming: How subtle threat cues affect persuasion [J]. Journal of Experimental Social Psychology, 2009, 45 (4): 999-1002.

[160] Geuens M., Weijters B., Wulf K. D. A new Measure of Brand Personality [J]. International Journal of Research in Marketing, 2009, 26 (2): 97 – 107.

[161] Gilbert A. N., Martin R., Kemp S. E. Cross – modal Correspondence between Vision and Olfaction: The Color of Smells [J]. American Journal of Psychology, 1996, 109 (3): 335 – 351.

[162] Gonzalez C., Dana J., Koshino H., et al. The Framing Effect and Risky decisions: Examining Cognitive Functions with fMRI [J]. Journal of Economic Psychology, 2005, 26 (1): 1 – 20.

[163] Gordon P. C., Holyoak K. J. Implicit Learning and Generalization of the "mere exposure" Effect. [J]. Journal of Personality & Social Psychology, 1983, 45 (3): 492 – 500.

[164] Greifeneder R., Bless H., Pham M. T. When do People Rely on Affective and Cognitive Feelings in Judgment? A review [J]. Personality and Social Psychology Review, 2011, 15 (2): 107 – 141.

[165] Grobert J., Cuny C., Fornerino M. Surprise! We Changed the Logo [J]. Journal of Product & Brand Management, 2016, 25 (3): 239 – 246.

[166] Grohmann B., Herrmann A., Lieven T., et al. The Effect of Brand Design on Brand Gender Perceptions and Brand Preference [J]. European Journal of Marketing, 2015, 49 (1/2): 146 – 169.

[167] Grohmann K. K. Explorations of Phase Theory: Features and Arguments [M]. Mouton de Gruyter, 2009.

[168] Gudykunst W. B., Matsumoto Y., Ting – Toomey S., et al. The Influence of Cultural Individualism – Collectivism, Self Construals, and Individual Values on Communication Styles Across Cultures [J]. Human Communication Research, 1996, 22 (4): 510 – 543.

[169] Guimond S., Chatard A., Martinot D., et al. Social Comparison, Self – stereotyping, and Gender Differences in Self – construals [J]. Journal of Personality & Social Psychology, 2006, 90 (2): 221 – 242.

[170] Hakkyunkim, Rao A. R., Lee A. Y. It's Time to Vote: The Effect of

Matching Message Orientation and Temporal Frame on Political Persuasion [J]. Journal of Consumer Research, 2009, 35 (6): 877 – 889.

[171] Hamilton R. W., Biehal G. J. Achieving Your Goals or Protecting Their Future? The Effects of Self – View on Goals and Choices [J]. Journal of Consumer Research, 2005, 32 (32): 277 – 283.

[172] Han J. K., Schmitt B. H. Product – Category Dynamics and Corporate Identity in Brand Extensions: A Comparison of Hong Kong and U. S. Consumers [J]. Journal of International Marketing, 1997, 5 (1): 77 – 92.

[173] Han S. P., Shavitt S. Persuasion and Culture: Advertising Appeals in Individualistic and Collectivistic Societies [J]. Journal of Experimental Social Psychology, 1994, 30 (4): 326 – 350.

[174] Hansen J., Dechêne A., Wänke M. Discrepant fluency increases subjective truth [J]. Journal of Experimental Social Psychology, 2008, 44 (3): 687 – 691.

[175] Hanson L. The Reality of (Non – Aesthetic) Artistic Value [J]. The Philosophical Quarterly, 2013, 63 (252): 492 – 508.

[176] Hanson – Vaux G., Crisinel A. S., Spence C. Smelling shapes: Crossmodal Correspondences between Odors and Shapes [J]. Chemical Senses, 2013, 38 (2): 161.

[177] Hassenzahl M. User experience (UX): Towards an experiential perspective on product quality [C] // International Conference of the Association Francophone D' interaction Homme – Machine on – Ihm. 2008: 11 – 15.

[178] Hawkins S. A., Hoch S. J., Meyers – Levy J. Low – Involvement Learning: Repetition and Coherence in Familiarity and Belief [J]. Journal of Consumer Psychology, 2001, 11 (1): 1 – 11.

[179] Henderson P. W., Cote J. A., Leong S. M., et al. Building strong brands in Asia: Selecting the visual components of image to maximize brand strength [J]. International Journal of Research in Marketing, 2003, 20 (4): 297 – 313.

[180] Henderson P. W., Cote J. A. Guidelines for Selecting or Modifying Logos [J]. Journal of Marketing, 1998, 62 (2): 14 – 30.

[181] Hernandez I., Preston J. L. Disfluency disrupts the confirmation bias [J]. Journal of Experimental Social Psychology, 2013, 49 (1): 178-182.

[182] Hertenstein J. H., Platt M. B., Veryzer R. W. The Impact of Industrial Design Effectiveness on Corporate Financial Performance [J]. Journal of Product Innovation Management, 2005, 22 (1): 3-21.

[183] Hevner K. Experimental studies of the affective value of colors and lines [J]. Journal of Applied Psychology, 1935, 19 (19): 385-398.

[184] Higgins A., Serbesoffking K., King M., et al. The Power of Partnerships: Landscape Scale Conservation Through Public/Private Collaboration [J]. Natural Areas Journal, 2009 (27): 236-250.

[185] Higgins E. T., Friedman R. S., Harlow R. E., et al. Achievement orientations from subjective histories of success: Promotion pride versus prevention pride [M] // European Journal of Social Psychology, 2001: 3-23.

[186] Higgins E. T., Idson L. C., Freitas A. L., et al. Transfer of value from fi [J]. Journal of Personality & Social Psychology, 2003, 84 (6): 1140-1153.

[187] Higgins E. T., Roney C. J., Crowe E., et al. Ideal versus ought predilections for approach and avoidance: Distinct self-regulatory systems [J]. Journal of Personality & Social Psychology, 1994, 66 (2): 276-286.

[188] Higgins E. T., Shan J., Friedman R. Emotional responses to goal attainment: Strength of regulatory focus as moderator [J]. Journal of Personality & Social Psychology, 1997, 72 (3): 515-525.

[189] Higgins E. T. Beyond pleasure and pain [J]. American Psychologist, 1997, 52 (12): 1280.

[190] Higgins E. T. How Self-Regulation Creates Distinct Values: The Case of Promotion and Prevention Decision Making [J]. Journal of Consumer Psychology, 2002, 12 (3): 177-191.

[191] Higgins E. T. Making a Good Decision: Value from fit. [J]. American Psychologist, 2000, 55 (11): 1217-1230.

[192] Higgins E. T. Promotion and Prevention: Regulatory Focus as A Motiva-

tional Principle [J]. Advances in Experimental Social Psychology, 1998, 30 (2): 1 - 46.

[193] Higgins E. T. Regulatory fit and persuasion: Transfer from "Feeling Right" [J]. Journal of Personality & Social Psychology, 2004, 86 (3): 388 - 404.

[194] Hilton J. L, Darley J. M. The Effects of Interaction Goals on Person Perception [J]. Advances in Experimental Social Psychology, 1991, 24: 235 - 267.

[195] Hodson G., Macinnis C. C., Rush J. Prejudice - relevant correlates of humor temperaments and humor styles [J]. Personality & Individual Differences, 2010, 49 (5): 546 - 549.

[196] Holbrook M. B, Moore W. L. Feature Interactions in Consumer Judgments of Verbal versus Pictorial Presentations [J]. Journal of Consumer Research, 1981, 8 (1): 103 - 113.

[197] Hornsey M. J., Jetten J. The individual within the group: Balancing the need to belong with the need to be different [J]. Personality and Social Psychology Review, 2004, 8 (3): 248.

[198] Hoyer W. D., Brown S. P. Effects of Brand Awareness on Choice for a Common, Repeat - Purchase Product [J]. Journal of Consumer Research, 1990, 17 (2): 141 - 148.

[199] Huang X., Li X., Zhang M. "Seeing" the social roles of brands: How physical positioning influences brand evaluation [J]. Journal of Consumer Psychology, 2013, 23 (4): 509 - 514.

[200] Huang Y., Wang L. Sex differences in framing effects across task domain [J]. Personality & Individual Differences, 2010, 48 (5): 649 - 653.

[201] Idson L. C., Liberman N., Higgins E. T. Imagining how you'd feel: The role of motivational experiences from regulatory fit [J]. Personality and Social Psychology Bulletin, 2004, 30 (7): 926 - 937.

[202] Jacoby L. L., Dallas M. On the relationship between autobiographical memory and perceptual learning [J]. J Exp Psychol Gen, 1981, 110 (3): 306 - 340.

[203] Jain S. P., Lindsey C., Agrawal N., et al. For Better or For Worse? Valenced Comparative Frames and Regulatory Focus [J]. Journal of Consumer Research, 2007, 34 (1): 57 – 65.

[204] Janiszewski C., Meyvis T. Effects of Brand Logo Complexity, Repetition, and Spacing on Processing Fluency and Judgment [J]. Journal of Consumer Research, 2001, 28 (1): 18 – 32.

[205] Jens Förster, Laura Dannenberg, Glomosys: A Systems Account of Global Versus Local Processing [J]. Psychological Inquiry, 2010, 21 (3): 175 – 197.

[206] Joannpeck, Childers T. L. Individual Differences in Haptic Information Processing: The "Need for Touch" Scale [J]. Journal of Consumer Research, 2003, 30 (3): 430 – 442.

[207] Jugert P., Cohrs J. C., Duckitt J. Inter – and Intrapersonal Processes Underlying Authoritarianism: The Role of Social Conformity and Personal Need for Structure [J]. European Journal of Personality, 2009, 23 (7): 607 – 621.

[208] Jun J. W., Cho C. H., Kwon H. J. The Role of Affect and Cognition in Consumer Evaluations of Corporate Visual Identity: Perspectives from the United States and Korea [J]. Journal of Brand Management, 2008, 15 (6): 382 – 398.

[209] Kahneman D., Tversky A. Prospect Theory: An Analysis of Decision under Risk [J]. Econometrica, 1979, 47 (2): 263 – 291.

[210] Kawpong Polyorat, Dana L. Alden, Dana L. Alden. Self – construal and need – for – cognition Effects on Brand Attitudes and Purchase Intentions in Response to Comparative Advertising in Thailand and the United States [J]. Journal of Advertising, 2005, 34 (1): 37 – 48.

[211] Kees J., Tangari A. H. The Impact of Regulatory Focus, Temporal Orientation, and Fit on Consumer Responses to Health – Related Advertising [J]. Journal of Advertising, 2010, 39 (1): 19 – 34.

[212] Keller P. J., Schmidt A. D., Wittbrodt J., et al. Reconstruction of zebrafish early embryonic development by scanned light sheet microscopy [J]. Science, 2008, 322 (322): 1065 – 1069.

[213] Kemmelmeier M. Gender moderates the impact of need for structure on social beliefs: Implications for ethnocentrism and authoritarianism [J]. International Journal of Psychology, 2010, 45 (3): 202-211.

[214] Kervyn N., Chan E., Malone C., et al. Not All Disasters are Equal in the Public's Eye: The Negativity Effect on Warmth in Brand Perception [J]. Social Cognition, 2014, 32 (3): 256-275.

[215] Kervyn N., Fiske S. T., Malone C. Brands as Intentional Agents Framework: How Perceived Intentions and Ability Can Map Brand Perception [J]. Journal of Consumer Psychology the Official Journal of the Society for Consumer Psychology, 2012, 22 (2): 166-176.

[216] Kervyn N., Yzerbyt V. Y., Judd C. M. When compensation guides inferences: Indirect and implicit measures of the compensation effect [J]. European Journal of Social Psychology, 2011, 41 (2): 144-150.

[217] Kinder A., Shanks D. R., Cock J., et al. Recollection, Fluency, and the Explicit/Implicit Distinction in Artificial Grammar Learning. [J]. Journal of Experimental Psychology General, 2003, 132 (4): 551-565.

[218] Kirmani A., Zhu R. Vigilant Against Manipulation: The Effect of Regulatory Focus on the Use of Persuasion Knowledge [J]. Journal of Marketing Research, 2013, 44 (4): 688-701.

[219] Klemens Knöferle, Charles Spence. Crossmodal Correspondences between Sounds and Tastes [J]. Psychonomic Bulletin & Review, 2012, 19 (6): 1-15.

[220] Klink R. R. Creating Meaningful Brands: The Relationship between Brand Name and Brand Mark [J]. Marketing Letters, 2003, 14 (3): 143-157.

[221] Koch A. S., Forgas J. P. Feeling Good and Feeling Truth: The Interactive Effects of Mood and Processing Fluency on Truth Judgments [J]. Journal of Experimental Social Psychology, 2012, 48 (2): 481-485.

[222] Kotler P. Rethinking Marketing (Meninjau Ulang Pemasaran): Sustainable Marketing Enterprise di Asia [J]. Educational Management AoLministration, 2003, 13 (1): 145-156.

［223］Krishna A. An Integrative Review of Sensory Marketing: Engaging the Senses to Affect Perception, Judgment and Behavior [J]. Journal of Consumer Psychology, 2012, 22 (3): 332 – 351.

［224］Kruglanski A. W., Freund T. The Freezing and Unfreezing of Lay – inferences: Effects on Impressional Primacy, Ethnic Stereotyping, and Numerical Anchoring. [J]. Journal of Experimental Social Psychology, 1983, 19 (5): 448 – 468.

［225］Kuhl J. Volitional Mediators of Cognition – Behavior Consistency: Self – Regulatory Processes and Action Versus State Orientation [M] // Action Control. Springer Berlin Heidelberg, Vol. 3, 1985: 2281 – 2284.

［226］Kühnen U., Oyserman D. Thinking about the Self Influences Thinking in General: Cognitive Consequences of Salient self – Concept [J]. Journal of Experimental Social Psychology, 2002, 38 (5): 492 – 499.

［227］Kulhavy R. W., Swenson I. Imagery Instructions and the Comprehension of Text [J]. British Journal of Educational Psychology, 1975, 45 (1): 47 – 51.

［228］Labroo A. A., Kim S. The "Instrumentality" Heuristic: Why Metacognitive Difficulty is Desirable During Goal Pursuit [J]. Psychological Science, 2009, 20 (20): 127 – 134.

［229］Labroo A. A., Lee A. Y. Between Two Brands: A Goal Fluency Account of Brand Evaluation [J]. Journal of Marketing Research, 2013, 43 (3): 374 – 385.

［230］Labroo A. A., Mukhopadhyay A. On the Metacognition of Emotions: What I Think about How I Feel [J]. Advances in Consumer Research, 2008.

［231］Lakoff G. How Unconscious Metaphorical thought Shapes Dreams [J]. Advances in Consumer Research, 1997.

［232］Landau M. J., Greenberg J., Solomon S., et al. Windows into Nothingness: Terror Management, Meaninglessness, and Negative Reactions to Modern Art [J]. Journal of Personality & Social Psychology, 2006, 90 (6): 879.

［233］Lauriola M., Levin I. P. Personality Traits and Risky Decision – making in a Controlled Experimental Task: An Exploratory Study. [J]. Personality & Individual Differences, 2001, 31 (2): 215 – 226.

[234] Leder H., Carbon C. C. Dimensions in Appreciation of Car Interior Design [J]. Applied Cognitive Psychology, 2005, 19 (5): 603-618.

[235] Lee A. Y., Aaker J. L., Gardner W. L. The Pleasures and Pains of distinct self-construals: The Role of Interdependence in Regulatory Focus [J]. Journal of Personality & Social Psychology, 2000, 78 (6): 1122-1134.

[236] Lee A. Y., Aaker J. L. Bringing the Frame into Focus: The influence of regulatory fit on processing fluency and persuasion. [J]. Journal of Personality & Social Psychology, 2004, 86 (2): 205.

[237] Lee A. Y., Keller P. A., Sternthal B. Value from Regulatory Construal Fit: The Persuasive Impact of Fit between Consumer Goals and Message Concreteness [J]. 2010, 36 (5): 735-747.

[238] Lee A. Y., Labroo A. A. The Effect of Conceptual and Perceptual Fluency on Brand Evaluation [J]. Journal of Marketing Research, 2013, 41 (2): 151-165.

[239] Levin I. P., Gaeth G. J., Schreiber J., et al. A New Look at Framing Effects: Distribution of Effect Sizes, Individual Differences, and Independence of Types of Effects [J]. Organizational Behavior & Human Decision Processes, 2002, 88 (1): 411-429.

[240] Levin Vin I. P., Schneider S. L., Gaeth G. J. All Frames Are Not Created Equal: A Typology and Critical Analysis of Framing Effects [J]. Organizational Behavior & Human Decision Processes, 1998, 76 (2): 149.

[241] Levy S. R., Stroessner S. J., Dweck C. S. Stereotype Formation and Endorsement: The Role of Implicit Theories. [J]. Journal of Personality & Social Psychology, 1998, 74 (6): 1421-1436.

[242] Li W, Moallem I., Paller K. A., et al. Subliminal Smells can Guide Social Preferences [J]. Psychological Science, 2007, 18 (12): 1044-1049.

[243] Liberman N., Trope Y., Stephan E. Psychological Distance [J]. Psych. nyu. edu, 2007: 353-381.

[244] Liberman N., Trope Y. Construal Level Theory of Intertemporal Judgment and Decision [R]. 2003: 245-276.

[245] Liberman N., Trope Y. The Role of Feasibility and Desirability Considerations in Near and Distant Future Decisions: A Test of Temporal Construal Theory [J]. Journal of Personality &Social Psychology, 1998, 75 (1): 5 – 18.

[246] Liljenquist K., Zhong C. B., Galinsky A. D. The Smell of Virtue: Clean scents Promote Reciprocity and Charity [J]. Psychological Science, 2010, 21 (3): 381 – 383.

[247] Lindstrom M. Brand Sense: Sensory Secrets Behind the Stuff We Buy [J]. Free Pr, 2010.

[248] Lippman M. Z. Enactive Imagery in Paired – associate Learning [J]. Memory & Cognition, 1974, 2 (2): 385 – 390.

[249] Lockwood P., Jordan C. H., Kunda Z. Motivation by Positive or Negative Role Models: Regulatory Focus Determines Who will Best Inspire Us [J]. Journal of Personality & Social Psychology, 2002, 83 (4): 854 – 864.

[250] Loewenstein G., Read D., Baumeister R. Time and Decision: Economic and Psychological Perspectives of Intertemporal Choice [M]. Russell Sage Foundation, 2003.

[251] Logie R. H., Zucco Gm, Baddeley Ad. Interference with Visual Short – term Memory. [J]. Acta Psychologica, 1990, 75 (1): 55 – 74.

[252] Loveland K. E., Smeesters D., Mandel N. Still Preoccupied with 1995: The Need to Belong and Preference for Nostalgic Products [J]. Journal of Consumer Research, 2010, 37 (3): 393 – 408.

[253] Lu Y., Schilkrut A. Measuring the Effect of Queues on Customer Purchases [J]. Management Science, 2012, 59 (8): 1743.

[254] Lundholm H. The Affective Tone of Lines: Experimental Researches [J]. Psychological Review, 1921, 28 (1): 43 – 60.

[255] Lutz K. A., Lutz R. J. Imagery Eliciting Strategies: Review and Implications of research [J]. Advances in Consumer Research, 1978.

[256] Lynn M., Harris J. The desire for unique consumer products: A new individual differences scale [J]. Psychology & Marketing, 1997, 14 (6): 601 – 616.

[257] Macinnis D. J., Jaworski B. J., Institute M. S. Information processing from advertisements: Toward an integrative framework [J]. Journal of Marketing, 1989, 53 (4): 1.

[258] Macinnis D. J., Price L. L. The Role of Imagery in Information Processing: Review and Extensions [J]. Journal of Consumer Research, 1987, 13 (4): 473-491.

[259] Macinnis D. J., Shapiro S., Mani G. Enhancing brand awareness through brand symbols [J]. Advances in Consumer Research, 1999, 7 (26): 26.

[260] Mahlio S. J., Trope Y., Liberman N. Distance from a Distance: Psychological Distance Reduces Sensitivity to Any Further Psychological Distance [J]. Journal of Experimental Psychology General, 2013, 142 (3): 644.

[261] Muller D., Judd C. M., Yzerbyt V. Y. When moderation is Mediated and Mediation is Moderated [J]. Journal of Personality & Social Psychology, 2005, 89 (6): 852.

[262] Maheswaran D., Meyers-Levy J. The Influence of Message Framing and Issue Involvement [J]. Journal of Marketing Research, 1990, XXVII (3): 361-367.

[263] Maimaran M., Wheeler S. C. Circles, Squares, and Choice: The Effect of Shape Arrays on Uniqueness and Variety Seeking [J]. Journal of Marketing Research, 2008, 45 (6): 731-740.

[264] Malthouse E., Shankar V. Measuring and Managing Interactive Environments [J]. Journal of Interactive Marketing, 2009, 23 (3): 207-208.

[265] Mandel N. Shifting Selves and Decision Making: The Effects of Self-Construal Priming on Consumer Risk-Taking [J]. Journal of Consumer Research, 2003, 30 (1): 30-40.

[266] Manza L., Zizak D., Reber A. S. Artificial Grammar Learning and the mere Exposure Effect: Emotional Preference Tasks and the Implicit Learning Process [J]. Journal of Consumer Research, 1998, 27 (2): 15-22.

[267] Markus, Hazel Rose, Kitayama, Shinobu. Culture and the Self: Implications for Cognition, Emotion, and Motivation [J]. Psychological Review, 1991, 98

(2): 224-253.

[268] Marlowe, David. The approval motive [M]. Wiley, 1964.

[269] Masuda T., Nisbett R. E. Attending holistically versus analytically: Comparing the context sensitivity of Japanese and Americans [J]. Journal of Personality & Social Psychology, 2001, 81 (5): 922-934.

[270] Mccurdy H. G. Art and Visual Perception, a Psychology of the Creative Eye, by Rudolf Arnheim [M]. University of California Press, 1974.

[271] Mcelroy T., Seta J. J. Framing effects: An analytic-holistic perspective [J]. Journal of Experimental Social Psychology, 2003, 39 (6): 610-617.

[272] Mcglone F., Wessberg J., Olausson H. Discriminative and affective touch: Sensing and feeling [J]. Neuron, 2014, 82 (4): 737-755.

[273] Mckelvie S. J., Cooper D., Monfette P. To what extent do interactive pictures promote recall? [J]. Perceptual and Motor Skills, 1992, 75 (2): 627-638.

[274] Mckelvie S. J., Rohrberg M. M. Individual differences in reported visual imagery and cognitive performance [J]. British Journal of Psychology, 1979, 70 (1): 51-57.

[275] Meert K., Pandelaere M., Patrick V. M. Taking a shine to it: How the preference for glossy stems from an innate need for water [J]. Journal of Consumer Psychology, 2014, 24 (2): 195-206.

[276] Mehta R., Rui Z., Cheema A. Is Noise Always Bad? Exploring the Effects of Ambient Noise on Creative Cognition [J]. Journal of Consumer Research, 2012, 39 (4): 784-799.

[277] Meyers-Levy J., Zhu R. The Influence of Ceiling Height: The Effect of Priming on the Type of Processing That People Use [J]. Journal of Consumer Rsearch, 2007, 34 (2): 174-186.

[278] Milliman R. E. The Influence of Background Music on the Behavior of Restaurant Patrons [J]. Journal of Consumer Research, 1986, 13 (2): 286-289.

[279] Mizik N., Jacobson R. Valuing Branded Businesses [J]. Journal of Marketing, 2008, 73 (6): 137-153.

[280] Monaci M. G. Frame Effects in Persuasive Messages Against Smoking and Alcohol Abuse [J]. Psicologia Sociale, 2007.

[281] Morgan N. A., Rego L. L. Brand Portfolio Strategy and Firm Performance [J]. Journal of Marketing, 2009, 73 (1): 59 - 74.

[282] Müller B., Kocher B., Crettaz A. The Effects of Visual Rejuvenation Through Brand Logos [J]. Journal of Business Research, 2013, 66 (1): 82 - 88.

[283] Munar E., Gómez - Puerto G., Call J., et al. Common Visual Preference for Curved Contours in Humans and Great Apes [J]. Plos One, 2014, 10 (11): e0141106.

[284] Neuberg S. L., Newsom J. T. Personal Need for Structure: Individual Differences in the Desire for Simple Structure. Journal of Personality and Social Psychology [J]. Journal of Personality & Social Psychology, 1993, 65 (1): 113 - 131.

[285] Ngo M. K., Velasco C., Salgado A., et al. Assessing Crossmodal Correspondences in Exotic Fruit Juices: The Case of Shape and Sound Symbolism [J]. Food Quality & Preference, 2013, 28 (1): 361 - 369.

[286] Nidhiagrawal, Durairajmaheswaran. The Effects of Self - Construal and Commitment on Persuasion [J]. Journal of Consumer Research, 2005, 31 (4): 841 - 849.

[287] Nisbett R. E., Peng K., Choi I., et al. Culture and Systems of thought: Holistic Versus Analytic Cognition [J]. Psychological Review, 2001, 108 (2): 291.

[288] Norman H. Anderson, Clifford A. Butzin. Performance = Motivation × Ability: An Integration - theoretical Analysis [J]. Journal of Personality & Social Psychology, 1974, 30 (5): 598 - 604.

[289] Novemsky N., Jing W., Dhar R., et al. Self - control, Depletion and Choice [J]. Advances in Consumer Research, 2007.

[290] Oetzel J. G. Self - Construals, Communication Processes, and Group Outcomes in Homogeneous and Heterogeneous Groups [J]. Small Group Research, 2001, 32 (32): 19 - 54.

[291] Okay A, Okay A. MA and Doctoral Public Relations Research in Turkey (1984–2007): A Quantitative Study of Dissertations Contribution to Public Relations Field [J]. Public Relations Review, 2008, 34 (3): 312–314.

[292] Olins, Wally. Corporate Identity: Making Business Strategy Visible through Design / Wally Olins [J]. 1989.

[293] Olivetti B. M., Palmiero M., Sestieri C., et al. An fMRI Investigation on Image Generation in Different Sensory Modalities: The Influence of Vividness. [J]. Acta Psychologica, 2009, 132 (2): 190–200.

[294] Oppenheimer D. M. The Secret Life of Fluency [J]. Trends in Cognitive Sciences, 2008, 12 (6): 237.

[295] Orth U. R., Malkewitz K. Holistic Package Design and Consumer Brand Impressions [J]. Journal of Marketing A Quarterly Publication of the American Marketing Association, 2008, 72 (3): 64–81.

[296] Oyserman D., Coon H. M., Kemmelmeier M. Rethinking Individualism and Collectivism: Evaluation of Theoretical Assumptions and Meta-analyses [C] // Psychological Bulletin, 2002: 3–72.

[297] Paivio A., Csapo K. Concrete Image and Verbal Memory Codes [J]. Journal of Experimental Psychology, 1969, 80 (2): 279–285.

[298] Paivio A., Yuille J. C., Madigan S. A. Concreteness, Imagery, and Meaningfulness Values for 925 Nouns [J]. Journal of Experimental Psychology, 1968, 76 (1): 1–25.

[299] Paivio A. Mental Imagery in Associative Learning and Memory [J]. Psychological Review, 1969, 76 (3): 241–263.

[300] Paivio A. On the Functional Significance of Imagery [J]. Psychological Bulletin, 1970, 73 (73): 385–392.

[301] Parise C. V., Spence C. Audiovisual Crossmodal Correspondences and Sound Symbolism: A Study Using the Implicit Association Test [J]. Experimental Brain Research, 2012, 220 (3): 319–333.

[302] Parise C. V. Crossmodal Correspondences [J]. Seeing and Perceiving,

2012 (25): 68.

[303] Park C W, Eisingerich A. B., Pol G., et al. The Role of Brand Logos in Firm Performance [J]. Journal of Business Research, 2013, 66 (2): 180 – 187.

[304] Parrott W. G. Emotions in Social Psychology: Essential Readings. [M]. US: Psychology Press, 2001.

[305] Pashler H. Attentional Limitations in Doing Two Tasks at the Same Time [J]. Current Directions in Psychological Science, 2010, 1 (2): 44 – 48.

[306] Peck J., Childers T. L. Effects of Sensory Factors on Consumer Behavior: If it Tastes, Smells, Sounds, and Feels Like a Duck, then it Must be a [J]. Marketing Research, 2008 (4): 193 – 219.

[307] Peck J., Childers T. L. To Have and to Hold: The Influence of Haptic Information on Product Judgments [J]. Journal of Marketing, 2013, 67 (2): 35 – 48.

[308] Peltzman S. Toward a More General Theory of Regulation [J]. The Journal of Law and Economics, 1976, 19 (2): 211 – 240.

[309] Peracchio L. A., Meyerslevy J. Using Stylistic Properties of Ad Pictures to Communicate with Consumers [J]. Journal of Consumer Research, 2005, 32 (1): 29 – 40.

[310] Phalet K., Poppe E. Competence and Morality Dimensions of National and Ethnic Stereotypes: A Study in Six Eastern – European Countries [J]. European Journal of Social Psychology, 1997, 27 (6): 703 – 723.

[311] Phau I. Examining Regulatory Focus in the Information Processing of Imagery and Analytical Advertisements [J]. Journal of Advertising, 2014, 43 (4): 371 – 381.

[312] Poffenberger A. T., Barrows B. E. The Feeling Value of Lines [J]. Journal of Applied Psychology, 1924, 8 (2): 187 – 205.

[313] Poon T., Grohmann B. Spatial Density and Ambient Scent: Effects on Consumer Anxiety [J]. American Journal of Business, 2014, 27 (1): 58 – 79.

[314] Posner M. I., Snyder C. R. R. Attention and Cognitive Control [J]. Acta Neurologica Scandinavica, 1975, 74 (S109): 91 – 96.

[315] Preacher K. J., Rucker D. D., Hayes A. F. Addressing Moderated Mediation Hypotheses: Theory, Methods, and Prescriptions [J]. Multivariate Behavioral Research, 2007, 42 (1): 185.

[316] R. M. René, J. L., P. M. Forsyth, et al. Multicomponent seismic studies using complex trace analysis [J]. Geophysics, 2012, 51 (6): 1235 – 1251.

[317] Raghubir P, Krishna A. Vital dimensions in volume perception: Can the eye fool the stomach? [J]. Journal of Marketing Research, 1999, 36 (3): 313.

[318] Rahinel R., Nelson N. M. When Brand Logos Describe the Environment: Design Instability and the Utility of Safety – Oriented Products [J]. Journal of Consumer Research, 2016, 43 (3): 39.

[319] Rajeshbagchi, Amarcheema. The Effect of Red Background Color on Willingness – to – Pay: The Moderating Role of Selling Mechanism [J]. Journal of Consumer Research, 2013, 39 (5): 947 – 960.

[320] Rao V. R., Agarwal M. K., Dahlhoff D. How Is Manifest Branding Strategy Related to the Intangible Value of a Corporation? [J]. Journal of Marketing, 2004, 68 (4): 126 – 141.

[321] Rebecca K. Ratner, Barbara E. Kahn. The Impact of Private versus Public Consumption on Variety - Seeking Behavior [J]. Journal of Consumer Research, 2002, 29 (2): 246 – 257.

[322] Reber R., Schwarz N., Winkielman P. Processing Fluency and Aesthetic Pleasure: Is Beauty in the Perceiver's Processing Experience? [J]. Personality and Social Psychology Review, 2004, 8 (4): 364.

[323] Reber R., Winkielman P., Schwarz N. Effects of Perceptual Fluency on Affective Judgments [J]. Psychological Science, 1998, 9 (1): 45.

[324] Reber R, Wurtz P., Zimmermann T. D. Exploring "fringe" consciousness: The Subjective Experience of Perceptual Fluency and Its Objective Bases [J]. Consciousness & Cognition, 2004, 13 (1): 47 – 60.

[325] Riel C. B. M. V., Ban A. V. D. The added value of corporate logos - An empirical study [J]. European Journal of Marketing, 2001, 35 (3/4): 428 – 440.

[326] Rigney J. W., Lutz K. A. Effect of graphic analogies of concepts in chemistry on learning and attitudes. [J]. Journal of Educational Psychology, 1976, 68 (3): 305-311.

[327] Robertson K. R. Recall and recognition effects of brand name imagery [J]. Psychology & Marketing, 1987, 4 (1): 3-15.

[328] Robertson, Woolf J. Depositional environments, diagenetic history, and porosity development, of the Permian San Andres Formation, Vacuum Field, Lea County, New Mexico / [J]. Aapg Bulletin (American Association of Petroleum Geologists); (USA), 1989, 74: 2 (5): 221-238.

[329] Rompay T. J. L., Vries P. W. The influence of brand–product congruence on consumer evaluations: The role of processing fluency and product type [J]. 2009.

[330] Rompay V., Pruyn A. Brand visualization: Effects of "productshape–typeface design" congruence on brand perceptions and price expectations [C] // Advances in Consumer Research, 2008.

[331] Rossiter J. R. Visual imagery: Applications to advertising [J]. Advances in Consumer Research, 1982.

[332] Roszak S., Balasubramanian K., Kaufman J. J., et al. The Effect of Sales Promotions on the Size and Composition of the Shopping Basket: Regulatory Compatibility from Framing and Temporal Restrictions [J]. Journal of Marketing Research, 2010, 47 (3): 542-552.

[333] Rothman A. J., Hardin C. D. Differential Use of the Availability Heuristic in Social Judgment [J]. Personality and Social Psychology Bulletin, 1997, 23 (2): 123-138.

[334] Rusting C. L. Personality, mood, and cognitive processing of emotional information: Three conceptual frameworks [J]. Psychological Bulletin, 1998, 124 (2): 165-196.

[335] Ruvio, Ayalla A. Consumers' Need for Uniqueness [M] // Wiley International Encyclopedia of Marketing, 2010.

[336] Rypma B, D'esposito M. The roles of prefrontal brain regions in components of working memory: Effects of memory load and individual differences [J]. Proceedings of the National Academy of Sciences of the United States of America, 1999, 96 (11): 6558.

[337] Sanna L. J., Schwarz N. Metacognitive Experiences and Hindsight Bias: It's Not Just the Thought (Content) That Counts! [J]. Social Cognition, 2007, 25 (1): 185-202.

[338] Schau H. J., Muñiz A. M., Arnould E. J. How Brand Community Practices Create Value [J]. Journal of Marketing, 2009, 73 (5): 30-51.

[339] Scheufele D. Framing as a theory of media effects [J]. Journal of Communication, 1999, 49 (1): 103-122.

[340] Schwarz N., Bless H, Strack F., et al. Ease of retrieval as information: Another look at the availability heuristic [J]. Journal of Personality & Social Psychology, 1991, 61 (2): 195-202.

[341] Schwarz N. Metacognitive Experiences: Response to Commentaries [J]. Journal of Consumer Psychology, 2004, 14 (4): 370-373.

[342] Seibt B, Föester J. Stereotype threat and performance: How self-stereotypes influence processing by inducing regulatory foci [J]. Journal of Personality & Social Psychology, 2004, 87 (1): 38-56.

[343] Sevilla J, Townsend C. The Space-to-Product Ratio Effect: How Interstitial Space Influences Product Aesthetic Appeal, Store Perceptions, and Product Preference. [J]. Journal of Marketing Research, 2016, 53 (5): 665-681.

[344] Shan J., Higgins T., Friedman R. S. Performance incentives and means: How regulatory focus influences goal attainment. [J]. Journal of Personality & Social Psychology, 1998, 74 (2): 285-293.

[345] Sheehan P. W. A shortened form of Betts' questionnaire upon mental imagery. [J]. Journal of Clinical Psychology, 1967, 23 (3): 386-389.

[346] Shen F., Chen Q. Contextual Priming and Applicability: Implications for Ad Attitude and Brand Evaluations [J]. Journal of Advertising, 2007, 36 (1):

69－80.

[347] Showers C. J., Limke A, Zeigler－Hill V. Self－structure and self－change: Applications to psychological treatment [J] . Behavior Therapy, 2004, 35 (1): 167－184.

[348] Shrout P. E., Bolger N. Mediation in experimental and nonexperimental studies: New procedures and recommendations. [J] . Psychological Methods, 2002, 7 (4): 422－445.

[349] Silvia P. J., Barona C. M. Do People Prefer Curved Objects? Angularity, Expertise, and Aesthetic Preference [J] . Empirical Studies of the Arts, 2009, 27 (1): 25－42.

[350] Singelis T. M., Bond M. H., Sharkey W. F., et al. Unpackaging culture's influence on self－esteem and embarrassability: The role of self－construals [J] . Journal of Cross－Cultural Psychology, 1999, 30 (3): 315－341.

[351] Singelis T. M. The Measurement of Independent and Interdependent Self－Construals [J] . Personality and Social Psychology Bulletin, 1994, 20 (5): 580－591.

[352] Smith S. M., Levin I. P. Need for Cognition and Choice Framing Effects [J]. Journal of Behavioral Decision Making, 1996, 9 (4): 283－290.

[353] Snyder C. R., Fromkin H. L. Abnormality as a positive characteristic: The development and validation of a scale measuring need for uniqueness [J] . Journal of Abnormal Psychology, 1977, 86 (5): 518－527.

[354] Snyder M., Debono K. G. Appeals to image and claims about quality: Understanding the psychology of advertising [J] . Journal of Personality & Social Psychology, 1985, 49 (3): 586－597.

[355] Sollár T., Turzá Ková J. Personal need for structure and control motivation: Linking social cognition and interpersonal motivation [J] . Studia Psychologica, 2014, 56 (3): 215－220.

[356] Spangenberg E. R., Grohmann B., Sprott D E. It's beginning to smell (and sound) a lot like Christmas: The interactive effects of ambient scent and music in

a retail setting [J]. Journal of Business Research, 2005, 58 (11): 1583 – 1589.

[357] Spence C., Deroy O. Crossmodal Mental Imagery [J]. Multisensory Imagery, 2013: 157 – 183.

[358] Spence C., Gallace A. Multisensory design: Reaching out to touch the consumer [J]. Psychology & Marketing, 2011, 28 (3): 267 – 308.

[359] Spence C., Ngo M. K. Assessing the shape symbolism of the taste, flavour, and texture of foods and beverages [J]. Flavour, 2012, 1 (1): 1 – 13.

[360] Spence C. Managing sensory expectations concerning products and brands: Capitalizing on the potential of sound and shape symbolism [J]. Journal of Consumer Psychology, 2012, 22 (1): 37 – 54.

[361] Spiegel S., Grant – Pillow H., Higgins E. T. How regulatory fit enhances motivational strength during goal pursuit [J]. European Journal of Social Psychology, 2004, 34 (1): 39 – 54.

[362] Stapel D. A., Koomen W. I., We, and the effects of others on me: How self – construal level moderates social comparison effects [J]. Journal of Personality & Social Psychology, 2001, 80 (5): 766 – 781.

[363] Strack F. The analysis of intuition: Processing fluency and affect in judgements of semantic coherence [J]. Cognition and Emotion, 2009, 23 (8): 1465 – 1503.

[364] Strahan E. J., Spencer S. J., Zanna M. P. Subliminal priming and persuasion: Striking while the iron is hot [J]. Journal of Experimental Social Psychology, 2002, 38 (6): 556 – 568.

[365] Stroop J. R. Studies of interference in serial verbal reactions. [J]. Journal of Experimental Psychology General, 1992, 121 (1): 15 – 23.

[366] Stuart E. W., Shimp T. A., Engle R. W. Classical Conditioning of Consumer Attitudes: Four Experiments in an Advertising Context [J]. Journal of Consumer Research, 1987, 14 (3): 334 – 349.

[367] Sungkhasettee V. W., Friedman M. C., Castel A. D. Memory and metamemory for inverted words: Illusions of competency and desirable difficulties

[J]. Psychonomic Bulletin & Review, 2011, 18 (5): 973-978.

[368] Swaminathan V., Page K. L., Gürhancanli Z. "My" Brand or "Our" Brand: The Effects of Brand Relationship Dimensions and Self-Construal on Brand Evaluations [J]. Journal of Consumer Research, 2007, 34 (2): 248-259.

[369] Tajfel H., Turner J. C. The Social Identity Theory of Intergroup Behavior [J]. Political Psychology, 1986, 13 (3): 7-24.

[370] Temporal, Paul, Lee, K. C. Hi-Tech Hi-Touch Branding: Creating Brand Power in the Age of Technology [M]. John Wiley & Sons, Inc., 2000.

[371] Thaler R. H., Johnson E. J. Gambling with the house money and trying to break even: The effects of prior outcomes on risky choice [J]. Social Science Electronic Publishing, 1990, 36 (6): 643-660.

[372] Thomas R. V., Pruyn A., Tieke P. Symbolic Meaning Integration in Design and its Influence on Product and Brand Evaluation [J]. International Journal of Design, 2009, 3 (2): 19-26.

[373] Thompson M. M., Naccarato M. E., Parker K. C. H., et al. The personal need for structure and personal fear of invalidity measures: Historical perspectives, current applications, and future directions. [J]. G. D. moskowitz Cognitive, 2001 (2): 19-39.

[374] Thomson M., Macinnis D. J., Park C. W. The Ties That Bind: Measuring the Strength of Consumers' Emotional Attachments to Brands [J]. Journal of Consumer Psychology, 2005, 15 (1): 77-91.

[375] Tian K. T., Bearden W. O., Hunter G. L. Consumers' Need for Uniqueness: Scale Development and Validation [J]. Journal of Consumer Research, 2001, 28 (1): 50-66.

[376] Topolinski S, Strack F. Scanning the "fringe" of consciousness: What is felt and what is not felt in intuitions about semantic coherence [J]. Consciousness & Cognition, 2009, 18 (3): 608-618.

[377] Topolinski S., Strack F. The architecture of intuition: Fluency and affect determine intuitive judgments of semantic and visual coherence and judgments of gram-

maticality in artificial grammar learning [J]. Journal of Experimental Psychology General, 2009, 138 (138): 39 – 63.

[378] Toth J. P. Conceptualautomaticity in recognition memory: Levels – of – processing effects on familiarity [J]. Canadian Journal of Experimental Psychology, 1996, 50 (1): 123.

[379] Treisman A. Features and objects in visual processing [C] // 1986: N/A.

[380] Trope Y., Liberman N. Construal – level theory of psychological distance [J]. Psychological Review, 2010, 117 (2): 440 – 463.

[381] Trope Y. Temporal construal [J]. Psychological Review, 2003, 110 (3): 403 – 421.

[382] Tsai C. I., Mcgill A. L. No Pain, No Gain? How Fluency and Construal Level Affect Consumer Confidence [J]. Journal of Consumer Research, 2011, 37 (5): 807 – 810.

[383] Tuan P. M., Meyvis T., Zhou R. Beyond the Obvious: Chronic Vividness of Imagery and the Use of Information in Decision Making. [J]. Organizational Behavior & Human Decision Processes, 2001, 84 (2): 226.

[384] Tuanpham M., Tamaravnet. Ideals and Oughts and the Reliance on Affect versus Substance in Persuasion [J]. Journal of Consumer Research, 2004, 30 (4): 503 – 518.

[385] Turner J. C. Social Categorization and the Self – Concept: A Social Cognitive Theory of Group Behavior [J]. Advances in Group Processes, 1985, 17 (4): 21 – 29.

[386] Tversky A., Kahneman D. The framing of decisions and the psychology of choice [J]. Science, 1981, 211 (4481): 453 – 458.

[387] Unkelbach C. The learned interpretation of cognitive fluency [J]. Psychological Science, 2006, 17 (4): 339 – 345.

[388] Vallacher R. R., Wegner D. M. Levels of personal agency: Individual variation in action identification. [J]. Cognitive Linguistics, 1989, 57 (4): 660 – 671.

[389] Van – Dijk D., Kluger A. N. Feedback Sign Effect on Motivation: Is it

Moderated by Regulatory Focus? [J]. Applied Psychology, 2004, 53 (1): 113 – 135.

[390] Walsh M. F., Winterisch K. P., Mittal V. Howare – designing angular logos to be rounded shapes brand attitude: Consumer brand commitment and self - construal [J]. Journal of Consumer Marketing, 2011, 28 (6): 438 – 447.

[391] Wang X. T. Risk communication and risky choice in context: Ambiguity and ambivalence hypothesis [J]. Annals of the New York Academy of Sciences, 2008, 1128 (1): 78.

[392] Wang X., Doretto G., Sebastian T., et al. Shape and Appearance Context Modeling [C] // IEEE, International Conference on Computer Vision. IEEE, 2007: 1 – 8.

[393] Wansink B., Van Ittersum K. Bottoms Up! The Influence of Elongation on Pouring and Consumption Volume [J]. Journal of Consumer Research, 2003, 30 (3): 455 – 463.

[394] Watkins B. A., Gonzenbach W. J. Assessing university brand personality through logos: An analysis of the use of academics and athletics in university branding [J]. Journal of Marketing for Higher Education, 2013, 23 (1): 15 – 33.

[395] Westerman S. J., Sutherland E. J., Gardner P. H., et al. The design of consumer packaging: Effects of manipulations of shape, orientation, and alignment of graphical forms on consumers' assessments. [J]. Food Quality & Preference, 2013, 27 (1): 8 – 17.

[396] Weyers P. The face of fluency: Semantic coherence automatically elicits a specific pattern of facial muscle reactions [J]. Cognition and Emotion, 2009, 23 (2): 260 – 271.

[397] Whan Park C. Strategic Brand Concept – Image Management [J]. Journal of Marketing, 1986, 50 (4): 135.

[398] White K., Macdonnell R., Dahl AL D. W. It's the Mind – Set That Matters: The Role of Construal Level and Message Framing in Influencing Consumer Efficacy and Conservation Behaviors [J]. Journal of Marketing Research, 2011, 48

(5): 472-485.

[399] Winkielamn P., Cacioppo J. T. Mind at ease puts a smile on the face: Psychophysiological evidence that processing facilitation elicits positive affect [J]. Journal of Personality & Social Psychology, 2002, 81 (6): 989-1000.

[400] Winkielman P., Huber D. E. Dynamics and Evaluation: The Warm Glow of Processing Fluency [M]. Springer New York, 2009.

[401] Wippich W. Intuition in the context of implicit memory [J]. Psychological Research, 1994, 56 (2): 104-109.

[402] Woo S., Lee S. Role of Message Appeal and Regulatory Focus in the Effects of Visual Perspective on Reactions toward Advertisements [J]. Journal of Marketing Theory, 2016, 9 (40): 181-190.

[403] Wu G., Markle A. B. An Empirical Test of Gain-Loss Separability in Prospect Theory [J]. Management Science, 2008, 54 (54): 1322-1335.

[404] Xiaoytan Deng, Barbara E. Kahn. Is Your Product on the Right Side? The "Location Effect" on Perceived Product Heaviness and Package Evaluation [J]. Journal of Marketing Research, 2013, 46 (6): 725-738.

[405] Yue C. L., Castel A. D., Bjork R. A. When disfluency is—and is not—a desirable difficulty: The influence of typeface clarity on metacognitive judgments and memory [J]. Memory & Cognition, 2013, 41 (2): 229-241.

[406] Yuweijiang, Gorn G. J., Mariagalli, et al. Does Your Company Have the Right Logo? How and Why Circular- and Angular- Logo Shapes Influence Brand Attribute Judgments [J]. Journal of Consumer Research, 2016 (5): 49.

[407] Zampini M., Spence C. Modifying the multisensory perception of a carbonated beverage using auditory cues [J]. Food Quality & Preference, 2005, 16 (7): 632-641.

[408] Zhang G., Yuan G. Temporal Framing Effect and Team's Knowledge Conflict [J]. Technology Economics, 2008.

[409] Zhang Y., Feick L., Price L. J. The impact of self-construal on aesthetic preference for angular versus rounded shapes [J]. Personality and Social Psy-

chology Bulletin, 2006, 32 (6): 794 – 805.

[410] Zhang Y., Shrum L. J. The Influence of Self - Construal on Impulsive Consumption [J]. Journal of Consumer Research, 2009, 35 (5): 838 – 850.

[411] Zhong C. B., Bohns V. K., Gino F. Good lamps are the best police: Darkness increases dishonesty and self – interested behavior [J]. Psychological Science, 2010, 21 (3): 311 – 314.

[412] Zhu R., Argo J. J. Exploring the Impact of Various Shaped Seating Arrangements on Persuasion [J]. Journal of Consumer Research, 2013, 40 (2): 336 – 349.

[413] Zhang S., Schmitt B. H. Activating Sound and Meaning: The Role of Language Proficiency in Bilingual Consumer Environments [J]. Journal of Consumer Research, 2004, 31 (1): 220 – 228.

[414] Zizak D. M., Reber A. S. The structural mere exposure effect: The dual role of familiarity [J]. Consciousness & Cognition, 2004.